백제 사원유적 탐색

• 조원창

공주사범대학 역사교육과 졸업
공주대학교 대학원 사학과 졸업(문학석사)
상명대학교 대학원 사학과 졸업(문학박사)
현 한얼문화유산연구원 원장
　　한밭대학교 강사

주요 논저

『백제 건축기술의 대일전파』『한국 고대 와당과 제와술의 교류』
『백제의 토목 건축』『기와건물지의 조사와 해석』『백제사지 연구』
『역사고고학자와 함께 찾아가는 스토리가 있는 사찰, 문화재 1·2』
「황룡사지 출토 대형 치미의 편년과 사용처 검토」
「법천리 4호분 출토 청동개 연화돌대문의 의미」
「보령 천방사지 건물지의 성격과 가람배치의 검토」
「백제 판단첨형 연화문의 형식과 편년」
「몽촌토성 출토 전 백제와당의 제작주체 검토」
「기와로 본 백제 웅진기의 사비경영」 등

백제 사원유적 탐색 百濟 寺院遺蹟 探索

초판인쇄일	2014년 12월 1일
초판발행일	2014년 12월 5일
지 은 이	조원창
발 행 인	김선경
책 임 편 집	김윤희, 김소라
발 행 처	**서경문화사**
	주소 : 서울시 종로구 이화장길 70-14(동숭동) 105호
	전화 : 743-8203, 8205 / 팩스 : 743-8210
	메일 : sk8203@chol.com
등 록 번 호	제300-1994-41호
ISBN	978-89-6062-176-3　　93900

© 조원창, 2014

정가 25,000원

백제 사원유적 탐색

조원창 지음

서경문화사

들어가기 전에…

공주에서 태어나 어느 덧 중년에 접어들었다. 초등학교 때부터 현재에 이르기까지 공주에서의 생활은 백제문화재와 뗄래야 뗄 수 없는 불가분의 관계였다. 지금도 초등학교 시절 조그마한 포켓북을 학교에서 만들어 학생들에게 무조건 하나씩 나누어주고, 백제의 역사 및 무령왕릉, 공산성 등을 암기케 한 기억이 난다. 그 당시 의미도 모르는 채 백제의 천도니, 전축분이니 하는 용어들을 남발하였던 기억이 새롭다. 이는 아마도 공주가 백제의 고도인 관계로 외지에서 많은 관광객이 방문하자 학생들 누구라도 문화의 전도사가 되게끔 하려했던 교육계의 의도로 생각된다.

공주에서 살면서 백제의 문화재 특히, 사지에 관심을 갖게 된 것은 1990년대 이후로 생각된다. 대학을 졸업하고 군 입대 하기 전 약 3개월 가량 공주지역의 절터를 답사해 보았다. 동혈사지, 남혈사지, 서혈사지를 비롯해 주미사지, 금학동사지, 정지사지 등 여러 곳을 찾아 다녔다. 그러면서 부여의 정림사지 및 익산의 미륵사지 등도 함께 답사하였다. 이때 답사를 하면서 느낀 것이 왜 공주에 있는 절터들은 대부분 산 속에 위치해 있을까? 였다. 이에 대한 해답은 군 제대 후 잠시나마 공무원 생활을 할 때 공주 및 부여지역의 백제사지를 답사하면서 조금이나마 얻을 수 있었다.

백제시기의 사원은 그 존재의 확인유무와 관계없이 한성기부터 조성되었을 것이다. 그러나 현재까지 부여 및 익산지역 등의 백제사지를 제외한 서울 및 공주지역에서의 백제사지가 고고학적으로 조사된 바는 없다. 그러나 문헌을 검토하다보면 공주지역에는 대통사와 흥륜사가 창건된 것으로 기록되어 있다. 특히 대통사의 경우는 문헌을 뒷받침해주 듯 '대통' 명 기와와 석조, 당간지주 등이 지금까지 전해져 오고 있다. 하지만 어느 곳에 대통사가 조성되었는지는 아직도 오리무중이다. 이는 그 동안 백제사지를 연구해 온 필자의 입장에서 언젠가는 꼭 밝혀야 할 큰 과제가 되었다.

본고는 이러한 목적의식을 가지고 시작하게 되었다. 1부에서는 광배, 불상 등 여러 고고학적 자료를 중심으로 대통사의 위치를 검토해 보았다. 또한 백제사지로서 가장 알려진 곳 중 하나인 미륵사지의 동서회랑 북단 건물지의 성격과 부여 가탑리사지 석등의 편년 및 조성 위치 등을 함께 기술해 보았다. 아울러 백제 이사제와 관련하여 부여 능사를 법사사로 판단해 보았으며, 백제사지와 일본사지를 건축고고학적으로 비교해 보기도 하였다.

2부에서는 그 동안 작성한 논문을 일부 수정하여 백제사지와 관련된 와당, 향로 등에 대해 살펴보았다. 그 결과 공주지역에서 대통사가 창건될 무렵, 부여지역에서는 사비천도와 관련된 사원과 기와 건물이 여러 곳에 조성되었음이 확인되었다. 아울러 부여 능산리사지에서 수습된 금동대향로의 경우는 연화문의 제작기법으로 보아 창건 후 6세기 말~7세기 무렵에 만들어진 것으로 추정해 보았다.

마지막 3부에서는 사지의 당탑지에서 주로 관찰되는 가구기단에 대해 살펴보았다. 가구기단은 필자가 2003년도에 발표한「寺刹建築으로 본 架構基壇의 變遷 硏究」를 대폭 수정하여 작성한 것이다. 주로 발굴 자료를 중심으로 작성하면서 각 시기별 축조기법 특성과 전파 과정 등을 다루어 보았다.

백제사지는 고분이나 토기 등 다른 성격의 유구·유물에 비해 그리 인기가 많은 분야가 아니다. 그럼에도 불구하고 이에 대한 연구를 지속해 오는 것은 필자가 백제의 고도에서 태어나 지금까지 생활해 온 것과 크게 무관치 않다.

이러한 인내력은 아마도 항상 곁에서 지켜봐 주시는 부모님의 노심초사에서 비롯된 듯싶다. 아울러 인생의 동반자로 살아가는 아내 이은희와 아들 나한이도 삶의 원동력이 되어주고 있다. 글로나마 항상 고마움을 느낀다.

끝으로 어려운 여건 속에서도 전문서적에 대한 열의를 가지고 좋은 책을 만들어주시는 서경문화사 김선경 사장님과 김윤희, 김소라 선생님께도 심심한 감사를 드린다.

2014년 11월
공주 산성동에서
조원창

차례

•제 1 부•

<h1 style="text-align:center">•제 2 부•</h1>

•제 3 부•

백제 사원유적 탐색

제1부

제1부

　여기에서는 문헌과 고고학적으로 드러난 백제시기의 대통사, 능사, 가탑리사지, 미륵사지 등에 대해 이의 위치 및 성격, 석등 위치 등을 중심으로 살펴보았다.

　대통사는 양 무제를 위하여 백제 성왕대에 창건된 대표적인 사찰이었다. 출토유물로 보아 적어도 고려시기까지는 그 법맥이 이어져 내려왔던 것으로 생각된다.

　대통사지는 일제강점기 이후 최근에 이르기까지 당간지주를 중심으로 그 위치가 설정되었다. 하지만 시굴조사 결과 이는 그릇된 것으로 밝혀지게 되었다. 따라서 본고는 이러한 결과를 바탕으로 대통사지의 위치를 지형 및 출토 유물 등을 중심으로 하여 재검토 하였다.

　사찰은 불법승의 조화로 이루어진다. 그러나 대부분의 사지 발굴은 불계를 중심으로 진행되고 있다. 하지만 불과 불법을 전파하기 위해서는 무엇보다도 승의 존재가 절대적으로 필요하다. 그렇다면 과연 이들은 어디에서 생활하였을까? 본고는 바로 이러한 의문을 가지고 부여 능산리사지를 대상으로 하여 승역(승방)의 위치를 파악해 보았다.

　현재 백제시기에 해당되는 석등은 부여 가탑리사지 및 미륵사지의 것이 남아 있다. 본고에서는 널리 알려져 있지 않은 가탑리사지 석등을 중심으로 하여 이의 편년 및 조성 위치 등을 살펴보았다. 편년은 석등의 하대석에 조각된 연화문을 대상으로 하였다. 아울러 조성 위치는 미륵사지와 일본 산전사지 등의 사례를 통해 탑과 금당 사이에 위치한 것으로 판단해 보았다.

미륵사는 백제 사비기의 대표적인 사원으로 3탑3금당식으로 구성되어 있다. 아울러 동서 회랑의 북단에는 승방이 존재하는 것으로 알려져 있다. 하지만 승방에 필수불가결한 온돌의 부재와 생활에 필요한 우물, 부엌 등의 부존재는 승방이라는 성격 규정에 큰 문제점을 던져주고 있다. 따라서 본고에서는 이러한 의문을 가지고 동·서원 승방지에 대한 성격을 재검토해 보았다.

기타, 본고에서는 백제와 일본의 사지를 상호 비교해 봄으로서 건축기술과 장인들이 백제에서 일본으로 전파되었음을 살펴 보았다. 그 결과 일본에서는 와적기단과 가구기단, 이중기단, 와요, 기와 건물, 고층 목탑 등이 조성케 되었고, 가람배치 및 백제계의 와당 등이 출현케 되었다. 따라서 이러한 고고학적 결과는 일본 불교건축물의 계통이 백제에 있었음을 알게 하는 한편, 일본에서의 백제 장인 활약도 확인할 수 있게 한다.

제1부 제1장
百濟 熊津期 大通寺의 位置

I. 머리말

『三國遺事』에 따르면 대통사는 성왕 5년(대통 원년, 527)에 양 무제를 위하여 웅천주에 창건된 사찰로 기록되어 있다.[1] 양 무제는 익히 알려져 있듯 불심천자 혹은 황제보살로 칭송 받았던 중국 남조 양나라의 황제였다. 성왕 역시도 이러한 양 무제의 행적과 같이 불교를 통해 백제의 불국토 건설을 염원하였던 것으로 생각된다. 이는 사비천도를 준비하는 과정 속에서 대통사와 흥륜사를 창건한 사실로도 유추해 볼 수 있다.

성왕은 무령왕의 아들로서 역사적으로는 사비천도를 단행한 인물로 유명하다. 그러나 이 와중에도 공주지역에 대통사 및 흥륜사를 창건하였고, 인도에서 5년 만에 귀국한 겸익스님에게는 흥륜사에서 불경을 번

---

1) 『三國遺事』卷 第3 興法 3, 原宗興法 厭髑滅身條, "大通元年 丁未 爲梁帝創寺於 熊川州 名大通寺"

역토록 하였다. 흥륜사는 일본 기록[2)]에서 만 그 편린이 확인될 뿐, 국내 기록에서는 살필 수 없고 이와 관련된 유물이나 유구도 전혀 알려진 것이 없다.

이에 반해 대통사는 현재 大通橋라는 다리가 남아 있고 '大通' 및 '通' 명의 기와와 와당, 그리고 당간지주, 쌍사자, 계단 난간석, 초석, 장대석 등[3)]에 대통사지 출토라는 이름이 붙게 되면서 이의 존재가 자연스럽게 알려지게 되었다.

특히 일제강점기 무렵 輕部慈恩에 의해 당간지주 주변이 대통사지로 추정되고, 이에 따른 1탑1금당식의 가람배치 등이 학계에 보고되면서 공주시 반죽동 일대는 실체와 관계 없이 대통사의 옛 터로 알려지게 되었다(도면 1).

그러나 1999년 당간지주를 중심으로 그 북쪽 지역에 대한 시굴조사를 실시한 결과 대통사지와 관련된 유구는 그 어디에서도 확인되지 않았다. 아울러 輕部慈恩이 대통사지 가람배치의 기준으로 삼았던 당간지주조차도 후대에 다른 곳에서 옮겨온 것으로 파악되었다.[4)] 이러한 고고학적 조사는 한편으로 대통사지의 위치를 처음부터 다시 탐색하게 하는 결과를 낳게 하였다.

이에 필자는 최근에 보고된 공주지역의 지리정보시스템(GIS)분석[5)]과

---

2) 흥륜사는 무령왕~성왕대의 인도 유학승 겸익이라는 인물을 통해 확인할 수 있다 (李能和, 大正 7年, 『朝鮮佛教通史』 상편, 33~34쪽). 아울러 부여 대조사의 창건설화와 관련해서도 흥륜사가 등장하고 있다(조원창, 2014, 『스토리가 있는 사찰, 문화재』 1, 서경문화사).

3) 이들 유물에 대해서는 제Ⅲ장에서 살펴보고자 한다.

4) 이상 공주대학교박물관·충청남도 공주시, 2000, 『대통사지』.

5) 박지훈, 2014, 「지형분석 및 GIS분석을 이용한 백제시대 충남 공주지역의 촌락분포 연구」, 『백제문화』 제50집, 공주대학교 백제문화연구소.

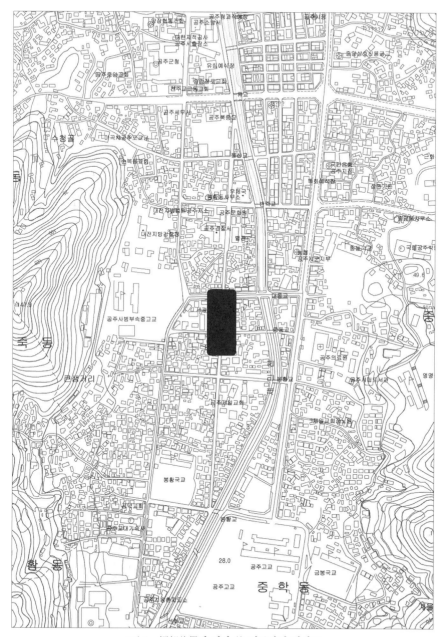

도면 1 輕部慈恩에 의한 傳 대통사지 위치도

사진 1   현재의 대통교 모습   사진 2   대통교

불교 관련 유물, 그리고 공주목지도에 표기된 대통교를 중심으로 대통
사의 위치를 재탐색해 보고자 하였다. 아울러 사찰의 가람배치와 관련
하여 불계와 속계, 그리고 이를 양분하는 향수해의 존재를 통해서도 대
통사지의 위치를 검토해 보고자 한다.

　이러한 시도는 그 동안 대통사의 연구가 정치·사상적 측면[6]이나 출토
유물[7]에만 국한된 채 유구에 대해서는 거의 진행되지 못한 것과도 관련
이 깊다. 따라서 유적의 실체인 대통사지의 위치를 재검토해 봄으로서 향
후 고고학적 조사의 기초 자료를 마련하는 데에도 일차적 목적이 있다.

---

6) 조경철, 2002,「백제 성왕대 대통사 창건의 사상적 배경」,『국사관논총』제98집.
　　조경철, 2007,「백제 웅진 대통사와 대통신앙」,『백제문화』제36집.
　　조경철, 2011,「백제 대통사 창건의 불교사상적 배경」,『한국사연구』155.
　　박현숙, 2011,「백제 웅진시기의 정국과 대통사 창건」,『한국사연구』155.
　　조윤재, 2011,「백제와 양의 교섭과 대통사」,『한국사연구』155.
　　서정석, 2011,「백제 웅진왕도와 대통사지」,『한국사연구』155.

7) 이남석, 2002,「백제 대통사지와 그 출토유물」,『호서고고학』제6·7집.
　　청수소박, 2003,「백제 대통사식 수막새의 성립과 전개 : 중국 남조계 조와기술
　　의 전파」,『백제연구』제38집.
　　조원창, 2013,「대통사지 출토 백제와당의 형식과 편년」,『백제사지연구』.

II. 輕部慈恩이 본 대통사지의 가람배치

대통사와 관련된 고기의 내용은 『삼국유사』 외에는 더 이상 살필 수 없다. 다만, 조선 후기 여러 지리지에 표현된 제민천의 大通橋(사진 1·2)[8]를 통해 대통사의 옛 흔적을 엿볼 수 있다. 아울러 일제강점기 공주고보 교사였던 輕部慈恩의 저서를 통해 그 위치 및 가람배치 등을 살필 수 있다.

輕部慈恩은 대통사지와 관련해 최초로 고고학적인 방법을 동원한 인물이다. 그는 백제시기 '대통'명 기와의 출토지와 여기에서 수습된 와당의 분석, 그리고 주변의 당간지주와 석조[9] 및 하수공사 시 검출된 장대석, 초석, 협간석, 동자주 등의 건축부재를 통해 현재의 공주시 반죽동 당간지주 북쪽을 대통사지로 비정하였다.[10] 이에 대한 그의 조사내용을 정리하면 아래와 같다.[11]

강당지는 서쪽으로 약 20도 정도 기울어져 남면하고 있다. 지금의 공주고등여학교 정면 앞에서 公州橋로 통하는 도로와 나란하게 기단석이 확인되었다. 기단석은 면석으로 추정되는데 길이 160cm, 너비 55cm, 두께 7cm 정도의 장방형 판석을 사용하였다. 아울러 네 모서리에는 우주가 세워져 있고 기단은 1단으로 조성되었다.[12] 기단의 동서 길이는 약

---

8) 필자 사진.
9) 현재 보물로 지정된 중동석조, 반죽동석조를 의미한다.
10) 輕部慈恩, 1946, 『百濟美術』, 寶雲舍, 94~95쪽.
11) 기본적으로 輕部慈恩의 조사내용을 따랐으나 부분적으로 본문의 내용에 맞게 필자가 수정, 가필하였다.
12) 이의 설명으로 보아 기단은 면석과 우주를 갖춘 1단의 가구기단으로 생각된다.

53m, 남북 너비는 약 25m이다. 강당 전면의 좌우에서는 연지라 불리는 석조 2개[13]가 확인되었다.

강당지의 전면으로는 금당지로 추정되는 건물지가 확인되었다. 주변의 田中淸一씨댁 남쪽, 여학교 기숙사와의 경계 부근에서 금당지의 남면 기단으로 추정되는 유구가 일부 검출되었다.

금당지의 남면으로는 여학교의 기숙사가 위치하고 있는데 이 지역은 본래 충청남도 경찰관 교습소 자리였다. 욕실을 만들 때에 많은 초석과 기와가 출토되어 백제 가람배치상의 탑지로 파악되었다.

당간지주는 탑지로 추정된 지점에서 남쪽으로 약 56m 정도 떨어져 있으며 동쪽으로 약간 치우친 곳에 위치하고 있다. 형식으로 보아 통일신라시기에 제작된 것으로 판단되었다.

한편, 기숙사 정문 앞의 광장과 旭町益本·水谷 兩씨 댁 앞의 도로 지점에 돌이 쌓여져 있었는데, 이는 대통사의 外廊 일부로 생각되었다.

대통사지 일대에서는 백제시기 및 고려시기로 편년되는 '大通'명 평기와가 다수 출토되었고, 백제시기 및 통일신라시기로 추정되는 연화문 와당도 함께 공반 수습되었다.

위와같은 輕部慈恩의 조사 내용을 토대로 한다면 대통사지는 당간지주를 최남쪽으로 하여 남에서 북으로 탑-금당-석조(수조)-강당 등이 배치되었음을 알 수 있다(도면 2).[14] 그리고 외랑이라는 표현으로 보아

다만, 통일신라시기에 조성된 당간지주와 같은 층위에 놓여있다는 점, 그리고 그동안 공주지역(공산성 내외 포함)에서 백제시기의 가구기단이 어느 한 곳에서도 검출되지 않았다는 점에서 기단의 축조시기를 의심케 한다.

13) 이는 오늘날의 중동 석조 및 반죽동 석조로 불리는 것이다. 이로 보아 현재의 중동 석조는 일제강점기에 본래의 위치에서 중동초등학교로 옮겨졌음을 알 수 있다.

14) 輕部慈恩, 1946,『百濟美術』, 寶雲舍, 95쪽 10圖.

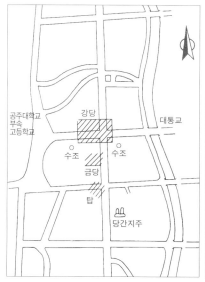

도면 2 輕部慈恩의 대통사지 추정
가람배치

사진 3 반죽동 전 대통사지 위치 당간지주

당탑은 회랑으로 돌려 싸여 있는 것으로 판단할 수 있다.[15]

그러나 이러한 輕部慈恩의 견해는 시굴·발굴조사와 같은 터파기를 수반하지 않은 단순한 지표조사만의 결과라는 점에서 많은 위험성이 내포되어 있었다. 이는 결국 1999년 11~12월에 걸쳐 이 지역 약 2,000여 평에 대한 시굴조사를 진행하는 과정에서 허구로 밝혀지게 되었다. 즉, 당간지주(사진 3)[16]는 피트 조사 결과 후대의 어느 시점에 현재의 장소로 옮겨왔음이 확인되었다.[17] 그리고 당간지주의 북쪽으로 탑-금당-강당

---

15) 이는 조사 내용 말미에 일본의 사천왕사 및 부여 군수리사지를 언급한데서 알 수 있다.

16) 필자 사진.

17) 당간지주는 조각기법으로 보아 통일신라시대의 것으로 편년되었다. 그러나 당간지주의 서쪽 면에 대한 피트조사 결과 지주는 원형의 우물을 의도적으로 매립하

이 있었을 것으로 추정된 곳에서는 건물지로 판단되는 그 어떠한 유구(기단, 초석, 적심 등)도 노출되지 않았다.[18]

시굴조사와 관련된 내용과 당간지주 주변에 대한 층위 설명은 제Ⅳ장에서 자세히 살펴보고자 한다.

Ⅲ. 傳 대통사지 출토유물

현재 공주지역에서 수습된 유물 중 '大通'이란 용어는 백제시기 인각와 및 벼루, 그리고 고려시기 명문와 등에서 확인할 수 있다. 인각와(사진 4)[19]는 부여지역의 부소산성 동문지 주변 와적층에서도 동범와가 수습된 바 있어 백제 웅진기 무렵의 사비 경영을 판단케 한다.[20] '大通寺'명 벼루는 공산성 내 공북루 남쪽 백제시기층에서 한 점이 수습되었는데 토제품의 바닥에 음각되어 있다.

한편, 고려시기의 '大通'명 암키와가 일제강점기에 출토된 바 있어 흥미롭다. 기와는 암키와로 등면에 어골문이 중복 타날되어 있고 '大通'이 위에서 아래로 종서되어 있다(탁본 1).[21]

고 그 위에 이건 되었음이 확인되었다. 아울러 이 층위에서는 청해파문의 기와와 굵은 모래받침의 백자편이 다수 확인되었다(공주대학교박물관·충청남도 공주시, 2000, 『대통사지』). 이로 보아 당간지주는 조선 후기 이후에 옮겨졌음을 알 수 있다.

18) 공주대학교박물관·충청남도 공주시, 2000, 『대통사지』, 52~56쪽.

19) '大通'명의 암키와는 등면이 무문으로 자경은 1.5cm이고, 원각 내에 右縱書 되어 있다. 百濟文化開發硏究院, 1983, 『百濟瓦塼圖錄』, 276쪽 사진 529.

20) 조원창, 2005, 「기와로 본 백제 웅진기의 사비경영」, 『선사와 고대』23.

21) 輕部慈恩, 1946, 『百濟美術』, 寶雲舍, 96쪽 제 12圖 下.

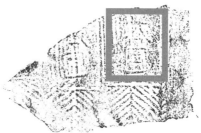

사진 4 '대통'명 인각와   탁본 1 '대통'명 명문와

어골문은 흔히 통일신라기부터 등장하고 있으나 고려시기의 어골문과는 문양면에서 약간의 차이를 보이고 있다. 즉, 전자의 어골문이 가지문의 간격이 서로 떨어져 있으며 중복 타날된 경우가 거의 없는 반면, 후자의 어골문은 가지문의 간격이 촘촘하며 중복 타날된 경우가 적지 않다. 이 중에서 '대통'명 암키와는 후자의 문양을 띠고 있어 고려시기에 제작된 와례임을 파악할 수 있다.[22]

수습 유물로 보아 대통사는 백제 웅진기 이후 고려시기에 이르기까지 그 법맥이 이어져 내려왔음을 짐작할 수 있다. 이는 부여지역의 정림사나 왕흥사와도 같은 맥락에서 이해할 수 있을 것이라 생각된다.

그리고 이와 같은 대통사의 역사성은 한편으로 반죽동 및 봉황동 등지에서 수습되는 여러 유물들을 대통사지 출토품으로 둔갑하게 하는 충분한 조건이 되기도 하였다.

대통사지 출토 유물 중 학계 및 일반 대중에게 널리 알려진 것으로는 당간지주를 들 수 있다. 이는 현재 위치한 장소에 의거 반죽동 당간지주

---

22) 고려시기의 '대통'명 암키와는 傳 대통사지 주변에서 다수 출토된 것으로 보고되어 있다(輕部慈恩, 1946, 『百濟美術』, 寶雲舍, 97쪽). 이로 보아 대통사는 고려시기에 있어 대대적인 기와 보수가 이루어졌음을 짐작해 볼 수 있다.

사진 5 중동 석조   사진 6 반죽동 석조

라 불리고 있으며, 한편으로는 대통사지 당간지주로도 부르고 있다. 하지만 최근 시굴조사를 통해 이는 다른 곳에서 이건 되었음이 확인되었고, 당간지주가 위치한 북쪽에는 대통사지가 존재하지 않음이 실증되었다.

또한 중동 석조(사진 5)[23] 및 반죽동 석조(사진 6)[24]로 일컬어지는 두 석조의 경우도 공주 대통사 석조로 불리고 있다.[25] 이것들이 물론 당간지주와 마찬가지로 본래의 대통사지에서 반출되었을 가능성도 충분히 예상할 수 있겠지만 만약 輕部慈恩이 지정한 장소를 대통사지로 보고 후대에 이들 석조의 이름을 붙였다면 이는 재검토의 여지가 많다고 생각된다.

이러한 혼란은 한편으로 최근에 알려진 쌍사자(사진 7·8)[26] 조각 및

---

23) 필자 사진. 원래는 반죽동에 위치해 있었으나 일제강점기 무렵 중동초등학교에 진을 치고 있었던 헌병들이 말구유로 사용하기 위해 반출하면서 '중동 석조'라 불리게 되었다.

24) 필자 사진.

25) 두 석조의 출토 층위는 당간지주와 마찬가지로 조사지역의 최상층인 조선 후기 이후 층에 해당되고 있다. 따라서 중동·반죽동 석조는 다른 곳에서 이전되어 반죽동 전 대통사지에 놓여 졌음을 알 수 있다.

26) 필자 사진. 쌍사자로 보아 석등의 기단부로 추정된다. 쌍사자석등은 보은 법주사

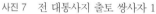

사진 7 　전 대통사지 출토 쌍사자 1　　　사진 8 　전 대통사지 출토 쌍사자 2

계단 난간석(사진 9)[27]의 경우에서도 마찬가지라 할 수 있다. 특히 계단
난간석의 경우는 조선시기인 15~16세기의 것으로 편년되고 있다.[28]

　　그런데 이는 보는 이로 하여금 대통사가 조선 중기 무렵까지 법맥이 이
어져왔을 것이라는 논란을 불러일으킬 소지가 적지않다. 왜냐하면 대통

　　및 합천 영암사지 등에서 살필 수 있다. 세부를 보면 8각형의 지대석 위에 伏蓮의
연화하대석이 있고 그 위로 쌍사자가 배를 마주하고 서 있다. 머리는 뒤로 젖혀 하
늘을 보고 있다. 지대석의 각 면에는 안상이 조각되어 있고 하대석의 연화문은 複
葉으로 서혈사지 석불상의 대좌에서 보이는 연화문과 친연성을 보이고 있다. 전
체적으로 무엇인가를 받치는 듯한 형상을 하고 있다. 사자의 자세와 정교한 조각,
그리고 연화문 및 8각형의 구조로 보아 통일신라기에 제작된 것으로 추정되며 현
재 국립공주박물관에서 전시하고 있다.

27) 필자 사진.
28) 국립공주박물관의 유물 표지석에 기술되어 있다.

사는 창건 시기만 알려져 있을 뿐, 이의 위치나 폐사 시기에 대해서는 아직까지 학술적으로나 傳言으로 전혀 알려진 것이 없기 때문이다.

뿐만 아니라 현재 당간지주 주변에 흩어져 있는 장대석(사진 10)과 초석(사진 11), 추정 문지공(사진 12), 교각 받침석(사진 13) 등의 경우도 별도의 설명문이 없어 이들 또한 대통사지 출토 석물로 이해되고 있다. 이들 중에서 교각 받침 만 출토지가 확실할 뿐, 다른 석물들은 그 위치를 정확히 알 수 없는 것들이다.[29]

교각 받침석(교대)은 1980년대까지만 하더라도 현 대통교 아래에 위치하고 있었으나 새롭게 다리를 축조하는 과정에서 모두 반출하여 현재의 당간지주 옆에 모아 놓은 것이다. 따라서 이들 교대는 대통사지 출토품이 아닌 대통교 출토품으로 보아야 타당할 것이다.

이상에서와 같이 공주지역의 반죽동 및 그 주변지역에서 출토된 유물들은 대부분 대통사지 출토품으로 불리고 있다. 그러나 대통사지로 추정된 지역에서 이의 형적이 전혀 검출된 바 없기 때문에 '대통사지'라는 유물 출처 표기는 신중을 기하여야 할 것이다. 아마도 이러한 혼란은 일제강점기 이후 당간지주 주변이 대통사지라는 학계의 그릇된 믿음에서 비롯된 것이라 판단된다.

따라서 지금부터라도 대통사지의 정확한 위치를 탐색하는 데 모든 노력을 기울여야 할 것이다. 그리고 대통사지의 위치가 확인될 때까지 '대통사지'라는 출토지 표기 또한 신중함이 타당할 것이라 생각된다.

---

29) 당간지주와 관련된 안내판 만 세워져 있다. 이들 석물은 약 20여 년 전에도 당간지주 옆에 있었던 것으로 보아 주변에서 수습하여 모아 놓은 것으로 생각된다.

사진 9 전 대통사지 출토 계단 난간석

사진 10 당간지주 주변 장대석

사진 11 당간지주 주변 초석

사진 12 당간지주 주변 추정 문지공

사진 13 당간지주 주변 대통교 교대

Ⅳ. GIS분석과 출토유물로 본
대통사의 위치

이상에서와 같이 일제강점기 이후 대통사지로 비정된 반죽동 주변지역의 출토 유물을 살펴보았다. 아울러 대통사지로 추정된 당간지주 주변지역에서 백제시기와 관련된 유구가 전혀 검출되지 않았음도 간략히 알아보았다.

이에 본고에서는 당간지주 주변의 시굴조사 내용과 이와 관련된 토층현황, 그리고 제민천변에서 수습된 백제시기 및 통일신라시기의 불교 유물을 통해 현재의 금학동사지를 대통사지로 추정해 보고자 한다. 아울러 이의 객관성을 확보하기 위해 GIS분석도와 大通橋를 통한 수미산의 세계도 함께 살펴보도록 하겠다.

지리정보시스템(GIS)분석(도면 3)[30])에 따르면 백제시기의 공주 시가지에는 모두 10여개소의 촌락이 입지한 것으로 알려져 있다. 그런데 이러한 촌락은 대지[31]를 전제로 한 것이기에 사원의 입지와도 불가분의 관계에 있다고 생각된다.

대지는 제민천을 중심으로 동서에 분포하고 있다. 동쪽으로는 산성동, 중동, 옥룡동, 중학동 등이고 서쪽으로는 웅진동, 교동, 반죽동, 봉

---

30) 백제시대 고환경 복원을 위한 기초자료로서 경사도분석, 사면향분석, 기복량분석, 용수하천 거리분석 등을 중심으로 하였다(박지훈, 2014, 「지형분석 및 GIS분석을 이용한 백제시대 충남 공주지역의 촌락분포 연구」, 『백제문화』제50집, 공주대학교 백제문화연구소, 326쪽 및 344쪽 그림 15).

31) 원래의 논고에서는 촌락이 분포한 지역으로 기술하고 있다. 그런데 이들 지역이 백제시기 당시에 촌락이 분포하였는지 아니면, 관청 건물이나 사원이 입지하였는지 정확히 알 수 없다. 따라서 본고에서는 촌락이라는 대신 광의의 개념에서 '대지'라는 용어를 사용하고자 한다.

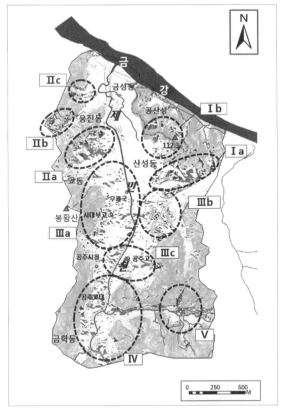

도면 3 백제시기 공주지역의 대지 분포도(박지훈 안)

황동, 금학동 등지가 대지로 파악되었
다. 이에 대해 필자는 대통사지가 제민
천의 서쪽(웅진동, 교동, 반죽동, 봉황
동, 금학동 일대)에 입지하였을 것으로
추정하고 있는데 이는 가람배치의 기
본원리와도 부합되고 있다.

　즉, 사원의 가람배치는 속세의 세계
(俗界)인 남쪽의 섬부주와 부처님이 머

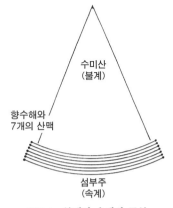

도면 4 불계와 속계의 구분

물고 있는 북쪽의 수미산 세계(佛界)로 구분되고 있다. 아울러 속계와 불계 사이에는 향수해라고 부르는 커다란 바다가 위치해 있다(도면 4).[32] 이는 가람배치상 아주 중요한 요소로 흔히 사원 전면의 냇물이나 하천 등으로 이해할 수 있다.

당시 속계의 중심을 왕이 거주하는 왕성(공산성)으로 볼 때 향수해는 제민천이 될 것이고, 수미산이 있는 불계는 교리적으로 속계의 반대 방향인 서쪽이 될 수밖에 없다. 이렇게 볼 때 대통사지는 GIS분석에 따라 제민천의 서쪽인 웅진동, 교동, 반죽동, 봉황동, 금학동 일대에 입지하는 것이 자연스럽다.

그러면 이 중에서 대통사지는 과연 어느 곳에 위치하고 있었을까? 이

는 공주목지도에 표기된 大通橋(도면 5)의 존재와 '大通'명 기와의 출토, 그리고 반죽동 당간지주 등의 위치로 보아 반죽동, 봉황동, 금학동 일대로 압축해 볼 수 있다.

백제사지는 그 동안 발굴조사된 부여 및 익산지역의 유적을 참조하여 볼 때 대부분 평지가람이었고, 남북을 장축으로 중문-탑-금당-강당이 배

도면 5 공주목지도(1872년)에 표기된 대통교

32) 정각스님, 1991, 『가람, 절을 찾아서』I, 산방, 58쪽 그림 8 중.

치되었음을 확인할 수 있다. 그리고 중문과 강당 사이에는 회랑이 돌려 있음도 살필 수 있다. 이러한 가람배치는 자연스럽게 동서보다는 남북으로 세장한 대지를 필요로 한다. 이를 제민천과 비교해 본다면 사지의 방향과 제민천의 방향이 남북으로 나란하게 분포하였을 가능성이 높다.

그런데 1999년 시굴조사 결과 그 동안 輕部慈恩이 언급한 반죽동 당간지주 주변의 대통사지 존재는 사실이 아님이 확인되었다. 이 지역은 표토 하 3.5~4m 깊이에서 생토면[33])이 검출되었고 토층은 크게 3개 층위로 확인되었다. 표토에서 1~1.5m까지는 민가가 조성되는 과정에서 대부분 교란되었고, 그 아래로 약 2m까지는 흑갈색 부식토층이 검출되었다. 그리고 맨 아래 1~1.5m까지는 모래와 자갈층이 제민천의 반대방향인 서쪽으로 계속해서 뻗어나감이 조사되었다.[34]) 여기서 흑갈색 부식토층은 모래와 자갈층을 복토하기 위한 성토된 토양으로 볼 수 있으나 정확한 성토 시기는 알 수 없다. 아울러 이곳에서는 백제시기와 관련된 유구나 유물도 전혀 검출되지 않았다.

이렇게 볼 때 대통사지의 위치는 자연스럽게 반죽동의 남쪽 지역인 봉황동[35]) 및 금학동 지역으로 압축할 수 있다. 그 중에서도 공주교육대학교[36]) 및 부속 초등학교 부지는 지형적인 측면과 그 동안의 출토 유물로 볼 때 고대 사지가 입지하기에 최적지로 손꼽히고 있다.

즉, 해당 부지는 日落山의 동향 사면으로 평탄지가 넓게 분포하고 있

---

33) 모래와 자갈이 혼합된 砂礫퇴적층이다. 이러한 층위는 공주시청 북쪽의 생활지도 관인 은행사 및 공주교육대학 부지에서도 확인할 수 있다(朴容塡, 1971,「公州 金鶴洞 逸名寺址의 遺蹟」,『公州敎育大學 논문집』, 74쪽).

34) 公州大學校博物館·忠淸南道 公州市, 2000,『大通寺址』, 49쪽.

35) 공주시청 북쪽의 봉황동은 반죽동과 연결되는 지형으로 지금까지 사지와 관련된 건물지가 알려진 바 없다.

36) 이 학교의 경우 행정구역상 봉황동과 금학동에 위치하고 있다.

사진 14　금학동사지 출토 석조여래좌상 1　　사진 15　금학동사지 출토 석조여래좌상 2

다. 이러한 지형은 이미 통일신라시대 및 그 이전에 마련된 것으로 생각
되며 이곳에서는 지난 1971년에 逸名 사지가 발굴되기도 하였다.

　이와 같은 사지의 형적은 현재 학계에서 부르는 금학동사지[37]의 일부
분이라 판단된다. 아울러 이 주변에서는 일제강점기 이후 근래에 이르기
까지 백제시기의 석조광배 및 석불상을 비롯해 통일신라기의 석탑재와 石
井蓋, 와당, 고려시기의 석조여래좌상(사진 14·15)[38] 등이 수습되었다.

---

37) 본래 금학동사지는 공주교육대학교 및 부속 초등학교가 위치한 곳, 공주여자고등
　　학교의 정문 앞, 그리고 금학동 탑골 등을 포함하고 있다. 그런데 과거 뽕나무밭
　　으로 사용된 공주여고 정문 앞의 경우는 사지와 관련된 유구와 유물이 거의 수습
　　된 바 없다. 아울러 탑골의 경우는 서북향의 사면 골짜기에 위치하며 3단의 대지
　　로 구획되어 있다. 각각의 대지에서는 격자문 기와, 어골문 기와, 분청사기 등이
　　수습되었다. 그리고 사역의 서단부에서는 탑재로 보이는 석재가 확인되었다(이남
　　석·조원창, 1995, 『公州文化遺蹟』, 344~345쪽). 그러나 산지가람 형태인 3단의
　　대지와 서북향의 사면 입지, 그리고 기와, 분청사기 등의 유물 출토로 보아 백제
　　시기의 사지로는 판단되지 않는다. 이렇게 볼 때 논제가 되는 백제사지 즉 금학동
　　사지는 공주교육대학교 및 부속 초등학교 부지로 압축해 볼 수 있다. 아울러 사지
　　의 위치도 금학동뿐만 아니라 봉황동의 일부도 포함되어 있음을 살필 수 있다.
38) 필자 사진. 현재 국립공주박물관에서 전시하고 있으며 고려 후기의 석조여래좌상

사진 16 금학동 출토
석조보살입상

도면 6 공주교육대학교 부지 내 금학동사지
(봉황동, 금학동 위치)

　여기에서는 발굴조사 및 터파기를 통해 유구가 확인된 일명 금학동사
지에 대해 살펴보고자 한다. 사지로 추정된 기와 건물지는 공주교육대학
교 대운동장의 서쪽과 북쪽에서 조사되었다(도면 6).[39] 특히 북쪽의 건
물지에서는 2동의 기와 건물지가 중복된 상태로 확인되었다. 이들 건물
지는 배수로 공사 중에 노출된 것으로 선축된 건물지는 통일신라기의 유
구로 편년되었다.

　건물지(도면 7)[40]는 동서 장축으로 남향이며 기단석과 적심석, 계단

들이다. 이 외에도 금학동에서는 고려시기의 석조보살입상(사진 16)이 출토되어
현재 국립공주박물관에서 전시하고 있다.

39) 박용진, 1971, 「공주 금학동 일명사지의 유적」, 『공주교육대학 논문집』, 74쪽
Fig 1. 도면에서 북쪽 건물지는 A, 서쪽 건물지는 B라 명명하였다.

40) 박용진, 1971, 「공주 금학동 일명사지의 유적」, 『공주교육대학 논문집』, 76쪽
Fig 2. 본고의 〈도면 6〉에서는 A로 명명되었다.

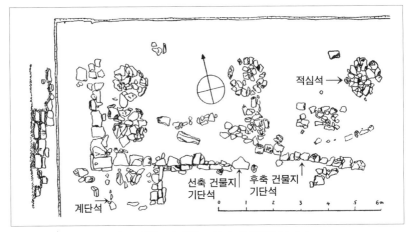

도면 7　공주교육대학교 부지 내 금학동사지 A

석 등이 남아 있다. 기단석은 자연 할석으로 양호한 것은 약 3~4단 정
도로 쌓여 있다. 적심석은 직경 1m 이상의 평면 원형으로 동–서간 거리
약 3m, 남–북간 거리 약 1.5m 정도 떨어져 있다. 적심석의 분포 양상
으로 보아 대형 건물지가 입지한 것으로 생각되나 조사 당시 대부분 훼
실된 상태였다. 남아 있는 기단의 동–서 길이는 약 11m, 남–북 너비는
약 6m 정도이다. 계단석은 동–서 기단의 서단부에서 확인되었으나 역시
대부분 멸실되었다.

　이 외에도 1970년 운동장의 서쪽인 사열대 축조 시에도 통일신라시기
의 와당과 명문와 등이 수습되었다.[41] 이러한 와적층은 건물지의 존재
를 암시케 하는 것이나 불행히도 조사는 이루어지지 않았다.[42]

---

41)　본고의 〈도면 6〉에서는 B로 명명되었다.
42)　이렇게 볼 때 현 공주교육대학교의 대운동장은 그 대지조성이 적어도 통일신라기
　　무렵에는 완성되었음을 알 수 있다. 그러나 주변에서 백제시기의 석조광배가 수

그리고 공주대학교 부속초등학교 부지의 최남단 부분에서도 사지의 흔적이 일부 확인된 바 있다. 즉, 1985년 이 지역에 대한 지반 굴착 과정에서 와적층이 광범위하게 분포하였음이 조사되었다. 기와는 대체로 고려시대의 것으로 편년되었는데, 해당 부지는 현재 멸실되어 그 형적을 살필 수가 없다.[43]

이처럼 공주교육대학을 중심으로 한 금학동사지에서는 1970년대 이후 건물지를 비롯한 기와, 초석 등의 유구·유물이 다양하게 수습되었다.[44] 아울러 금학동사지의 사역으로 추정되는 제민천변의 둑에서도 백제시기[45]의 석조광배(사진 17)[46]가 땅에 매몰된 채 확인된 바 있어[47] 이 사지에 대한 관심이 무엇보다도 중요하다고 생각된다.

석조광배(사진 18)[48]는 화강암의 대판석 1매를 사용한 것으로 높이는 260cm이다. 광배에 조각된 두광의 높이로 보아 석불은 입상으로 추

수습되었음을 볼 때 이의 대지조성이 백제시기까지 소급될 가능성도 배제할 수 없다. 이는 금학동사지 A에서의 유구 중복을 통해서도 어느 정도 간취할 수 있다.

43) 이남석·조원창, 1995, 『公州文化遺蹟』, 345쪽. 이와 관련된 자료는 현재 살필 수 없다.

44) 현재 국립공주박물관에 전시되어 있는 석탑 기단부재와 옥개석 4매, 石井蓋 등도 공주교육대학 근처에서 옮겨진 것이라고 한다(박용진, 1971, 「공주 금학동 일명 사지의 유적」, 『공주교육대학 논문집』, 74쪽).

45) 박용진, 1968, 「공주 백제시대의 문화에 관한 연구」, 『백제문화』 제2집, 공주사범대학부설 백제문화연구소, 45~46쪽. 이에 반해 조원교의 경우는 통일신라기인 700년경의 작품으로 보기도 한다(조원교, 2011.12, 「공주 금학동 절터 출토 석조광배에 관한 연구」, 『고고학지』 제17집, 국립중앙박물관).

46) 국립공주박물관, 2009, 『공주와 박물관』, 77쪽.

47) 광배 앞에는 불상이 모아져 있다. 이로 보아 주변에 흩어져 있던 불상과 광배를 제민천변에 모아 놓았음을 알 수 있다. 아울러 이 주변에서는 금학동사지가 확인되었다.

48) 필자 사진.

사진 17 일제강점기 무렵 제민천변의 석조광배와 석불상

사진 18 금학동사지 출토 석조광배

정되고 있다.[49] 이는 결과적으로 석조광배와 함께 대형의 백제 석불상이 공존하였음을 의미한다. 이러한 대형 광배와 불상을 봉안하기 위해서는 이의 규모에 맞는 전각이 필요하였을 것이고, 이들의 제작에 국가 최고의 조사공과 조불공이 참여하였음도 능히 짐작할 수 있다. 특히 그 동안 백제의 고토에서 2m가 넘는 석불상과 석조광배[50]의

---

49) 조원교, 2011, 「공주 금학동 절터 출토 석조 광배에 관한 연구」, 『고고학지』 제17집, 국립중앙박물관.

50) 이러한 대형의 석조광배는 그 동안 익산 연동리사지(높이 448cm)와 금학동사지 두 곳에서 만 확인되었다. 그 외의 백제시기 광배는 소형의 금동불과 관련된 것으로 크기도 30cm 미만이다.

존재가 거의 드물었음을 볼 때 이의 시주자 또한 왕이나 왕족이었을 가능성이 아주 높다.

한편, 백제 웅진기 대형 불상의 존재는 1930년 제민천 제방에서 수습되어 공주군청 구내로 옮겨진 석조불상을 통해서도 확인할 수 있다. 불상은 높이 1장6척, 폭 6척으로서 대략적인 높이만 봐도 4m 이상의 대형 석불임을 알 수 있다. 아울러 조성시기에 대해서는 약 1,500년 전인 백제시기로 추정되고 있다.[51]

그러나 현재 이 불상과 관련된 사진이나 소재지에 대해선 전혀 알려진 것이 없다. 다만, 신문 기사를 통해 백제시기의 대형 불상이 제민천변에서 수습되었던 사실 만을 확인할 수 있다.

그런데 흥미롭게도 같은 제민천변에서 260cm의 백제 석조광배가 출토되었다는 사실은 이 곳에 백제사지가 존재하였음을 강하게 암시하는 것이라 할 수 있다. 아울러 이와 관련시켜 볼 수 있는 사역은 현재 금학동사지로 일컬어지는 현 공주교육대학 및 부속 초등학교 부지 이외에는 찾아보기 어렵다.

그렇다면 금학동사지는 백제시기에 있어 과연 어떤 사찰이었을까? 필자는 단언할 순 없지만 금학동사지가 대통사지(도면 8)일 가능성이 그 무엇보다도 높다고 생각된다. 이는 대통교와 GIS분석도, 그리고 백제시기의 석조광배와 와당 및 통일신라~고려시기의 건물지와 초석, 기와, 석조여래좌상, 석조보살좌상 등의 유구·유물 등을 통해 유추해 볼 수 있다.

---

51) 昭和 5년(1930) 7월 28일자 每日申報에 게재된 기사이다.

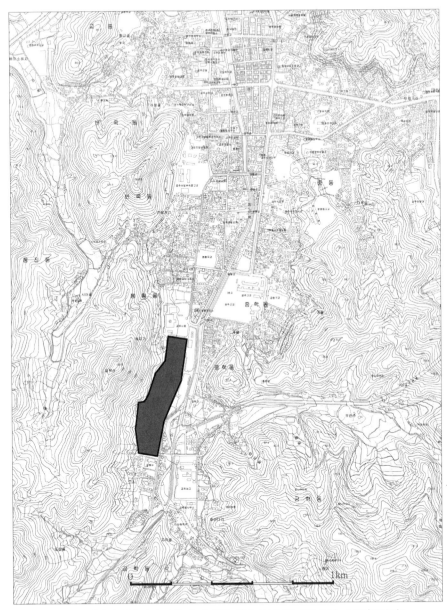

도면 8   필자의 대통사지 사역 추정 위치도(현 공주교육대학교 및 초등학교부지)

아울러 이와 같은 다양한 시기의 불교 관련 유물이 금학동사지를 제외한 그 어느 곳에서도 검출되지 않았다는[52] 점은 역사상의 대통사가 금학동사지일 가능성을 한층 더 높여주고 있다.[53]

　　특히 백제의 고토에서 발굴된 불상 자료 중 4m가 넘는 불상이 아직까지 확인된 바 없다는 점에서 이의 상징성과 시주자가 주목된다. 그 동안 발굴조사된 대부분의 백제사지가 왕에 의해 창건된 만큼 거형의 석불 역시도 왕명에 의해 조성되었을 가능성이 높다. 이는 조불공 자체가 국가의 통제 하에 있었던 것과 무관치가 않다.

　　따라서 거형의 석불상은 공주지역의 대표적 사찰이었던 대통사에 안치되었을 가능성이 높고 이는 대형 석조광배도 마찬가지였을 것으로 생각된다.

---

52) 공주지역은 백제 웅진기의 도읍지로서 문화재에 있어서만큼은 관심도가 매우 높은 도시이다. 따라서 가옥이나 도로 등의 공사 중에 문화재가 검출되면 자연스럽게 주변에 알려지는 것이 일반적이다.

53) 사지에서의 경우 시기차가 있는 유구의 중복을 어렵지 않게 살필 수 있다. 이 때 중복상황은 상하로 나타나는 경우가 일반적이다. 이는 새로운 건물을 조성하기에 앞서 이전의 건물지를 폐기·정지하였음을 의미하며 이러한 사례는 9산선문의 하나로 알려진 보령 성주사지에서도 어렵지 않게 확인할 수 있다. 여기에서의 경우 백제 사비기의 오합사 및 통일신라기의 성주사, 그리고 고려시기의 성주사가 부분적으로 상하 중복되어 있음을 볼 수 있다. 이는 통일신라기의 성주사가 백제시기의 오합사를 폐기·정지한 후 그 상면에 새롭게 조성되었음을 의미한다.
　　통일신라기의 공주 금학동사지는 해당 시기에 새롭게 대지를 조성하였을 수도 있지만 기존에 마련된 대지를 재활용하였을 가능성도 높다. 특히 후자의 경우는 금학동사지 주변에서 수습된 백제시기의 석조광배 및 백제 웅진기의 와당을 통해서도 충분히 유추해 볼 수 있다. 만약 이럴 경우 통일신라기에 해당되는 금학동사지의 선축 대지는 백제시기에 조성되었을 가능성이 높고, 석조광배의 규모로 보아 대통사지일 가능성도 배제할 수 없는 것이다.

V. 맺음말

대통사는 성왕 5년인 527년에 창건되어 적어도 고려시기까지 그 법맥이 이어졌던 것으로 생각된다. 이는 일제강점기 공주시가지 하수공사를 통해 수습된 백제 인각와 및 고려 명문와를 통해 확인할 수 있다.

일제강점기 무렵 輕部慈恩에 의해 설정된 대통사지의 위치와 가람배치는 해방 후 최근에 이르기까지 거의 무비판적으로 인식되어 왔다. 이러한 輕部慈恩의 견해는 조사지역에서 관찰되는 잔존 유구의 형적과 당간지주, 그리고 석조 2기가 큰 역할을 하였던 것으로 생각된다. 아울러 당간지주를 중심으로 주변지역에서 수습되는 유물들은 시기를 막론하고 대통사지 출토품이라는 이름이 붙게 되었다.

그러나 1999년 공주대학교박물관의 시굴조사 결과 현재의 당간지주는 정 위치가 아님이 확인되었다. 이는 적어도 조선 후기 이후 다른 곳에서 옮겨 왔음이 밝혀진 것이다. 아울러 당간지주와 같은 층위에 놓여 있던 중동 석조 및 반죽동 석조도 똑같은 경우로 이해할 수 있다. 그리고 당간지주와 석조 등이 대형의 화강암으로 조성되었다는 점에서 이들은 가까운 봉황동이나 금학동의 사지에서 운반되었을 가능성이 높다고 생각된다.

한편, 시굴조사의 내용은 당간지주 북쪽에 탑지나 금당지, 강당지가 조성되었을 것이라는 輕部慈恩의 견해를 완전히 빗나가게 하였다. 이러한 조사 결과는 또한 그 동안 대통사지 출토품(쌍사자, 계단 난간석 등)이라고 알려진 유물에 까지도 직접적인 영향을 미치게 되었다.

따라서 본고는 대통사지의 위치를 재탐색해 보는데 그 목적을 두었다. 이를 위해 공주시가지의 GIS분석도와 출토 유물을 중심으로 살펴보았다. 그 결과 백제시기의 석조광배, 통일신라기의 사지 유구, 고려시기의 석조 불·보상이 검출된 금학동사지를 주목하게 되었다. 이는 전술한 바

대로 대통사의 사맥이 적어도 백제시기부터 고려시기까지 이어졌음을 전제로 한 것이고, 이러한 판단은 해당 시기의 출토 유물을 기본으로 하여야하기 때문이다. 특히 사지 주변의 제민천변에서는 일제강점기에 4m가 넘는 백제불상이 출토되었다는 신문기사까지 더해져 그 가능성을 한층 더 높여주고 있다.

금학동사지는 정밀 조사가 실시되진 않았지만 현 공주교육대학교를 중심으로 한 지역에 위치하고 있다고 생각된다. 그러나 이의 남쪽과 북쪽에서도 유물이 수습되고 있다는 점에서 그 사역은 생각보다 더 넓었음이 확실하다. 따라서 공주교육대학교의 남쪽에 있는 초등학교의 경우도 사역에 포함시켜 보아야 할 것이다.

또한 공주시청 정문에 이르기까지 대지가 조성되어 있다는 점에서 이의 유구 확인조사도 불가피한데 이는 사지의 북쪽 경계면을 파악해 본다는 차원에서 반드시 필요한 작업이라 생각된다. 이렇게 볼 때 우리가 부르는 금학동사지는 일부이긴 하지만 금학동뿐만 아니라 봉황동까지도 포함하는 것으로 볼 수 있다. 향후 이에 따라 사지명의 재고도 뒤따라야 할 것이라 사료된다.

유적은 유구와 유물, 그리고 기록으로 판명된다는 점에서 금학동사지의 대통사지 비정은 앞으로도 많은 난제를 안겨줄 것이라 생각된다. 그러나 대통사가 백제 웅진기의 대표적인 왕실 사찰이었고, 공산성(웅진성)이나 무령왕릉과 더불어 필적할만한 백제유적이었음을 전제할 때 대통사지에 대한 탐색은 계속적으로 이루어져야 할 것이다. 그런 점에서 공주교육대학교를 중심으로 한 그 주변지역의 문화재조사는 그 첫걸음이 아닐까 생각해 본다.[54]

---

54) 이 글은 조원창, 2014.11.05, 「백제 웅진기 대통사의 위치 탐색」(백제역사유적지구 세계문화유산 등재를 위한 제52회 백제문화 콜로키움) 자료를 정리하여 옮겨 놓은 것이다.

扶餘 陵寺의
僧域 構造와 姓格

I. 머리말

성왕의 기원 사찰로 알려진 부여 능사는 관산성 전투 도중 억울하게 목숨을 잃은 성왕을 기리기 위해 567년 무렵 조성되었다. 사지는 동나성과 능산리왕릉 사이에 위치하고 있으며(사진 1)[1] 남북을 장축으로 1탑1금당식으로 축조되었다.

1990년대 이후 최근에 이르기까지 10여 차례에 걸친 능사의 발굴조사를 토대로 개별 건물의 성격[2]과 축조기법,[3] 조성시기[4] 등에 대한 연

---

1) 필자 사진.

2) 김종만, 2000, 「부여 능산리사지에 대한 소고」, 『신라문화』 17·18.
조원창, 2006, 「부여 능사 제3건물지(일명 공방지 1)의 건축고고학적 검토」, 『선사와 고대』 24.
신광섭, 2006, 「부여 사비시대 능사 연구」, 중앙대학교 대학원 박사학위논문.

3) 기단, 적심토, 대지조성토 등을 중심으로 연구되었다.

4) 김길식, 2008, 「백제 시조 구태묘와 능산리사지」, 『한국고고학보』 69.
이병호, 2008, 「부여 능산리 출토 목간의 성격」, 『목간연구』 창간호.

사진 1   능산리사지 전경(북에서, 동쪽-능산리왕릉, 서쪽-동나성)

구가 꾸준하게 진행되고 있다. 그리고 사지에서 출토된 사리감이나 금동
대향로 등 여러 공예품 및 목간에 대한 연구도 함께 실시되고 있다.

  불법승으로 일컬어지는 불교의 3보는 사원에서 없어서는 안 될 필수
불가결한 요소이다. 이는 불교의 주존인 불과 부처의 말씀인 경전, 그리
고 부처의 교리를 중생에게 전파하는 승의 존재를 포함하고 있다. 그런
데 백제사지를 포함한 삼국시기의 사지 발굴을 보면 승니와 관련된 僧域
의 존재를 쉽게 확인할 수 없다. 이는 3보를 갖춘 사지 발굴에서 언뜻 이
해하기 힘든 것으로 그 만큼 유구의 잔존 상황이나 사지 발굴의 범위가
협소하였음을 의미하는 것이라 할 수 있다.[5]

  조원창, 2012, 「토목공사로 본 부여 능사의 조영」, 『문화사학』 37.

5) 지금까지의 사지 발굴은 중문-탑-금당-강당 등을 감싸고 있는 회랑을 중심으로
    하는 것이 일반적이었다. 그러나 이들 장소에서 일상생활과 관련된 온돌유구나

승역이란 승려[6]들이 거처하는 공간으로 일종의 숙식을 겸한 곳이다. 예컨대 잠을 이루기 위해선 온돌이 시설된 난방시설이 필수적이고, 승려들이 물을 마시거나 불전에 올릴 정수를 공급하기 위한 우물이 필요하다. 그리고 사찰 의식에 필요한 물품이나 승려들이 먹을 수 있는 부식들을 저장할 수 있는 창고시설도 존재하여야 한다. 특히 의례와 예불이 진행되는 능사라는 점에서 승려의 거처와 사원의 입지가 멀리 떨어져 있음을 생각하기도 어렵다. 따라서 승들의 거처인 승역과 부처님이 머물고 있는 불계의 거리는 가까운 곳에 배치되는 것이 자연스럽다.

그런데 그 동안 삼국시기의 사지 발굴을 통해 명확하게 승역이 확인된 적은 없다. 물론 익산 미륵사지에서 승방으로 불리는 유구가 확인된 바 있으나 이와 관련된 우물이나 연지, 창고시설 등이 검출되지 않아 본고에서 제시한 승역과는 거리가 멀다. 그런 점에서 승역으로 추정할만한 유구가 부여 능사에서 검출되었다는 사실은 삼국시기의 불교 고고학 측면에서 적지 않은 의미를 지니고 있다고 볼 수 있다.

그러나 이의 중요성에도 불구하고 능산리사지 북편 건물지(일명 僧域, 도면 1)[7]에 대한 *姓格*[8] 규명이나 기능적 분석에 대해서는 아직까지 연구가 진행된 바 없다. 특히 능사의 조영 시기에 대해서는 보고서마다 각

우물 등이 발굴된 사례는 거의 없다. 따라서 승니와 관련된 승역의 존재를 파악하기 위해선 회랑보다 더 넓은 범위를 대상으로 하는 것이 필요하다.

6) 이는 비구와 비구니를 모두 포함한 의미이다.

7) 한국전통문화학교 고고학연구소·부여군, 2010, 『扶餘 陵山里寺址 제9차 발굴 조사 보고서』, 35쪽. 이 건물지군에 대해 포괄적으로 승방으로 표현하기도 하였다(한국전통문화학교 고고학연구소·부여군, 2010, 『扶餘 陵山里寺址 제9차 발굴 조사 보고서』, 330쪽).

8) 비구니가 머문 尼寺였는지, 비구가 머문 法師寺였는지를 의미하는 것이다.

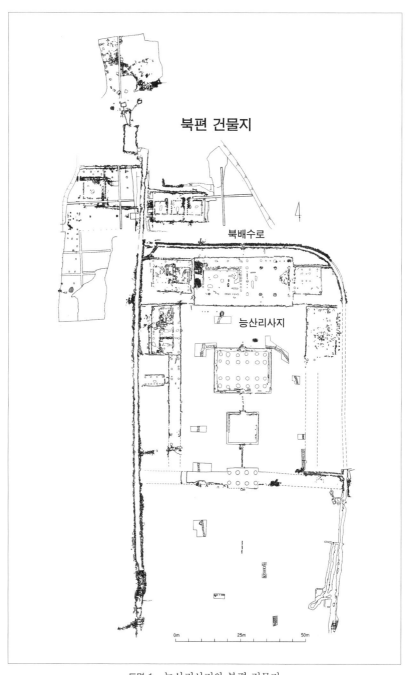

북편 건물지

북배수로

능산리사지

도면 1　능산리사지와 북편 건물지

기 다른 의견을 피력하고 있다.[9] 이는 북편 건물지의 초축 시기에 대해서도 마찬가지이다.[10]

따라서 본고는 이러한 혼란을 조금이나마 정리해 보고자 진행하게 되었다. Ⅱ장에서는 능산리사지(불계)를 중심으로 이의 북쪽에서 발굴된 북편 건물지를 승역으로 파악하고 발굴조사 내용을 검토해 보았다. Ⅲ장에서는 승역으로 추정되는 북편 건물지의 유구 내용을 중심으로 기능석 분석을 실시하였다. 이를 통해 대·소 승방과 연지, 창고시설 등을 규명해 보았다. 그리고 Ⅳ장에서는 능산리사지에서 수습된 유물(호자)을 중심으로 이 사찰이 백제 2사제 중 法師寺였음을 밝혀보았다.

Ⅱ. 능사 북편 건물지의 조사내용과 승역의 추정

능산리사지 북편에서는 기와 건물지 3동을 비롯한 집수시설, 석축시설, 우물, 수로, 방형 석곽시설, 폐기장 등이 확인되었다(도면 2).[11] 폐

---

9) 사지를 비롯한 건물지의 초축 시기는 주로 유물(와당 등)을 중심으로 하였다. 그러나 시기차가 크지 않고 여러 곳에서 공급된 와당의 경우 장인들에 의해 이의 속성이 얼마든지 달라질 수 있다는 점에서 편년 설정의 오류를 불러일으킬 수 있다. 이러한 사례는 6세기 4/4분기 무렵의 일본 비조사 와당과 백제와당을 비교해 보면 쉽게 파악해 볼 수 있다.

10) 능사의 초축 시기(567년 무렵)와 동일하게 보거나(한국전통문화학교 고고학연구소·부여군, 2010, 『扶餘 陵山里寺址 제9차 발굴 조사 보고서』) 6세기 후반 이후(국립부여문화재연구소, 2008, 『陵寺 ─부여 능산리사지 10차 발굴조사보고서─』)로 편년하기도 한다.

11) 국립부여문화재연구소, 2008, 『陵寺 ─부여 능산리사지 10차 발굴조사보고서─』, 27쪽.

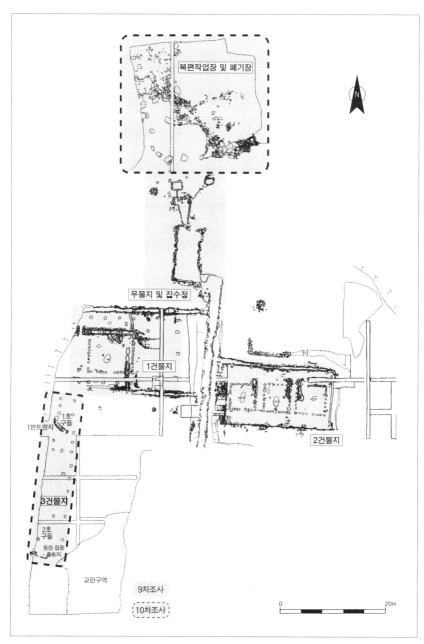

북편작업장 및 폐기장

우물지 및 집수정

1건물지

1번트렌치

1호
구들

2건물지

3건물지

2호
구들

등잔 집중
출토지

교란구역

9차조사

10차조사

0   20m

도면 2 북편 건물지의 유구 배치

기장을 제외한 여타 유구의 경우 중복됨이 없이 일정한 간격을 두고 조성되어 있어 유구의 평면 파악이 용이한 편이다.

1. 북편 건물지의 조사내용[12)

1) 기와 건물지

건물지 1(도면 3)[13)은 중앙 수로의 서편에 위치하며 남향이다. 남면과 북면 일부에서 할석난층기단이 확인되고 있다. 본실은 줄기초로 파악컨대 동서길이 7.9m, 남북길이 8.3~8.4m로 면적은 약 65.57~66.36m²이다.

본실의 북면으로는 '一'자형의 긴 고래가 북벽과 접해 시설되어 있다. 아궁이는 동벽의 외곽에 위치하고 있으며, 굴뚝은 서벽 너머에 조성되어 있다. 아궁이에서 굴뚝까지

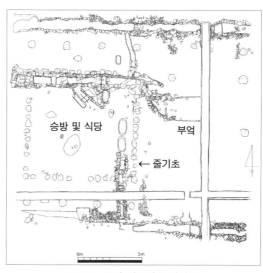

도면 3 북편 건물지 1 평면도

12) 발굴조사의 내용은 한국전통문화학교 고고학연구소·부여군, 2010, 『扶餘 陵山里寺址 제9차 발굴 조사 보고서』를 참조하였다.

13) 한국전통문화학교 고고학연구소·부여군, 2010, 『扶餘 陵山里寺址 제9차 발굴 조사 보고서』, 59쪽.

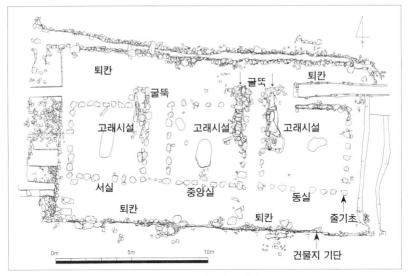

도면 4 북편 건물지 2 평면도

의 거리는 약 12.8m이다. 고래의 중간 지점에서는 2.4m 길이의 또 다른 고래시설이 확인되고 있는데 부가 구들로 추정하고 있다. 실내에서는 오랜 기간 사용된 것으로 보이는 2개의 노지시설도 함께 검출되었다.

아궁이 주변으로도 방형에 가까운 초석이 배치되어 있는 것으로 보아 지붕이 시설되었을 것으로 생각된다. 다만, 줄기초가 조성되어 있지 않아 본실과는 다른 벽 구조를 추정해 볼 수 있다.

줄기초의 외곽으로는 할석으로 조성된 퇴칸 초석이 자리하고 있다. 남면의 경우 남편 줄기초에서 약 1.95m 떨어져 있다. 건물지의 서편이 훼손되어 정확한 평면을 살필 수는 없지만 현재 5칸 정도 남아 있다.

건물지 2(도면 4)[14]는 중앙 수로의 동편에 위치하며 남향이다. 동면

---

14) 한국전통문화학교 고고학연구소·부여군, 2010, 『扶餘 陵山里寺址 제9차 발굴 조사 보고서』, 130쪽.

을 제외한 서·남·북면의 기단시설이 양호하게 남아 있다. 기단은 할석난 층기단이며 남면에서는 계단지로 추정되는 석축시설이 검출되었다. 남면 과 북면기단에 접해서는 퇴칸과 관련된 초석이 남아 있다. 퇴칸 초석으로 보아 정면은 5칸으로 판단된다.

기단 내부의 유구는 능산리사지의 서회랑 북단 건물지와 같이 1동 3 실로 이루어졌다. 3실은 정방형에 가까우며,[15] 벽체 하부시설인 줄기초 가 할석[16]으로 축조되어 있다. 중앙실을 중심으로 동실과 서실 사이에는 능 산리사지 강당지에서처럼 복도가 시설되어 있다.

실 내부에는 남북을 장 축으로 하나의 외줄고래가 각각 시설되어 있다. 고래 는 중앙실과 서실이 동벽 에 붙어 있는 반면, 동실의 경우는 서벽에 붙어 있어 차이를 보인다. 굴뚝과 연

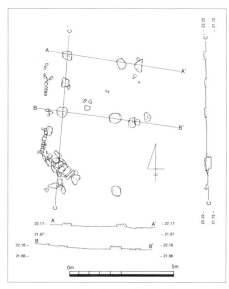

도면 5 북편 건물지 3 평면도

---

15) 각 실의 길이와 면적은 아래와 같다.

구분	정면(동서길이)	측면(남북길이)	면적
서실	4.85m	4.6m 정도	약 22.31m^2
중앙실	4.82m	4.9~5.0m	23.61~24.10m^2
동실	5.5m	5.1m	28.05m^2

16) 이를 보고서에서는 줄기초 초석으로 보고 있으나 초석의 기본 개념이 기둥을 받치 고 있다는 점에서 취신하기 어렵다. 줄기초로 이해하는 것이 타당하다고 생각된다.

결된 고래는 북면기단과 직교하고 있으며, 굴뚝은 모서리에 방형으로 조성되어 있다. 아울러 실 내부 중심부에는 화덕자리로 보이는 토광형 노지가 1개씩 확인되었다.

건물지 3(도면 5)[17]은 동나성과 인접해 조성되었다. 기단은 모두 유실된 채 초석과 구들 2개만이 조사되었다. 고래는 건물지 1·2와 달리 굴절형이다. 건물지는 줄기초가 없이 초석으로 만 이루어져 있어 전술한 건물지와 축조기법상의 차이를 보이고 있다.

2) 석축시설(도면 6)[18]

북편 건물지 2의 북쪽 배수로 위에서 확인되었다. 정면은 남향이며, 'ㄴ'자 모양으로 남아 있다. 그러나 보고서상에 명기된 수많은 돌들의 존재로 보아 동쪽 면에도 석축이 조성되었음을 추정해 볼 수 있다. 석축은

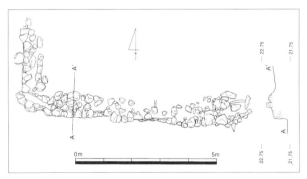

도면 6   석축시설 평·단면도

17) 국립부여문화재연구소, 2008, 『陵寺 -부여 능산리사지 10차 발굴조사보고서-』, 46쪽.
18) 한국전통문화학교 고고학연구소·부여군, 2010, 『扶餘 陵山里寺址 제9차 발굴조사 보고서』, 211쪽.

협축으로 조성되어 마치 담장처럼 보이며 너비는 60cm이다. 축대나 장고방 혹은 창고로 추정되었다.[19]

3) 집수장 및 배수시설(도면 7)[20]

집수장은 조사지역의 북쪽에 위치하며 서대배수로와 연결되어 있다. 평면 장방형으로 길이 10.1~10.65m, 너비 5.4~5.8m이며 최대 깊이는 83cm이다. 북쪽에 위치한 우물과는 와관으로 연결되어 있고, 남동 모서리부는 개구되어 서대수로와 이어져 있다. 이는 일정 높이로 우물이 차면 자연스럽게 와관을 타고 집수장으로 유입되도록 하는 한편, 집수장의 물은 다시 서대배수로로 출수되게 하였다.

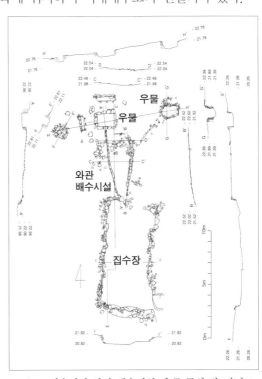

도면 7   집수장과 와관 배수시설, 우물 등의 평·단면도

19) 한국전통문화학교 고고학연구소·부여군, 2010, 『扶餘 陵山里寺址 제9차 발굴조사 보고서』, 211쪽.

20) 한국전통문화학교 고고학연구소·부여군, 2010, 『扶餘 陵山里寺址 제9차 발굴조사 보고서』, 241쪽.

집수장의 바닥은 암반으로 평탄화 되어 있다.

이 외에 사역의 북쪽 방향에 형성되어 있는 계곡의 유수를 빼내기 위한 석곽시설과 와관, 배수로 등이 확인되었다. 석곽시설은 평면 방형으로 능산리사지 발굴조사 중에도 확인된 것으로 물이 모이는 곳에 조성하여 물이 차면 이를 퍼냈던 것으로 생각된다. 아울러 와관은 수키와 및 암키와를 재사용한 것으로 우물과 집수장 사이에 시설되어 있다.

2. 승역의 추정

僧域은 불계와 다른 의미로 승려들의 숙식이나 휴식이 이루어지는 공간을 의미한다. 따라서 이곳에서는 이들이 먹고, 자고, 마셨던 건축물들의 흔적이 발견되어야 하고, 아울러 이곳에서 생활이 실재 이루어졌음을 밝혀줄 수 있는 유물의 출토도 반드시 필요하다.

이러한 내용들을 전제로 현재 부여 능사에서의 승역이 구체적으로 어느 곳에 위치하였는지를 검토하는 것은 이의 구조와 姓格을 살펴보는데 있어 우선적으로 선행되어야 할 작업이라 생각된다.

최근까지 부여 능사를 포함한 주변지역에 대한 발굴은 10여 차례에 걸쳐 여러 기관에 의해 진행되었다. 1차부터 8차 조사까지는 국립부여박물관에 의해 실시되었다. 그 결과 중문~강당, 회랑 등의 가람배치와 중문 남면지역의 여러 암거시설 및 배수시설 등이 확인되었다.[21]

9차와 10차 조사는 능사 강당의 북쪽을 동-서로 가로지르는 북배수로의 북쪽지역을 대상으로 실시되었다. 이 조사로 말미암아 기와 건물지

---

21) 國立扶餘博物館·扶餘郡, 2000, 『陵寺』.
   國立扶餘博物館, 2007, 『陵寺 부여 능산리사지 6~8차 발굴조사보고서』.

3동, 집수시설, 우물, 석축시설, 작업장, 폐기장 등의 유구가 검출되었다. 특히 9차 조사를 통해 우물 북쪽에 조성된 작업장과 폐기장이 사역의 북편 경계임이 확인되었다.

11차 조사는 동나성이 축조되어 있는 외곽 구릉 사면에 대해 조사가 이루어졌다. 기와 가마를 비롯해 건물지(고려), 회곽묘, 배수시설 등이 확인되었다. 기와 가마는 고고지자기 측정 결과 A.D.650±10년으로 도출되었다. 이렇게 볼 때 당탑이 위치하고 있는 중심 가람을 포함하여 남쪽과 북쪽, 그리고 서쪽부에 대해 조사가 완료되었음을 확인할 수 있다.

Ⅰ장에서 살핀 바와 같이 사찰에서의 예불과 의례를 진행하기 위해선 이의 주체인 승려의 존재가 반드시 필요하고, 이들의 휴식을 담보로 하는 요사의 존재도 필수불가결하다. 그렇다면 승역의 위치는 당탑을 중심으로 과연 어느 곳에 위치하였을까? 이를 방위를 중심으로 살펴보고자 한다.

먼저 동쪽을 살펴보면 이곳에는 능산리왕릉이 자리하고 있다. 능사의 존재 목적이 기본적으로 왕릉과 관련되어 있다면 이곳에 승려들이 머물 숙소나 식당, 우물 등을 조성하기란 관념적으로 쉽지 않았을 것이다. 아울러 일제강점기 이후 최근에 이르기까지 왕릉의 정비 복원 과정에서 사지 관련 건물지가 드러난 바도 없다. 이러한 내용을 신뢰한다면 당탑의 동쪽부에 승역의 위치 검토는 불가할 것이라 생각된다.

다음으로 서쪽부를 살피면 이곳에는 동나성이 남-북으로 길게 뻗어 있다. 석성으로 구릉사면을 따라 문지[22] 없이 길게 이어지고 있다. 동나성이 위치하고 있는 구릉사면에서는 능사와 관련된 건물지나 우물 등이

---

22) 이는 당탑이 위치하고 있는 지역에 한정된 동나성의 범위에서 살핀 것이다. 최근의 발굴조사 내용을 살피면 문지는 현재 논산-부여 간 국도 부근에서 한 곳, 구릉 정상부에서 한 곳이 확인되었다.

전혀 검출되지 않았다. 아울러 僧들이 동나성을 통과하여 매일 출퇴근함이 쉽지 않음을 전제할 때 당탑 서쪽부에서의 승역 검토도 의미가 없을 듯하다.

당탑의 남쪽부도 위의 사항과 별반 차이가 없다. 이곳은 저습지가 넓게 형성되어 있고 이곳을 대지화하기 위한 암거시설과 집수정, 배수구, 자갈석렬, 부엽공법, 말뚝지정 등 여러 토목공사의 흔적들이 확인되고 있다. 만약 이곳에 요사와 같은 승역이 형성되었다면 기와집을 지탱하기 위한 기단 아래에서의 축기부시설이 반드시 필요하다. 아울러 난방을 위한 온돌시설 등도 간과할 수 없다.

그러나 능사 남쪽부에서는 이러한 건물지의 형적이 전혀 확인되지 않았다. 아울러 가람의 전면으로 승역이 조성된 사례가 삼국시기 및 일본의 고대 사지에서도 아직까지 확인되지 않았음을 전제할 때 능사 남쪽에서의 승역 또한 상정하기 어렵다.

마지막으로 북배수로의 북쪽을 살피면 이곳에서는 건물지를 비롯한 우물, 석벽건물, 집수시설 등이 확인되었다. 건물지의 경우 아궁이와 고래가 공반된 쪽구들이 시설되어 있어 난방이 이루어졌음을 짐작할 수 있다. 그리고 식생활에 가장 중요한 우물이 두 곳에서 검출되어 승들의 생활공간으로 최적합지라 생각된다. 이곳은 강당지의 바로 북편으로 거리상으로도 인접해 있다.

한편, 발굴보고자의 경우 북편 건물지 2 및 그 동쪽에 위치한 유물산포지에 대해 『예기』의 내용과 출토유물을 근거로 하여 빈전과 연계시켜 보고 있다.[23] 즉, 빈전을 종묘나 침전건축의 전당 뒤에 3개의 방을 갖춘 건물로 파악하고 있다.

---

23) 한국전통문화학교 고고학연구소·부여군, 2010, 『扶餘 陵山里寺址 제9차 발굴조사 보고서』, 300쪽.

그런데 우리나라의 경우 시신을 빈의 상태로 유지하기 위해선 반드시 무더운 여름을 보내야 한다.[24] 따라서 빈전지로 입증되기 위해선 무엇보다도 주변에 얼음을 저장할 수 있는 빙고시설이 확인되어야 한다. 빙고 시설의 바닥면은 토층상으로도 일반 건물지의 생활면과 완전 구별되어 육안상 식별이 용이하다.[25] 그러나 이러한 층위 양상을 보이는 건물지가 능산리사지의 북쪽 건물지 등에서 전혀 확인되지 않았다는 점에서 건물지 2 및 이의 동쪽에 위치하고 있는 유물산포지를 빈전지로 보는 것은 적합지 않다고 생각된다.

위의 내용을 검토해 볼 때 부여 능사의 승역은 강당 북쪽지역으로 판단된다. 이는 동나성과 능산리왕릉, 부여 능사 등 세 유적을 함께 고려해 볼 때 거리상으로나 위치면에서 최적합지로 생각되기 때문이다.

Ⅲ. 승역 건물의 구조 분석과 기능 검토

최근 발굴된 강당지의 북쪽지역에서는 건물지 3동을 비롯해 우물, 집수장, 석벽건물 1동 등이 검출되었다. 여기에서는 건물지의 구조와 그 기능에 대해 살펴보고자 한다. 아울러 건물지 3의 경우 초석 건물지와 온돌시설 간에 시기차가 있음도 함께 밝혀보도록 하겠다.

발굴된 건물지 1·2에서 공통적으로 주목되는 유구는 바로 온돌시설

---

24) 무령왕릉의 지석으로 볼 때 왕은 523년 5월 7일에 붕어하여 525년 8월 12일에 왕릉에 안장되었음을 볼 수 있다. 만 2년 이상 빈의 상태에 있으면서 무려 세 번의 여름을 거쳤음을 알 수 있다.

25) 김길식, 2002, 「고대의 빙고와 상장례」, 『한국고고학보』 47집.

이다. 건물지 내부에서는 아궁이와 고래를 구비한 쪽구들이 확인되었다. 이는 기본적으로 승려들의 숙소를 의미하는 것으로 僧房으로 이해할 수 있다.[26] 그리고 온돌시설이 구비된 건물지는 방(室)[27]의 크기를 전제로 할 때 대형 승방과 소형 승방으로 구분해 볼 수 있다.

즉 북편 건물지 1은 온돌이 시설된 본실의 크기가 동서 길이 7.9m, 남북 길이 8.3~8.4m로 최대 면적이 66.36m²인 반면, 북편 건물지 2는 중앙실을 기준으로 할 때 동서 길이 4.82m, 남북 길이 4.9~5.0m로 최대 면적이 약 24m²이다. 아울러 이러한 방의 크기는 자연스럽게 고래의 크기와도 비교되는데 북편 건물지 1의 경우 고래의 길이가 12.8m인 반면, 북편 건물지 2는 중앙실을 기준으로 약 3.8m에 불과하다. 실내에 온돌 이외의 다른 시설물이 없음을 볼 때 잠은 구들 위에서 행해졌을 것으로 판단된다.[28]

한편, 북편 건물지 1은 실내 공간이 다른 건물지에 비해 월등히 넓었음을 볼 때 식당의 기능도 함께 겸하였을 것으로 생각된다. 이는 능산리사지 북편을 발굴조사한 건물지 현황도를 통해서도 어느 정도 유추해 볼 수 있다.

전술하였듯이 이곳의 건물지는 북쪽으로 폐기장, 동쪽으로 능산리왕릉, 서쪽으로 동나성이 자리하고 있어 더 이상 뻗어나갈 수 없다. 그렇다

---

26) 승방은 승니가 주거하는 坊舍를 의미한다(韓國佛敎大辭典編纂委員會, 1982, 『韓國佛敎大辭典 參』, 884쪽).

27) 여기서는 벽체(줄기초)로 구획된 한정된 공간만을 방(실)으로 보았다. 따라서 방과 무관한 퇴칸이나 기단의 규모 등은 제외하였다.

28) 바닥이 흙이기 때문에 아무런 시설 없이 잠을 자기는 어려웠을 것이다. 이는 흙바닥에서 생기는 습기를 무시할 수 없기 때문이다. 이럴 경우 바닥에 나무를 박고 굴립주 형태로 침상을 만드는 방법 밖에는 없는데 발굴조사 당시 바닥에서 기둥 구멍은 전혀 확인되지 않았다. 이로 보아 잠은 고래 상면에서 이루어졌음이 확실할 것이다.

고 능사의 회랑 내부에 식당이 존재하였을 가능성도 생각하기 어렵다. 이는 그 동안 백제사지 발굴 중 회랑내부에서 식당이 확인되지 않았던 사실과 부합된다.

이러한 상태에서 능사에 거주하였던 많은 승려들이 식사를 할 수 있었던 곳은 아마도 소형 건물에서는 불가능하였을 것이다. 그리고 추운 겨울 따뜻한 식사를 하기 위해서는 어느 정도의 난방도 시설되었을 것이다. 이 같은 가능성을 두고 발굴조사의 평면도를 검토해 보면 북편 건물지 1이 식당으로 가장 적합한 장소임을 추정해 볼 수 있다.

아울러 북편 건물지 1에 부가된 우측 건물지에는 대형의 아궁이가 조성되어 있다. 아궁이를 구성하는 벽석의 대부분이 무너져 원형은 살필 수 없지만 입구 폭이 1.15m라는 점에서 대형임을 확인할 수 있다. 아궁이의 위치는 북편 건물지 2와 달리 실내에 위치하지 않고 밖에 조성되어 있다. 아궁이가 있는 공간과 본실의 경계면에는 줄기초가 시설되어 있어 벽이 구축되어 있었음을 알 수 있다. 아궁이의 안쪽으로는 약간 원형에 가깝게 돌이 축조되어 있는데 이는 솥과 같은 대형 그릇을 걸어두기 위한 장소로 추정된다.[29] 그리고 아궁이의 외곽으로는 초석이 배치되어 있어 벽이 구축되어 있었음을 판단해 볼 수 있다.[30]

이처럼 아궁이가 구비된 부속건물지는 여러 기능으로 이해할 수 있겠지만 우선은 부엌이었을 가능성이 무엇보다도 높을 것이다. 이는 고려~ 조선시기를 비롯한 근대의 우리나라 가옥에서도 어렵지 않게 살필 수 있

---

29) 아궁이의 구조로 볼 때 이 부분은 흔히 '솥거는 곳'으로 이해되고 있다. 그런데 이는 조선시대 건물지를 대상으로 정의한 것이기 때문에 삼국시기에도 솥을 걸었는지는 확실치 않다. 다만, 그 동안 발굴조사된 삼국시기의 철솥 중 1m가 넘는 대형의 것이 검출되지 않았다는 점에서 철제의 가능성은 희박할 것으로 생각된다.

30) 고래가 시설된 본실의 경우 초석이 아닌 줄기초로만 벽체 하부가 조성되었다는 점에서 건축구조상의 차이점을 보여주고 있다.

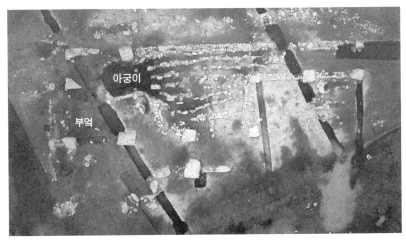

아궁이

부엌

사진 2 평택 백봉리 고려시기 기와 건물지 2호 전경과 부엌 위치

기 때문이다.

　예컨대 평택 백봉리에서 검출된 고려시대 기와 건물지(사진 2)[31]의 경우 아궁이가 구비된 건물 공간에서 다량의 청자 및 백자 종지가 출토되었다. 이는 음식을 담기 위한 용도로 이해되는 한편, 이곳이 부엌이었음을 판단케 하는 확실한 형적이라 할 수 있다.[32]

　이렇게 볼 때 북편 건물지 1은 고래가 시설된 왼쪽 본실의 경우 승려들이 잠을 자기 위한 대형 승방으로 이용되었고, 아궁이가 구비된 우측 공간은 승려 및 불전에 음식을 공급하기 위한 부엌으로 사용되었음을 판단해 볼 수 있다.

　북편 건물지 3은 건물지 1의 남쪽에서 남북을 장축으로 세장하게 조

---

31) 기호문화재연구원 제공.
32) 기호문화재연구원, 2010, 『평택 백봉리유적(본문 1)』, 99쪽.

사되었다. 건물지의 평면구조로 보아 정면은 동향33)으로 판단된다. 건물지 내에서는 두 기의 온돌시설과 초석이 검출되었으며 후자의 경우 약 2.5m 간격을 두고 15m 가량 확인되었다. 초석렬이 나란하지 않고 간격이 일정치 않은 것으로 보아 최소 2기의 건물지가 중복된 것으로 파악되었다.34)

한편, 건물지 3은 건물지 1과 2와는 다른 구조를 보이고 있어 기술해 보고자 한다.

첫째, 초석의 외곽에서 기단시설이 확인되지 않았다. 물론 기단이 후대에 멸실되었을 가능성도 고려해 볼 수 있겠지만 초석 상면에서 다량의 백제 기와가 검출되었다는 점에서 언뜻 취신하기 어렵다.

둘째, 室의 공간을 분할함에 있어 줄기초가 시설되지 않았다. 이는 건물지 1의 아궁이가 구비된 실과 동일한 건축기법을 보이고 있다. 이는 건물의 폭이 2.5m 정도로 넓지 않고 결과적으로 벽의 하중이 많지 않다는 점에서 하인방 아래에 줄기초를 시설하지 않은 것으로 판단된다.

셋째, 고래의 방향과 초석 배치가 일치하지 않음을 발견할 수 있다. 이러한 고래와 초석의 평면 배치는 삼국시기의 기와 건물지에서 살펴볼 수 없는 요소이기에 양자의 시기적 차이를 살피게 한다.

이처럼 건물지 3은 건물지 1·2와 비교해 축조기법상의 차이를 보여주고 있다. 특히 세 번째 항목은 건물지와 고래의 방향이 서로 틀어져 삼국시기의 여느 고래와는 차별성을 보이고 있다는 점에서 이를 분석해 보고자 한다.

능산리사지 건물지에서 온돌이 확인된 사례는 강당지와 북편 건물지

---

33) 건물지 1과 2는 모두 능사의 방향과 동일한 남향을 취하고 있다.
34) 국립부여문화재연구소, 2008, 『陵寺 −부여 능산리사지 10차 발굴조사보고서−』, 48쪽.

1·2이다. 이들의 경우 고래와 기단(혹은 벽체)의 방향이 평행하게 나타남을 확인할 수 있다. 그런데 건물지 3의 경우 고래와 초석의 방향이 전혀 일치하지 않고 있다. 즉, 초석이 남북장축으로 뻗어 있는 반면, 고래는 북서-남동방향으로 조성되어 있다.

이럴 경우 고래는 건물지 1·2와 같이 벽에 붙어 있는 것이 아니라 실내 중앙부로 뻗어나가게 된다. 이는 그 만큼 실내공간을 잠식하여 벽에 붙어 있는 고래에 비해 내부 공간의 활용을 어렵게 하는 요인이 될 수 있다. 그렇기 때문에 건물지 1·2는 고래를 벽에 최대한 붙여 내부 공간을 충분히 활용토록 하였다.

건물지 3에서 살필 수 있는 초석과 고래의 배치는 삼국시기를 비롯한 통일신라기나 고려시기의 온돌유구에서는 찾아볼 수 없는 희귀 사례에 속하고 있다.

따라서 고식의 온돌유구(도면 8~11)[35] 분석을 통해 볼 때 건물지 3에서 보이는 고래와 초석 건물지는 동 시기의 것이 아님을 추정해 볼 수 있다. 이럴 경우 초석 건물지 상면에서 다량의 백제기와가 출토되었다는 사실로 보아 건물지가 고래에 비해 상대적으로 이른 시기의 것임을 판단해 볼 수 있다.

이러한 유구 선후차의 가능성은 한편으로 고래 시설로 훼손된 초석의 존재를 통해서도 확인할 수 있다.[36] 즉, 건물지 3의 평면도를 보면 초석이 남북으로 배치되어 있음을 볼 수 있다. 그런데 동편의 초석이 두 칸 규모로 나란하게 뻗어있는 반면, 서편의 초석은 그 존재를 확인할 수 없

---

35) 國立扶餘博物館·扶餘郡, 2000, 『陵寺』, 15쪽.
　　장경호, 1996, 『한국의 전통건축』, 73·517·515쪽.
36) 한국전통문화학교 고고학연구소·부여군, 2010, 『扶餘 陵山里寺址 제9차 발굴 조사 보고서』, 199쪽.

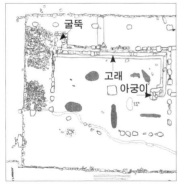

도면 8   백제 능산리사지 강당지 평면도

도면 9   고구려 동대자유적

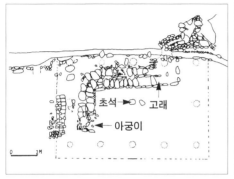

도면 10   고구려 오매리사지 온돌유구 평면도

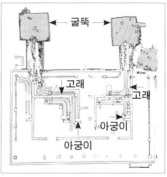

도면 11   발해 상경 용천부 궁성
서구 침전지 평면도

다. 대신 이 자리에는 굴절형의 고래가 시설되어 있다.

만약 고래와 초석이 동 시기의 유구였다면 한 곳의 초석만 유실되었다는 것을 언뜻 이해할 수 없다.[37] 또한 굳이 초석을 제거하면서까지 고래를 시설할 이유도 전혀 생각할 수 없다.

---

37) 만약 이곳에 초석이 있었으나 후대에 멸실되었다면 다른 초석의 하부에서와 같이
    적심토가 검출되어야 한다. 그러나 발굴조사 과정에서 이러한 유구의 흔적은 확
    인되지 않았다.

이는 건물지에 비해 온돌시설이 후대에 조성되었음을 의미하는 것이라 할 수 있다. 이 같은 가능성은 건물지 3의 초석 상면에서 검출되는 통일신라기의 인화문토기편을 통해서도 추정해 볼 수 있다.

이렇게 볼 때 건물지 3에서 백제시기로 편년할 수 있는 것은 초석 건물지로 압축해 볼 수 있다. 이 건물지의 경우 기단시설이 남아 있지 않아 확실한 범위는 알 수 없으나 남아 있는 초석의 방향과 간격 등을 고려해 볼 때 두 동 이상의 건물지가 입지하였을 것으로 생각된다. 아울러 건물지 내부에서 노지나 고래 등의 난방시설이 확인되지 않는 점, 그리고 건물지 1·2의 축조기법과 차이를 보이고 있는 것으로 보아 이들과는 기능상의 차이가 있을 것으로 생각된다. 아마도 참선을 위한 선방이 아닌가 판단된다.

이상의 내용으로 볼 때 북편 건물지 1은 대형 승방, 건물지 2는 소형 승방, 그리고 건물지 3은 선방으로 추정해 볼 수 있다. 특히 승방에서 관찰되는 면적의 차이는 자연스럽게 당시 능사에 머물고 있었던 승려들의 직급 차이와도 관련이 있을 것이라 생각된다.

즉, 오늘날의 주지와 같이 직이 높은 승려의 경우는 건물지 2와 같이 소형의 독방을 차지하였을 것이고, 그렇지 못한 여러 승들은 대형 승방에서 숙식하였을 가능성이 높다.

이는 승려들의 지위고하를 의미하는 것뿐만 아니라 능사에서의 역할(소임) 또한 어느 정도 분화되었음을 의미한다. 특히 건물지에서 수습된 금동교구(도면 12)[38]의 존재는 부여 능사에 주석하였던 승려 중 누군가가 백

---

38) 한국전통문화학교 고고학연구소·부여군, 2010, 『扶餘 陵山里寺址 제9차 발굴조사 보고서』, 91쪽. 교구는 혁대의 버클로서 철제와 청동제, 그리고 금동제 등으로 구분되고 있다(山本孝文, 2006, 『三國時代 律令의 考古學的 硏究』, 371쪽). 재료상의 특징으로 볼 때 금동제가 철제나 청동제에 비해 위계가 있었음을 추정해 볼 수 있다. 그 동안 다른 사원에서 교구가 거의 수습되지 않았던 것으로 보아

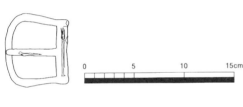

도면 12 북편 건물지 출토 금동교구

사진 3 일본 관음산고분 출토
금동교구

제의 중앙 정부에까지 출사하였음을 유추케 하고 있어 주목되고 있다.

　이러한 백제사회에서의 승직제도 추정은 신라에서의 경우 확연하게
살필 수 있다. 즉, 진흥왕대 이후로 고구려에서 귀화해 온 혜량법사를
국통(사주)으로 삼고, 아니를 도유나랑, 보량법사를 대도유나, 그리고
그 아래로 주통(9인)과 군통(18인)을 두고 있다.[39] 이러한 승직제도를
통해 신라는 하부 행정단위인 주나 군의 승려들까지도 원활하게 관리,
감독할 수 있게 되었다.

능사의 권위가 다른 백제 사원에 비해 상대적으로 높았음을 알 수 있다. 따라서
능산리사지 북편 건물지에서 수습된 교구의 존재는 결과적으로 이것을 착용하였
던 승려가 백제 중앙의 행정기구에 편입되었음도 추정해 볼 수 있는 중요한 유물
이라 생각된다.

형태는 사다리꼴에 가까우나 앞쪽은 모서리가 둥그스름하고 뒤쪽은 모를 이룬
다. 고리-몸체는 단면이 원형인 청동 막대기를 'U'자 모양으로 구부려 만들었다.
길이 6.24cm, 폭 6.9cm이다(한국전통문화학교 고고학연구소·부여군, 2010,
『扶餘 陵山里寺址 제9차 발굴 조사 보고서』, 91쪽).

교구는 일본 군마현 소재 관음산고분(사진 3)의 출토품과 비교해 볼 때 6세기
3/4~4/4분기의 것으로 편년해 볼 수 있다(群馬縣立歷史博物館, 平成 11年, 『觀
音山古墳と東アジア世界』, 72쪽 Ⅳ-49). 특히 이 고분에서는 백제의 금속 공예품
과 친연성을 보이는 동경, 호등, 도자 등이 수습되었다.

39) 『三國史記』(하) 권 제40 잡지 제9 직관 하 무관조.

위의 내용은 비록 신라의 승직제도이기는 하나 백제가 신라에 비해 일찍 불교를 공인하였고, 중국과의 교류도 상대적으로 먼저 실시되었음을 볼 때 신라와 유사한 백제의 승직제도 또한 충분히 유추해 볼 수 있다. 또한 백제 사비시대 사회를 '僧尼寺塔甚多'로 압축해 보았다는 사실은 백제 승직제도의 존재를 한층 더 높게 하는 것이 아닌가 생각된다.

백제의 승직제도는 무왕대에 일본으로 건너가 624년 승정으로 임명된 관륵의 사례를 통해서도 엿볼 수 있다.[40] 승정은 승도와 더불어 승니를 검교하는 직책으로 승단의 통제기구임을 살필 수 있다.[41] 일본의 불교제도가 대체로 백제를 통해 성립되었음을 볼 때 백제에서의 승단제도 또한 자연스럽게 이해할 수 있다.[42]

이러한 승직제도는 하나의 사찰에서 만이 아닌 중앙정부의 행정기구 내에 설치된 것으로 이해할 수 있다. 국가 기구 내에 이 정도의 직제가 형성될 정도라면 당연히 사찰에도 오늘날과 같이 주지를 비롯한 각 소임을 맡는 승려가 존재하였을 것이다. 이들은 소임의 정도에 따라 사찰 내에서의 지위 고하가 정해졌을 것으로 생각된다.

이러한 추론을 바탕으로 할 때 사생활이 보장되는 소형 승방은 오늘날과 마찬가지로 해당 사찰에서의 고위 승려가 사용하였을 가능성이 적지 않다. 반면, 대형의 승방은 오늘날의 군대 막사와 마찬가지로 하위 승

---

40) 『日本書紀』推古天皇 32年 夏4月 丙午朔條.

41) 김영태, 1985, 「Ⅱ. 백제의 승직제도」, 『백제불교사상연구』, 동국대학교 출판부, 47쪽.

42) 백제에서 일본으로의 불교전파는 『일본서기』에 잘 나타나 있다. 따라서 일본의 승직제도는 삼국 중 백제의 것과 가장 친연성이 높을 것으로 생각된다. 이는 일본 최초의 비구니들이 백제에서 수학한 일, 그리고 백제의 승려들이 규칙적으로 일본으로 건너가 불교를 전파한 사실로도 파악해 볼 수 있다.

려들의 숙식처43)로 활용되었을 가능성이 매우 높다.

석축시설은 축대나 장고방 혹은 창고로 추정되었다. 그런데 만약 이를 축대로 볼 경우 여러 문제점이 내포되어 있음을 살필 수 있다. 석축시설 아래로는 건물지 2가 입지하고 있다. 거리상으로도 3m 정도의 거리를 두고 동서장축으로 조성되어 있다. 축대의 기능이 기본적으로 위 사면에서 흘러내려오는 토사를 막는 것이 일차적 목적이라 한다면 건물지 2의 북면기단보다 더 길게 조성되어야 함이 마땅하다. 그리고 입지적으로도 건물지 2와 인접하지 않고 조금 더 멀리 떨어져 조성되는 것이 건물지 2의 안전을 위해 유리하다.

이런 점에서 석축시설은 승려들의 부식이나 사찰 행사에 필요한 물품 등을 보관하기 위한 창고시설로 추정된다. 그리고 석축의 축조상태로 보아 벽면은 돌로 축조되었음을 추정할 수 있어 석축시설은 석벽건물로 살펴보아도 큰 무리는 없을 듯하다.

이러한 가능성은 다른 건물지와의 비교를 통해서도 유추해 볼 수 있다. 능산리사지 및 북편 건물지를 보면 거의 모든 건물이 석벽이 아닌 토벽으로 이루어졌음을 확인할 수 있다. 이처럼 여러 건물지 중 유독 하나의 건물만 석벽건물로 조성하였다는 사실은 기능성의 차이 외에는 이해하기 어렵다. 결과적으로 벽체를 돌로 구축하였다는 것은 기술상의 문제가 아니라 필요성과 기능성을 고려하여 석벽으로 조성하였음을 판단할 수 있다.

벽체를 돌로 축조할 경우 습기를 방지하여 물품이 부패하는 것을 어느

---

43) 잠뿐만 아니라 식사까지도 이루어졌을 것으로 보는 이유는 건물지에서 수습되는 다종다양한 토기류를 전제로 한 것이다.

정도 막아줄 수 있다. 이는 조선시대에 축조된 부소산성의 군창지[44] 등을 검토해 볼 때 충분히 공감될 수 있으리라 생각된다. 또한 오늘날 농가나 사찰[45] 등을 가보면 이러한 석벽건물을 창고로 사용하고 있음을 어렵지 않게 살필 수 있다.

마지막으로 우물과 연결된 장방형의 집수장은 연지로 생각된다. 이는 우물에서 물을 받아 집수해 두었다가 어느 정도 물이 차면 서대수로로 빠져나가게 되어 있다. 우물과 인접한 곳에 위치하고 있다는 점, 바닥이 일정치 않고 아무 시설이 이루어지지 않은 점, 지붕이 시설되지 않은 점, 그리고 벽면이 할석으로 만 간략하게 조성되었다는 점에서 식수를 저장하기 위한 집수장으로는 이해되지 않는다. 아마도 물을 담아 두기 위한 시설물로는 석조[46]를 사용하였을 것으로 생각된다. 따라서 북편 건물지에서 확인된 장방형의 집수시설은 요사에서 연꽃을 심고 이를 관조하기 위한 연지로 파악해 볼 수 있다.

이렇게 볼 때 승역은 승방과 선방, 연지, 그리고 창고, 우물 등의 건물이 한 세트를 이루며 조성되었음을 살필 수 있다(도면 13). 오늘날의 요사와 비교해 보아도 큰 차이가 없는 조합이라 할 수 있다. 특히 사지와 가장 근 거리에 승방이 위치하고 있고,[47] 부처님께 정수를 올리는 우물이 유적의 최상단에 위치하였다는 점에서 특이성을 보여주고 있다.

한편, 능산리사지 북편 건물지에 대한 승역의 추정은 이곳에서 수습된 유물을 통해서도 어느 정도 판단해 볼 수 있다.

---

44) 國立扶餘文化財研究所, 2003,「軍倉址 發掘調査 報告書」,『扶蘇山城 發掘調査 報告書V』.
45) 서산 개심사의 창고 건물에서 볼 수 있다.
46) 부여지역의 경우 관북리를 비롯한 용정리, 가탑리 등지에서 석조가 검출된 바 있다.
47) 주지 등 능사에서 특별한 소임을 맡은 분들의 숙소인 소형 승방이 사찰과 가장 근 거리에 있음을 살필 수 있다.

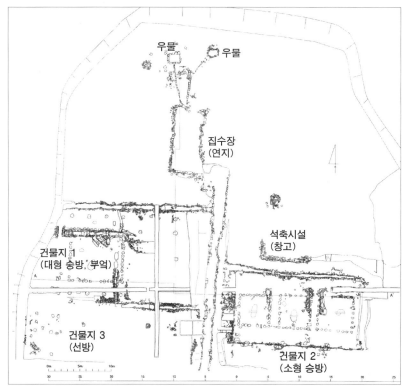

도면 13   僧域 건물의 기능 복원

  즉, 온돌이 시설된 건물지 1·2에서는 대형호를 비롯해 주구단경호,
병, 직구호, 뚜껑, 완(대부완 등), 장군, 소형 호, 벼루, 등잔, 삼족기, 장
고형 기대, 전달린 토기, 시루, 연가, 동이, 소형의 토제불상[48] 등 많은
유물이 수습되었다.
  특히 50cm가 넘는 대형호[49]가 여러 점 수습되었고, 시루와 구절판,

---

48) 건물지 2에서 한 점이 수습되었다. 천의의 X자형 의문으로 보아 보살상으로 추정
    된다. 잔존 길이가 10.3cm인 소형 보살상이라 점에서, 그리고 한 점밖에 검출되
    지 않았다는 점에서 護持佛이 아닌가 생각된다.
49) 저장을 위한 호로 생각된다.

전달린토기, 병, 완 등이 확인되었다는 점에서 취사 및 식사가 동시에 이루어졌음을 파악해 볼 수 있다. 규모로 보아 건물지 1의 동편 공간이 중심 부엌[50])일 가능성이 있어 이곳에서 취사가 이루어졌을 것으로 추정된다. 이는 대형의 솥을 걸어 놓을 수 있는 아궁이가 외부에 시설되어 있고, 다른 방과 달리 줄기초가 시설되지 않는 구조의 특이성으로 인해 중심 부엌으로 판단해 볼 수 있다.

부여 능사에서 관찰되는 불계와 승역의 구역 설정은 향후 백제사지를 발굴조사 함에 있어 하나의 지표로 삼아도 좋을 듯싶다. 왜냐하면 능사뿐만 아니라 왕흥사, 정림사, 군수리사원 등도 왕권에 의해 조성된 것이기 때문에 당시 사찰 조성의 기본 패턴을 따랐음이 분명하기 때문이다.

IV. 승역의 성격

백제에는 '僧尼寺塔甚多'[51])라 할 정도로 승과 사원, 탑이 많았던 것으로 알려져 있다. 여기서 승은 남자 승인 비구(법사)와 여자 승인 비구니를 의미한다. 그런데 이들 비구와 비구니는 백제시기의 경우 동일 사원에서 거주할 수 없어 각기 다른 장소에서 수도하여야만 하였다. 이러한 이사제는 일본의 고기로 보아 백제의 고유한 사찰제도였던 것으로 생각된다. 이는 일본 최초의 비구니인 선신니 등이 위덕왕대에 백제로 건너

---

50) 건물지 2에서도 1에 못지않게 다양한 토기가 수습되었다. 그러나 기본적으로 취침이 이루어지는 실내에서 광의의 취사활동이 이루어지기 어렵다는 점에서 일반적인 부엌으로는 생각되지 않는다. 다만, 차를 끓여 마신다거나 데워 먹는 등의 협의의 취사활동은 가능하였을 것으로 판단된다.

51) 『周書』卷 第49 列傳 제41 異域上 百濟條.

와 수계를 받고 일본으로
돌아간 사실로도 확인할
수 있다.

그렇다면 부여 능사는
과연 법사사였을까? 아니
면 니사였을까? 이의 姓
格을 파악해 보기 위해선

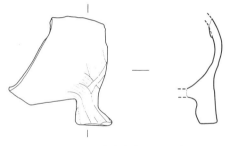

도면 14   능산리사지 출토 호자

능산리사지에서 검출된 유물을 면밀히 검토해 볼 필요성이 있다.

능산리사지에서는 기와(와당, 치미 등)를 비롯해 토기, 목기, 불상, 옥,
유리 등 다양한 유물이 수습되었다. 그 중에서도 토기의 출토량은 기와
와 더불어 가장 다수를 차지하고 있다. 수습된 토기는 개배를 비롯해 전
달린 토기, 벼루, 연가 등 다양한데 이들 중 가장 눈에 띄는 것이 바로
토제 호자(도면 14)[52]이다.

이것은 능산리사지 제 8차 조사 때 수습된 것으로 확실한 출토위치는
알 수 없다. 기대를 비롯한 벼루, 등잔, 전달린토기, 병, 완, 접시, 호,
뚜껑 등과 함께 공반 수습되었다. 호자는 회색 경질로 몸통 일부와 우측
앞다리가 남아 있다. 몸통은 둥근 곡선을 이루며 외면은 물손질정면 되
었다. 동체 외면에 짧은 다리가 부착되어 있고 두 갈래로 갈라진 발굽이
표현되었다. 현재 높이와 길이는 모두 10cm이다.[53]

이러한 형태의 호자는 그 동안 능산리사지 외에 군수리(사진 4)[54]·

---

52) 國立扶餘博物館, 2007, 『陵寺 부여 능산리사지 6~8차 발굴조사보고서』, 299쪽.
53) 國立扶餘博物館, 2007, 『陵寺 부여 능산리사지 6~8차 발굴조사보고서』, 300쪽.
54) 百濟文化開發研究院, 1984, 『百濟土器圖錄』, 227쪽. 높이는 26.5cm이다.

사진 4 군수리 출토 호자   도면 15 관북리 백제유적 출토 호자

관북리(도면 15)[55]·동남리[56]·부소산 등지에서 출토된 바 있다. 흔히 동물 형태를 취하면서 구경이 좁고 곧추 서 있는 것이 특징이다. 군수리 및 관북리 출토의 호자가 양호한 상태를 보이고 있는 반면, 능산리사지 및 동남리·부소산 출토품은 동체 일부만이 전해지고 있다.

　이들 호자는 모두 토제품이고, 중국에서와 같은 청자호자(사진 5)[57] 는 개성 출토품으로 전해지는 한 점이 있다. 군수리 및 관북리 출토 호자 의 등에서 손잡이가 확인되는 것으로 보아 백제 호자의 등에도 중국과 마찬가지로 손잡이가 부착되어 있었음을 추정할 수 있다.

　호자의 성격에 대해서는 일찍부터 남성용 변기로 이해되었고[58] 이는

---

55) 국립부여문화재연구소, 2009, 『扶餘 官北里百濟遺蹟 發掘報告Ⅲ』, 483쪽. 부여 관북리 라지구에서 수습되었고 높이는 17cm이다. 목에는 어골문과 같은 음각선 이 시문되어 있고 엉덩이에는 3조의 동심원이 선각되어 있다.

56) 백제문화재연구원, 2012.05, 「부여 한국농어촌공사 사옥 신축부지 문화유적 발 굴조사 결과보고서」, 41쪽.

57) 南京市博物館, 2004, 『六朝風采』, 88쪽.

58) 百濟文化開發研究院, 1984, 『百濟土器圖錄』 및 은화수, 1998, 「전 개성출토 청자 호자에 대한 고찰」, 『고고학지』 제9집.

중국에서도 마찬가지이다.[59] 중국의 경우는 전국시대부터 제작되기 시작하여[60] 삼국시대 이후에 많은 양의 호자가 만들어졌다. 재료는 청자를 비롯한 흑자, 청동, 도기, 칠기 등이 포함되어 있어 백제와 큰 차이를 보여주고 있다. 높이는 15cm 내외부터 큰 것은 31cm의 것도 찾아볼 수 있다.

사진 5   청자 호자(남조)

등에는 대부분 손잡이가 달려 있으며 몸체에는 네 개의 짧은 다리가 부착되어 있다.

남성용 소변기는 한편으로 동물 형태 이외의 圓虎子[61]도 살펴볼 수 있다. 주구가 돌출된 특징을 보이고 있으며 동물 형태와 달리 손잡이가 부착되어 있지 않다. 특히, 후자의 경우는 백제뿐만 아니라 통일신라시대의 사지[62]에서도 관찰되고 있어 동물 형태의 호자에 비해 오랜 기간 사용되었음을 확인해 볼 수 있다. 이러한 형태의 호자는 능산리사지에

59) 중국에서는 호자를 'urinal'로 기술하고 있으며(南京市博物館, 2004, 『六朝風采』, 116~120쪽) 이는 소변기로 해석할 수 있다.

60) 은화수, 1998, 「전 개성출토 청자호자에 대한 고찰」, 『고고학지』 제9집, 52쪽.

61) 부여 지역에서 출토되었으며 높이 21cm, 구경 7.5cm이다(사진 6, 百濟文化開發研究院, 1984, 『百濟土器圖錄』, 185쪽). 공주 학봉리에서도 출토되었다. 그런데 이러한 호 형태의 변기는 일찍이 중국 남북조에서도 관찰되고 있어 중국과의 교류 속에서 등장한 기물임을 알 수 있다(사진 7, 上海古籍出版社, 1999, 『六朝靑瓷』, 45쪽). 이에 반해 김종만은 호 형태의 변기를 주기형으로 분류하고 고구려와의 관련 속에서 등장한 것으로 이해하고 있다(김종만, 2004, 『백제토기 연구』, 181쪽).

62) 통일신라시대로 편년되는 거창 임불리 천덕사지에서 출토되었다. 보주와 동체가 한 몸으로 되어 있으며 동중부에 주구가 부착되어 있다(釜山女子大學博物館, 1987, 『居昌壬佛里天德寺址』, 140쪽).

사진 6　부여지역 출토 원호자

사진 7　중국 동진대 원호자

사진 8　군수리 출토 변기

서 한 점이 수습되었으
나 주구부만 남아 있어
정확한 형태를 파악하
기 어렵다.[63]

호자와 비교되는 여
성용 변기는 부여 군수
리 출토품(사진 8)[64]에
서 자세히 살펴볼 수 있다. 바닥은 평저이고 동체부에는 각기 하나씩의
손잡이가 달려 있다. 구연부는 타원형의 모습으로 길고 넓게 만들어졌
고 앞뒤는 약간씩 높게 제작되었다. 동물 형태의 호자에서 볼 수 있는 네
개의 다리는 부착되어 있지 않다. 전체적인 형태에서 요즘의 양변기 모
양과 유사함을 살펴볼 수 있다.

이상의 내용을 살펴보면 동물 형태의 호자는 처음 중국에서 제작되어

---

63) 김종만, 2004, 『백제토기 연구』, 107쪽.

64) 百濟文化開發硏究院, 1984, 『百濟土器圖錄』, 292쪽 사진 248.

그 제작기법이 백제까지 전파되었음을 알 수 있다. 아울러 개성 출토 청자 호자로 보아 이의 등장 시기는 백제 한성기로 유추해 볼 수 있다.

능산리사지 출토 호자는 구연부의 높이와 구경 등을 고려해 볼 때 남성용의 소변기로 파악할 수 있다. 그리고 이러한 유물이 그 동안 백제사지 및 건물지 등에서 거의 수습되지 않았음을 볼 때 소유계층의 특수성도 유추해 볼 수 있다.

호자가 능산리사지에서 검출되었다는 사실은 결과적으로 이곳에 남승(비구)들이 거주하였음을 알게 하는 한편 이의 姓格 또한 法師寺였음을 판단케 한다. 이러한 성격 고찰은 한편으로 북편건물지에서 검출된 관인의 표지인 금동교구를 통해서도 어느 정도 유추해 볼 수 있다.

능산리사지가 비구(남승)들이 거주하였던 법사사였다면 이와 대조가 되는 니사 역시도 분명 인접한 곳에 존재하였을 것이다. 향후 출토유물을 통한 이의 면밀한 검토가 요구되는 바이다.

V. 맺음말

성왕의 기원 사찰로 알려진 부여 능산리사원은 금동대향로 및 사리감의 출토로 말미암아 많은 사람들에게 알려진 백제시기의 대표적인 사지이다. 특히 사리감에 음각된 명문은 이 사원이 567년경에 축조되었음을 밝혀주고 있다.

사지의 북쪽에서는 북편 건물지로 불리는 여러 동의 기와 건물지가 확인되었다. 이들 건물지는 온돌이 구비된 소형 승방과 대형 승방(부엌시설 부가), 선방, 창고시설, 우물, 연지 등으로 구성되었음을 살펴보았다. 아울러 소형 승방이 직급이 높은 승들이 거주하는 반면, 대형 승방은 하급의 승들이 생활하는 곳으로 이해하였다. 이러한 승들의 직급 분화는 한 편으로 이곳에서 검출된 금동교구를 통해서도 파악해 볼 수 있다.

중국의 사서인 『주서』에 쓰여 있듯이 당시 백제 사비기에는 많은 사원과 승니들이 존재하였다. 이는 백제의 사원이 비구를 중심으로 한 법사사와 비구니를 중심으로 한 니사로 구성되어 있음을 보여주고 있다. 이러한 二寺 제도는 백제 불교문화의 영향으로 가람불교를 꽃피웠던 일본 고대사회에서도 어렵지 않게 확인할 수 있다.

현재까지 발굴조사된 백제사지 중 법사사나 니사로 판명된 사원은 없다. 또한 문헌에서도 마찬가지로 확인할 수 없다. 하지만 『일본서기』의 기록을 보면 백제 사비기에는 분명 법사사와 니사의 존재를 살필 수 있다.

본고에서는 능사리사원의 姓格을 파악해 보기 위해 사지에서 출토된 유물을 검토해 보았다. 그 결과 이곳에서는 동물 모양의 토제 호자와 항아리 모양의 원호자가 편으로 검출되었음을 확인할 수 있었다. 특히 전자의 경우는 중국 청자호자의 영향을 받아 백제에서 제작되었음을 판단케 하고 있다.

동물 모양의 호자가 남성용의 소변기로 이해됨을 볼 때 이것이 수습된 능산리사원은 비구니가 아닌 비구들이 거주하였던 사원이었음을 판단해 볼 수 있다. 아울러 사원의 성격 또한 니사가 아닌 법사사였음을 파악해 볼 수 있다.

향후 사지에서 검출된 유물의 면밀한 검토를 통해 능사리사원과 관련된 니사가 과연 어떤 것인지에 대해서도 연구가 병행되어야 할 것이다. 아울러 백제 사지의 성격 파악을 위한 법사사, 니사에 대한 연구 작업도 앞으로 꾸준히 진행되어야 할 것이라 생각된다.[65]

---

65) 이 글은 조원창, 2013, 「부여 능사의 승역 구조와 성격」, 『고고학』 제12-3호에 게재된 논문을 옮겨놓은 것이다.

扶餘 佳塔里寺址 百濟 石燈의 編年과 造成 位置

Ⅰ. 머리말

가탑리사지[1]는 부여 가탑리 지역의 금성산 남쪽 기슭에 위치하고 있다. 백제 사비기 사지로 알려 있으며 현재 부여군 향토유적 제52호로 지정되어 있다. 이곳에 대한 조사는 지난 1938년 일본인 학자 石田茂作과 齋藤忠에 의해 부분적으로 실시된 바 있다.[2]

일제강점기 이후 최근에 이르기까지 가탑리사지에 대한 전면적인 발굴조사가 진행되지 않아 가람배치나 건물지 등의 형적은 전혀 알 수 없다. 다만, 일제강점기의 시굴조사를 통해 건물지 1동 및 백제와당, 초석,

---

1) 일제강점기에 조사된 건물지를 비롯해 그 주변지역을 포함하고 있다. 이는 건물지 남쪽의 민가에서 확인된 초석들의 존재를 통해서도 추정해 볼 수 있다. 따라서 가탑리사지의 사역은 현재 알려진 범위보다도 더 넓었을 것으로 생각되고 가탑리에서 수습된 석등의 연화하대석, 부도 등의 출토지 또한 가탑리사지로 판단된다.

2) 石田茂作·齋藤忠, 1938, 「扶餘に於ける百濟寺址の調査(槪報)」, 『昭和十三年度朝鮮古蹟調査報告』, 朝鮮古蹟研究會.

치미 등이 반출되어 백제사지로 보고되어 있을 뿐이다.

가탑리사지에서 반출된 유물 중 특히 주목을 끄는 것이 있는 데 바로 석등의 연화하대석이다. 이는 백제사지 중 가탑리사지 및 익산 미륵사지에서 만 발견되어 다른 불교 관련 유물에 비해 그 존재가 희귀한 편에 속하고 있다.[3]

그 동안 삼국시기의 사지 중 석등이 확인된 예는 백제가 유일하며, 고구려나 신라의 경우는 아직까지 이의 존재가 알려진 바 없다. 특히 신라의 경우는 통일신라기에 이르러서야 비로소 석등이 출현하고 있어 백제로부터의 문화전파를 판단케 하고 있다.

또한 일본의 경우도 飛鳥期 사원인 山田寺에서 석등이 처음으로 확인되고 있는데, 이는 백제의 건축기술로 창건된 백제계의 사원으로 널리 알려져 있다.[4] 석등은 목탑과 금당 사이에서 발견되어 미륵사지 석등 위치와 동일함을 살필 수 있다.

그 동안 백제사지에 대한 연구는 건물지의 기단[5]이나 성격,[6] 가람배치 등을 중심으로 진행되어 왔다. 따라서 출토자료가 빈약한 가탑리사지 석등에 대한 연구는 거의 전무한 실정이다.

따라서 본고는 가탑리사지 출토 석등을 중심으로 이의 편년 및 가람배치상의 위치에 대해 살펴보고자 한다. 먼저 가탑리사지 석등의 편년

---

3) 왕실 사찰로 알려진 부여 능사 및 왕흥사, 부소산사원 등에서도 석등의 존재는 확인되지 않았다. 이는 석등의 출현 시기를 의미하는 것으로서 적어도 백제사회에는 7세기 이후에 등장하였음을 짐작할 수 있다. 아울러 이의 전파에는 唐과의 문화 교류가 큰 역할을 하였을 것으로 생각된다.

4) 조원창, 2006, 「日本 山田寺址에 나타난 百濟의 建築文化」, 『文化史學』26.

5) 이에 대한 연구는 김동현, 조원창, 서정일, 임종태, 김혜정 등에 의해 실시된 바 있다.

6) 주로 동·서 회랑 북단 건물지를 중심으로 이루어졌다.

검토를 위해 이의 연화문과 친연성이 있는 미륵사지 석등과 강진 월남사지 및 익산 제석사지 출토 와당 등을 분석해 보도록 하겠다. 아울러 석등의 위치에 대해선 이미 조사가 완료된 익산 미륵사지와 일본 산전사지 등의 가람배치를 통해 추정해 보고자 한다.

Ⅱ. 가탑리사지 조사 현황과 출토 유물

1938년도에 조사된 이래 최근까지 발굴조사가 이루어진 바 없어 여기에서는 일제강점기의 보고서를 중심으로 유구 및 유물 내용을 살펴보고자 한다. 아울러 이후 사지에서 반출된 불상이나 부도에 대해서도 알아보도록 하겠다.

사지 내에서 조사된 유구는 기와 건물지 1동으로 동서 길이 약 42척, 남북 너비 약 28척으로 추정되었다 (도면 1).[7] 건물지의 외곽

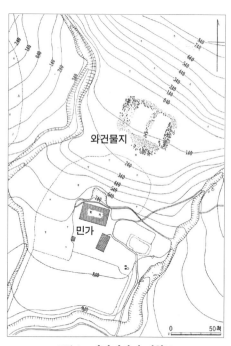

도면 1 가탑리사지 지형도

---

7) 石田茂作·齋藤忠, 1938, 「扶餘に於ける百濟寺址の調査(概報)」, 『昭和十三年度朝鮮古蹟調査報告』, 朝鮮古蹟硏究會, 圖版 第49.

으로는 10척의 너비로 할석이 부석되어 있는데 이는 보도 및 산수시설로 파악된다. 그리고 건물지의 중앙 남북으로도 석렬이 깔려 있다. 건물지는 지형에 맞게 북동–남서 방향으로 약간 기울어져 있다. 건물지 내부에서 초석 및 적심석 등이 검출되지 않는 것으로 보아 일찍이 기단토 상면이 훼실되었음을 알 수 있다.

건물지의 남쪽으로도 유구가 존재할 가능성이 있으나 민가가 남아 있어 조사는 진행되지 못하였다.

기타, 건물지 및 그 주변에서는 와당을 비롯해 연목와(사진 1),[8] 치미편, 금동여래입상, 상자형 전돌편, 석등 기단, 부도, 초석(사진 2)[9] 등이 출토되었다. 여기서 창건기의 와당(사진 3·4)[10]은 6세기 4/4분기[11]로 편년된 바 있고, 금동여래입상(사진 5)[12]은 6세기 후반[13]의 것으로 보

---

8) 국립부여박물관, 2010, 『百濟瓦塼』, 119쪽 사진 252. 이 기와의 경우 엄밀한 의미에서는 서까래기와가 아닌 부연와로 보는 것이 타당하다. 전자의 경우 서까래의 단면과 같이 원형으로 제작되는 것이 일반적이며, 후자의 경우는 부연의 단면에 따라 방형으로 제작되는 것이 자연스럽다. 특히 가탑리사지에서는 원형의 연목와가 출토된 바 있어 방형의 연목와는 부연와일 가능성이 높다. 이럴 경우 가탑리사지의 기와 건물지는 홑처마가 아닌 겹처마로 시설되었음을 추정해 볼 수 있다.

9) 石田茂作·齋藤忠, 1938, 「扶餘に於ける百濟寺址の調査(槪報)」, 『昭和十三年度朝鮮古蹟調査報告』, 朝鮮古蹟研究會, 圖版 第51. 사지 주변에서 방형 초석 외에 원형 초석도 살필 수 있다. 이러한 초석의 반출로 보아 해당 유적은 상당 부분 훼손되었음을 유추할 수 있다.

10) 국립부여박물관, 2010, 『百濟瓦塼』, 118쪽 사진 250.
百濟文化開發硏究院, 1983, 『百濟瓦塼圖錄』, 101쪽 사진 165.
이 사지에서 출토된 와당은 판단원형돌기식과 삼각돌기식이 주류를 이루고 있다.

11) 조원창, 2000, 「熊津遷都後 百濟瓦當의 變遷과 飛鳥寺 創建瓦에 대한 檢討」, 『嶺南考古學』 26. 이 시기의 연화문은 연잎이 크고 세장하며, 자방이 상대적으로 작다는 특징이 있다.

12) 국립부여박물관, 2009, 『불교가람에 담긴 불교문화』, 69쪽.

13) 文明大, 1992, 「百濟佛像의 形式과 內容」, 『百濟의 彫刻과 美術』, 95쪽.

사진 1 가탑리사지 출토 부연와

사진 2 가탑리사지 주변 방형 초석

사진 3 가탑리사지 출토
판단원형돌기식 와당

사진 4 가탑리사지 출토
판단삼각돌기식 와당

고된 바 있어 가탑리사원의 조성 시기는 6세기 4/4분기 무렵으로 추정
해 볼 수 있다.

　아울러 부도(사진 6)[14]의 경우는 8각원당형으로서 이의 조성 시기는
통일신라시기로 편년되고 있다. 이로 보아 가탑리사지는 백제 사비기에
창건되어 적어도 통일신라기까지 그 법맥이 유지되었음을 알 수 있다. 따

---

14) 필자 사진.

사진 5   가탑리 출토 금동여래입상   사진 6   가탑리 출토 부도

라서 향후 사지에 대한 발굴조사를 통해 이 같은 사실을 유구(건물지)로 확인해 보아야 할 것이다.

Ⅲ. 석등의 편년

가탑리사지에서 출토된 석등의 연화하대석(사진 7·8)[15]은 현재 국립 부여박물관의 야외에 전시되어 있다. 하대석의 지름은 100cm이고,[16]

---

15) 필자 사진.
16) 國立扶餘博物館, 1997,『국립부여박물관』, 141쪽.

사진 7 가탑리사지 출토 석등 하대석

사진 8 가탑리사지 출토 석등 하대석 상면

사진 9 석등 하대석 연화문 세부 1

사진 10 석등 하대석 연화문 세부 2

상면에 원공[17]이 조성된 것으로 보아 간주의 단면은 원형으로 판단된
다. 하대석의 중앙에는 방형의 구멍이 뚫려 있어 간주에 촉이 있었음을
확인할 수 있다.

석등은 하대석 외에 발견된 것이 없어 이의 편년은 하대석에 조각된

---

17) 이러한 圓孔의 모습은 익산 미륵사지 및 일본 산전사지 석등의 연화하대석 상면
　　에서도 찾아볼 수 있다. 이는 간주의 단면이 원형이었음을 암시하는 것으로 원형
　　간주석의 시원으로 판단된다.

연화문을 중심으로 살펴보고자 한다. 연꽃(사진 9·10)[18]은 단판 8엽으로 복련으로 조각되어 있다. 부여지역에서 유행하였던 판단삼각돌기식이나 원형돌기식, 판단첨형식과는 문양상의 차이를 보이고 있다. 다만, 판단부에서 연화문이 약하게 꺾이는 것으로 보아 판구곡절식[19]에 포함시킬 수 있을 것으로 생각된다.

연꽃의 단면은 중앙부까지 후육하다가 그 이후부터는 볼륨감이 축소되어 '∼' 형태를 보여주고 있다. 판단부는 엄지나 검지로 잡아 누른 듯한 형상을 취하여 약한 곡절을 살필 수 있다. 아울러 판단 중앙에는 짧게나마 돌대[20]가 그어져 있으며 연꽃의 외연부에서는 희미하게나마 圈線이 확인되기도 한다.

연꽃 사이의 간판은 판단부가 대부분 훼실되어 있으며 판근은 중앙까지 이어져 있다. 남아 있는 판단의 중앙에서 稜이 확인되는 것으로 보아 단면은 '▲'형으로 확인된다.

가탑리사지 석등의 연화하대석에서 관찰되는 연화

사진 11 미륵사지 출토 석등의 옥개석과 화사석

---

18) 필자 사진.

19) 이 형식은 김성구의 경우 曲折小瓣形으로 언급한 바 있다(金誠龜, 1992,「百濟의 瓦塼」,『百濟의 彫刻과 美術』, 324쪽).

20) 연꽃의 끝부분에 만 돌대가 형성되어 있다는 점에서 삼국시기의 연화돌대문 와당과는 확실한 차이를 보이고 있다. 돌대는 달리 '稜線'이라고도 부른다(金誠龜, 1992,「百濟의 瓦塼」,『百濟의 彫刻과 美術』, 326쪽).

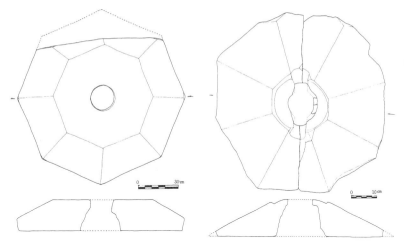

도면 2 　미륵사지 중원가람 금당지 석등 옥개석 평·단면도(좌〈下石〉, 우〈上石〉)

문의 여러 특징은 백제 웅진기의 그것21)에서는 전혀 살필 수가 없다. 이
는 연화문의 문양 속성이 백제 사비기에 이르러 새롭게 제작되었음을 추
정케 한다.

　이런 점에서 주목할 수 있는 유물이 익산 미륵사지 석등22)과 강진 월
남사지 및 익산 제석사지 출토 와당이다.

---

21)　백제 웅진기의 연화문은 무령왕릉 출토 연화문 전이나 탁잔, 그리고 여러 사지 및
　　건물지에서 검출된 와당을 통해 확인할 수 있다.

22)　사지에서는 연화하대석 외에 화사석과 옥개석이 수습되었다(사진 11, 도면 2). 하
　　대석과 마찬가지로 화강암으로 만들어졌다. 화사석은 8각형으로 높이 102cm, 각
　　면 너비 약 25.5~28cm이다. 옥개석 역시 8각형으로 합각머리가 뚜렷하며 정상에
　　는 보주를 끼울 수 있는 원형의 촉구멍이 조성되어 있다(이상 百濟文化開發研究院,
　　1992,『百濟彫刻·工藝圖錄』, 116쪽 및 文化財管理局 文化財研究所, 1989,『彌勒
　　寺』, 圖面 34-3·4). 옥개석 및 화사석의 모습으로 보아 석등의 기본적인 평면은 8
　　각형으로 확인된다. 이는 일본 산전사지의 석등에서도 그대로 나타나고 있어 부여
　　가탑리사지 석등 역시도 이와 유사하였을 것으로 생각된다. 그런데 이와 같은 백제
　　시기의 석등 모습이 보령 성주사지 통일신라기 석등에서도 큰 차이 없이 나타나고
　　있어 백제에서 통일신라기로 석등의 제작기술이 전파되었음을 확인케 한다.

사진 12 중원가람 금당지 남측 석등 하대석

사진 13 중원가람 금당지 남측 석등
하대석 연화문

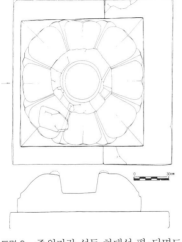

도면 3 중원가람 석등 하대석 평·단면도

미륵사지 동·서원 가람의 석등에는 가탑리사지 석등에서와 마찬가지로 하대석에 단판 8엽의 연화문(사진 12~15, 도면 3·4)[23]이 장식되어 있다.[24] 연화문의 단면은 '∼'형으로 관찰되며 판근부가 판단부에 비해 후육함을 살필 수 있다. 판단부는 살짝 융기되어 있으나 가탑리사지 석등에서 살필 수 있는 삼각돌기는 표현되지 않았다. 그러나 판단 중앙을 중심으로 좌우에 움푹 팬 듯한 형상과 짧은 돌대는 가탑리사지 석등의 연화문과 친연성을 보여주고 있다. 아울러 연화문 사이의 간판 역시

---

23) 필자 사진 및 文化財管理局 文化財研究所, 1989, 『彌勒寺』, 圖面 34-1 및 2.

24) 본고에서는 석등의 연화문이 양호하게 남아 있는 중원가람의 것을 중심으로 살펴보고자 한다.

사진 14 동원가람 금당지 남측 석등　　사진 15 동원가람 금당지 남측 석등
　　　　하대석　　　　　　　　　　　　하대석 연화문

도 판두 중앙이 돌출되
어 있어 동일함을 살필
수 있다. 이 석등의 제
작이 미륵사 창건과 동
시에 이루어졌음을 짐
작할 때 7세기 1/4분기
무렵으로 추정된다.

한편, 강진 월남사지
에서는 판단원형돌기식

도면 4 동원가람 금당지 남측 석등 하대석 평·단면도

을 비롯해 능각형, 곡절
형, 꽃술형 등의 여러 백제와당이 수습되었다.[25] 이 중에서 가탑리사지
석등 연화문과 친연성을 보이는 것으로는 곡절형[26]을 들 수 있다. 이는
연화문의 판단부가 약하게 꺾이는 형태를 의미하는 것으로 월남사지에

---

25) 이수경, 2013, 「월남사지 조사 성과와 고대 기와」, 『강진의 고대문화와 월남사지』, 94쪽.

26) 본고에서의 판구곡절식을 의미한다.

사진 16 강진 월남사지 출토 백제와당 1   사진 17 강진 월남사지 출토 백제와당 2

서는 모두 2점이 수습되었다.

월남사지 출토 와당 1(사진 16)[27]은 단판 8엽 연화문 와당이다. 자방에 비해 연화문이 작게 제작되었다. 연화문의 판단부에는 가탑리사지 석등에서와 같이 희미하게나마 곡절이 시문되어 있다. 연화문은 판근에서 판단부로 진행될수록 '∽'모양의 단면을 보이고 있다. 판단부의 중앙에는 'Ι'자형의 짧은 돌대가 시문되어 있다. 이러한 판단부의 문양은 가탑리사지 석등 연화문과 같이 연판의 단면이 움푹 들어가면서 생기게 된 것으로 생각된다. 연판 사이의 간판은 'T'자형이나 판근이 자방에까지 이어져 있지 않으며[28] 단면은 돌출되어 있다.

월남사지 출토 와당 2(사진 17)[29]는 현재 2엽 만 남아 있으나 전체 8엽으로 생각된다. 주연부와 자방은 대부분 훼실되었다. 연화문의 판단

---

27) 필자 사진.
28) 이러한 간판의 판근 처리는 일찍이 용정리사지 출토 판단 첨형 연화문 와당에서도 확인할 수 있다. 따라서 웅진기부터 제작되어 온 제와 속성으로 이해된다.
29) 필자 사진.

부와 자방[30)에서만 약간의 차이가 날 뿐 대부분의 시문 양상은 와당 1
과 유사하다. 연화문의 외연에는 1조의 권선이 표현되어 있고 판단부에
서는 뚜렷하진 않지만 曲折[31)을 살필 수 있다. 아울러 판단 중앙에서는
짧게나마 돌대가 시문되어 있음을 볼 수 있다. 판단부의 곡절은 가탑리
사지 석등 연화문에 비해 확실하고 크게 제작되어 세부적 차이를 확인
케 한다.

월남사지 출토 와당 1과 2는 전체적으로 보아 가탑리사지 석등 연화
문과 판단부와 돌대, 그리고
외연의 권선 등에서 친연성을
보여주고 있다. 다만, 간판의
판근 처리 등에서는 분명한
속성상의 차이를 보여주고 있
다. 월남사지 출토 와당의 제
작 시기는 제석사지 출토 판구
곡절식 와당(사진 18)[32)과 비
교해 볼 때 7세기 1/4분기 이
후로 편년할 수 있다.[33)

사진 18   익산 제석사지 출토 와당

---

30) 와당 1의 경우 자방 외곽에서 1조의 원권대를 살필 수 있으나 와당 2에서는 이러
한 속성을 살필 수 없다. 다만, 이러한 세부 속성의 차이가 시기성을 반영하는 것
으로는 생각되지 않는다.

31) 연화문 판단부의 곡절 처리는 백제 사비기 와당에서 찾아볼 수 있으며, 그 시기는
6세기 3/4분기로 추정되고 있다(조원창, 2009, 「백제 판구곡절식 와당의 시원과
변천」, 『한국 고대 와당과 제와술의 교류』, 서경문화사, 111쪽 표 2).

32) 百濟文化開發硏究院, 1983, 『百濟瓦塼圖錄』, 185쪽 사진 362.

33) 이에 대해 이수경은 7세기 전반으로 추정하였다(2013, 「월남사지 조사 성과와 고
대 기와」, 『강진의 고대문화와 월남사지』, 98쪽).

이상에서와 같이 가탑리사지 석등의 연화문과 관련하여 미륵사지 석등 연화문과 월남사지 출토 와당에 대해 살펴보았다. 가탑리사지 석등의 연화문은 판단부의 곡절로 보아 월남사지 및 제석사지 출토 와당과 가장 친연성이 있음을 확인할 수 있다. 이로 보아 가탑리사지 석등은 7세기 1/4분기 이후에 제작되었음을 추정해 볼 수 있다.

특히 이러한 편년은 7세기 1/4분기 무렵에 조성된 미륵사지 석등의 연화문과 비교해 볼 때 더욱 극명하게 살필 수 있다. 즉, 미륵사지 석등 연화문의 경우 판단부에서의 형식화가 전혀 살펴지지 않고 있다. 이는 형식상의 차이에 따른 시기차를 반영하는 것으로 가탑리사지의 석등이 미륵사지 석등에 비해 후대에 조성되었음을 의미하는 것이라 할 수 있다.

Ⅳ. 가람배치상의 석등 위치

가탑리사지 출토 석등은 하대석에 시문된 연화문의 편년으로 보아 7세기 1/4분기 이후에 제작되었음을 알 수 있다. 이는 익산 미륵사의 창건 시기와도 큰 차이가 없어 석등과 당탑의 배치만을 놓고 볼 때 미륵사지 가람배치와도 대동소이함을 유추할 수 있다. 아울러 백제계의 건축기술로 축조된 일본 비조시기의 산전사의 경우도 목탑과 금당 사이에 석등이 자리하고 있어 익산 미륵사지와 동일함을 살필 수 있다.

따라서 본고에서는 익산 미륵사지 및 일본 산전사지의 가람배치를 통해 가탑리사지 출토 석등의 위치를 살펴보는 데 일차적 목적이 있다. 이를 위해 먼저 석등이 출토된 미륵사지 및 산전사지의 가람배치를 살펴보고자 한다. 아울러 백제사지에서 확인된 석등의 존재가 통일신라기 사지에서도 똑같은 위치에 조성되는 것으로 보아 백제 가람배치의 신라 전파

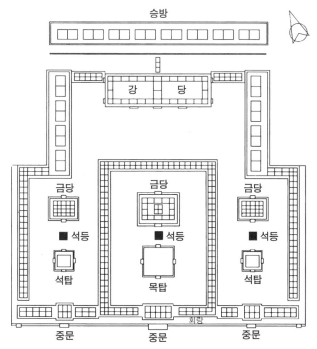

도면 5   미륵사지에서의 석등 위치(금당과 탑 사이에 위치)

를 살펴보도록 하겠다.

　미륵사지는 백제 무왕대에 창건된 3탑3금당식의 가람배치로 동원, 중원, 서원 등으로 구분되어 있다. 중원을 본원으로 하여 동·서에 동·서원이 자리하고 있으며 중원 외곽으로는 별도의 회랑이 돌려져 있다. 중원의 목탑지를 제외한 동·서원에는 석탑(지)이 위치하고 있다. 탑의 남쪽으로는 중문이 자리하고 있고, 북쪽으로는 금당이 조성되어 있다. 중금당의 북쪽으로는 강당이 큰 규모로 축조되어 있다.

　미륵사지에서의 석등은 금당과 탑 사이에 위치하고 있다(도면 5).[34]

---

34) 전라북도익산지구문화유적지관리사업소, 1997, 『미륵사지유물전시관』, 123쪽.

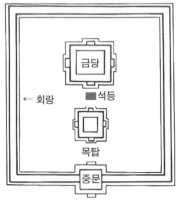

사진 19 미륵사지 석등 전후면의 보도
(남쪽에 석등, 북쪽에 금당 위치)

도면 6 일본 산전사지에서의 석등 위치

거리상으로 거의 정 중앙에 자리하고 있어 석등이 가람배치상 중요한 위치에 놓여있음을 확인할 수 있다. 또한 석등의 전후면으로 보도가 놓여 있는 것으로 보아(사진 19)[35] 탑에서 금당으로 진입할 때 반드시 이를 통과하도록 설계되었음을 살필 수 있다. 이는 석등이 가람배치상에서 단순한 가로등이 아닌 교리상의 석조물이었음을 의미하는 것이라 할 수 있다.

산전사지는 일본 奈良縣에 위치하고 있는 飛鳥期의 절터로 이의 창건 주체는 백제계인 蘇我倉山田石川麻呂로 알려져 있다. 이 사지에서는 백제의 건축기술인 가구기단 축조술과 축기부 굴광 판축공법, 가람배치

---

35) 필자 사진.

사진 20　산전사지 금당지와 남면의 석등(중앙 하단부의 □ 내부에 석등 위치)

등이 확인되기도 하였다.[36]

　사지는 남북을 장축으로 중문–목탑–금당–강당이 배치되어 있다(도면 6, 사진 20).[37] 석등은 미륵사지 중원가람과 마찬가지로 목탑과 금당 사이를 연결하는 보도 사이에서 확인되었다. 석등은 하대석 만 남아 있고 이의 표면에는 8엽의 연화문이 장식되어 있다(사진 21, 도면 7).[38]

　연화문은 마멸이 심하여 정확히 살필 수 없으나 복판으로 살펴진다. 석등지의 주변에서는 의회암제의 화사석편이 수습되었는데 역 심엽형[39]의 투공이 확인된다. 하대석의 상단 중앙에는 간주를 끼울 수 있는 원

---

36) 조원창, 2006, 「일본 산전사지에 나타난 백제의 건축문화」, 『문화사학』 26호.

37) 朝日新聞社, 2002, 『飛鳥·藤原京展』, 73쪽.

38) 飛鳥資料館, 平成 9年, 『山田寺』, 21쪽 하단 좌측 사진.

39) 이러한 심엽형의 투공은 백제 사비기 유적인 금성산 와적기단 건물지 출토 기대편 (國立扶餘博物館, 1992, 『扶餘錦城山百濟瓦積基壇建物址發掘調査報告書』, 99 쪽 圖版 50–①)에서도 확인할 수 있다.

사진 21 산전사지 석등 연화하대석

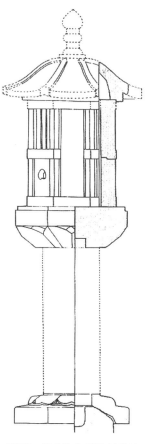

도면 7 산전사지 석등 복원도

형40)의 구멍이 뚫려 있다. 하대석의 평
면이 8각형을 이루고 있어 사각형인 미
륵사지 석등과 차이를 보이고 있다.41)

산전사지 외에 일본의 비조기 사원에
서 석등이 확인된 사례는 거의 없다. 물
론 飛鳥寺址에서와 같이 석등42)이 후대
에 얼마든지 새롭게 조성되었을 수도 있
지만 창건기의 것이 아니라는 점에서 직
접적인 비교가 쉽지 않다.43) 비조사지

---

40) 연화하대석 상면에서의 원공은 가탑리사지 석등 하대석에서도 살필 수 있다.

41) 가탑리사지 석등의 경우 연화하대석 하부가 훼손되어 정확한 평면 형태를 살필
수 없다.

42) 석등은 하대석 만 확인되었다. 하대석은 한 변 4척 2촌으로 奈良縣 吉野郡 洞川
産의 대리석을 이용하였다. 상면 중앙에는 간주를 세우기 위한 직경 1척 6촌, 깊
이 8촌의 원공이 뚫려 있다(坪井淸足, 1958,「飛鳥寺の發掘調査の經過」,『佛敎
藝術』33, 21~22쪽).

43) 이는 석등의 재료 및 시대적 배경 등을 통해 살필 수 있다. 즉 비조사의 전각에 사
용된 기단석이나 초석, 그리고 목탑의 심초석 등은 거의 대부분 화강석과 의회석

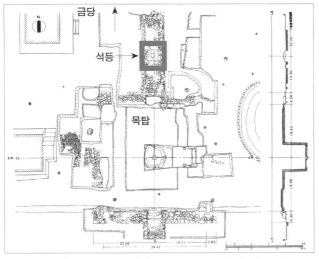

도면 8　일본 비조사지에서의 석등 위치(□ 내부에 석등 존재)

석등은 산전사지와 마찬가지로 목탑과 금당 사이를 연결하는 답도 중앙
에 위치하고 있다(도면 8).[44)]

을 사용하고 있다(淺野淸, 1956, 「最近における建築遺蹟の發掘」, 『佛敎藝術』29, 84~85쪽). 반면, 석등은 대리석을 사용하였다. 이러한 재료의 이질성은 석등이 다른 전각 건물 및 목탑과 동 시기에 조성되지 않았음을 의미하는 것이라 할 수 있다. 아울러 비조사는 백제의 조사공에 의해 창건된 일본 최초의 사원이다. 그런데 588년을 전후한 백제의 능산리사지(567년 창건) 및 왕흥사지(577년 창건), 정림사지(6세기 4/4분기 후반 이후) 등에서는 석등의 존재를 전혀 살필 수 없다. 만약 백제의 조사공이 일본의 창건 비조사에 석등을 조성하였다면 적어도 비슷한 시기의 백제 왕흥사나 정림사 등에도 이의 존재가 확인됨이 당연하다. 아울러 593년에 창건된 일본의 사천왕사나 607년의 법륭사 약초가람에서도 석등이 검출되는 것이 자연스럽다. 하지만 6세기 말~7세기 초반의 일본 사지에서는 이러한 석등의 존재가 전혀 확인되지 않았다. 이러한 상황 등을 전제할 때 비조사의 석등은 창건기의 것이 아닌 그 이후에 조성되었음을 판단해 볼 수 있다.

44) 국립부여문화재연구소, 2009, 『한·중·일 고대사지 비교연구(1) -목탑지편-』, 104쪽 도면 2.

이렇게 볼 때 7세기 이후에 조영된 백제 및 일본의 고대 사지에서 석등은 가람의 중심인 목탑과 금당 사이에 위치하고 있음을 살필 수 있다. 이러한 석등의 배치는 기능성 보다는 종교성[45]을 반영하고 있다는 점에서 가람배치의 한 정형을 보여주고 있다.

　가탑리사지 석등은 정밀한 발굴조사를 거쳐 반출된 것이 아니기 때문에 이의 정확한 출토 위치를 알 수 없다. 그러나 적어도 7세기대 백제 및 일본에서 석등이 종교적 관점에서 등장하였음을 볼 때 가탑리사지 석등 또한 탑과 금당 사이에서 반출되었을 가능성이 높다. 이는 향후 가탑리사지의 발굴조사를 통해 밝혀질 수 있으리라 생각된다.

　한편, 가람배치상에서의 석등 위치는 백제 멸망 후 통일신라기[46]에도 그대로 나타나고 있어 이의 문화전파를 판단케 하고 있다. 왜냐하면 고신라기에 창건된 황룡사지 및 분황사지[47]에서는 이러한 석등이 출현된 바 없기 때문에 신라 고유의 제작기술로는 이해하기 어렵다. 이는 아마도 삼국통일의 과정에서 백제의 장인들이 신라 사회에 편입되면서 나타난 현상이 아닌가 생각된다.

---

45) 석등은 기능적으로 볼 때 불을 밝히는 가로등으로 이해할 수 있다. 이럴 경우 석등은 사찰의 어둡고 후미진 곳에 위치하는 것이 자연스럽다. 그런 점에서 탑과 금당 사이에 배치된 석등을 단순하게 기능적으로 만 살피기에는 한계가 있다. 이렇게 볼 때 석등은 부처님의 자비를 어두운 사바세계에 비춰 중생을 구제한다는 종교적 의미로 해석하는 것이 타당하다고 생각된다.

46) 불국사 및 영암사지 등에서 살필 수 있다. 석등은 탑과 금당 사이에 위치하고 있다.

47) 석등 지대석은 모전석탑 전면에 위치하고 있다. 그러나 지대석의 경우 암갈색 부식토상에 놓여 있어(國立慶州文化財研究所, 2005, 『芬皇寺 發掘調査報告書Ⅰ(本文)』, 80쪽) 창건기가 아닌 후대에 놓여 졌음을 알 수 있다.

V. 맺음말

석등은 어둡고 깜깜한 중생의 마음을 부처님의 진리로 비추어서 불성을 밝혀주는 法燈으로 이해되고 있다.[48] 따라서 이는 다분히 어두움을 밝힌다는 기능적 의미보다는 불빛을 통해 어리석음이나 무지에서 벗어나게 하는 종교적 의미로 해석할 수 있다.

석등은 본래 중국 漢代에 등장한 것으로 비석 등과 함께 사용된 석물이었다.[49] 이것이 중국 남북조 및 수당시대를 거치면서 우리나라의 삼국시기에도 유입된 것으로 생각된다. 현재 석등은 백제의 것 만 알려져 있고 고구려 및 신라의 것은 학계에 보고된 바 없다. 백제의 석등은 익산 미륵사지 및 부여 가탑리사지의 출토품이 있다.

본고는 부여 가탑리사지에서 출토된 석등의 연화하대석을 통해 단편적으로나마 이의 편년과 조성 위치 등을 살펴보았다. 이 과정에서 친연성이 있는 미륵사지 석등의 연화문과 백제와당, 그리고 일본사지 출토 석등에 대해서도 비교 검토해 보았다.

그 결과 가탑리사지 석등은 강진 월남사지 및 익산 제석사지 출토 와당과의 비교를 통해 7세기 1/4분기 이후에 제작된 것으로 추정되었다. 아울러 석등의 조성 위치는 미륵사지와 일본 산전사지와의 비교를 통해 탑과 금당 사이로 판단되었다.

백제 석등은 미륵사지 및 가탑리사지의 것으로 보아 7세기 이후에나 등장한 것으로 생각된다. 이는 567년 및 577년에 창건된 부여 능사 및 왕흥사에서 석등의 존재가 검출되지 않은 사실도 확인할 수 있다. 아울

---

48) 金鉉埈, 1994,『사찰, 그 속에 깃든 의미』, 90쪽.
49) 國立中央博物館, 1992,「4. 石燈」,『韓國傳統文化』, 220쪽.

사진 22　보령 성주사지 석등

러 588년 백제 조사공에 의해 창
건된 일본 비조사의 사례를 통해
서도 유추할 수 있다.

　백제시기의 석등은 기본적으로
평면 8각형을 유지하였음을 추정
할 수 있다. 이는 일본의 산전사
지 석등에서도 그대로 찾아지고
있어 고식의 평면 형태임을 판단
할 수 있다. 그리고 이러한 석등
의 모습은 보령 성주사지 석등(사
진 22)50)에서도 큰 차이 없이 나
타나고 있어 백제의 석등 제작기
술이 통일신라기까지 전파되었음
을 확인케 한다.

　한편, 백제 석등의 출토 예가 많지 않아 이의 형식 및 변천 등을 살필
수는 없지만 이의 형적이 멀리 일본에서 확인됨을 볼 때 백제 석등 제작기
술의 일본 전파를 판단케 하고 있다. 아울러 고신라의 황룡사지 및 분황
사지 등에서도 발굴조사 당시 석등지가 검출되지 않았다. 이렇게 볼 때 통
일신라기의 석등 제작은 삼국통일이 이루어지면서 백제의 장인 혹은 이들
의 기술 지도를 받은 신라의 장인들에 의해 가능하였을 것으로 생각된다.

　향후 삼국시기의 사지 발굴을 통해 더 많은 석등이 확인될 것이다. 이
를 통해 백제 석등의 특성과 기술전파 등이 밝혀질 것이라 생각된다. 이
를 위한 백제 폐사지의 발굴조사가 하루빨리 시행되기를 기대해 본다.

---

50) 필자 사진.

益山 彌勒寺址 東・西院 僧房址의 性格 檢討

I. 머리말

백제사지의 발굴은 1935년 일인학자들에 의해 처음으로 실시되었다.[1] 일제강점기 무렵 발굴된 백제사지로는 정림사지를 비롯해 군수리사지, 가탑리사지, 부소산사지, 동남리사지, 외리유적 등이 있다.[2] 가탑리사지를 제외한 정림사지, 군수리사지, 부소산사지, 동남리사지 등에 대해선 해방 이후 우리 손에 의해 재조사가 이루어지기도 하였다.[3]

---

1) 백제사지와 관련된 최초의 발굴조사는 1935년에 실시된 부여 군수리사지이며, 이 때 발굴을 진행하였던 일인학자가 石田茂作과 齋藤忠이었다.

2) 조원창, 2013,「百濟寺址 調査現況과 앞으로의 課題」,『백제사지 연구』.

3) 국립문화재연구소, 1996,「扶蘇山城 -廢寺址發掘調查報告-(1980년)」,『扶蘇山城』.
국립부여문화재연구소, 2010,『扶餘軍守里寺址 I』.
국립부여문화재연구소, 2011,『扶餘 定林寺址』.
국립부여문화재연구소, 2013,『扶餘軍守里寺址 II』.
충남대학교박물관・부여군, 2013,『扶餘 東南里遺蹟』.

그 동안 우리에게 알려진 가장 유명한 백제사지로는 부여 능산리사지와 왕흥사지, 그리고 익산의 미륵사지 등을 들 수 있다. 부여 능사와 왕흥사는 성왕의 아들이었던 위덕왕에 의해 창건된 사찰이었으며, 미륵사는 무왕에 의해 부여가 아닌 익산지역에 조성되었다. 특히, 미륵사지에는 동양 최대의 석탑으로 일컬어지는 미륵사지 서탑이 위치하고 있어 사지만 남아 있는 능산리사지나 왕흥사지에 비해 볼거리가 비교적 풍부한 편에 속한다.

　백제의 가람배치는 기본적으로 1탑1금당식을 따르고 있으며, 남에서 북으로 중문-탑-금당-강당이 차례로 축조되어 있다. 그리고 중문과 강당 사이에는 회랑이 조성되어 있고, 동·서회랑 북단에서는 성격 미상의 건물지가 한 동 씩 배치되어 있다.[4] 이러한 가람배치는 능산리사지를 비롯한 왕흥사지, 정림사지, 제석사지 등에서도 관찰되고 있다. 아울러 이들 동·서 회랑 북단 건물지의 성격에 대해서는 공방이나 승방, 혹은 행정업무를 담당하는 종무소 등으로 해석되고 있다.

　이에 반해 미륵사지(도면 1)[5]는 삼국시기의 사지에서 그 사례를 살필 수 없는 3탑3금당식으로 조성되어 있다.[6] 아울러 복랑으로 조성된 동·서회랑의 북단에서는 승방지라 일컬어지는 세장한 건물지가 남북으로 길게 배치되어 있다.

　이렇게 볼 때 동·서회랑의 북단에 조성된 건물지는 미륵사지 발굴 이후 승방지로 추정됨이 일반적임을 알 수 있다. 따라서 본고는 백제사지

---

4) 이러한 건물지는 평면 장방형의 구조를 보이고 있다.

5) 전라북도익산지구문화유적지관리사업소, 1997,『미륵사지유물전시관』, 123쪽.

6) 이러한 다원식 가람은 중국 수·당대 수도 장안의 사원형태를 모방한 것으로 보았다(李裕群, 2009,「중국 가람배치의 변화 및 백제에 미친 영향」,『한얼문화유산연구원 개원5주년기념 국제학술대회 동아시아의 불교문화와 백제』, 54쪽).

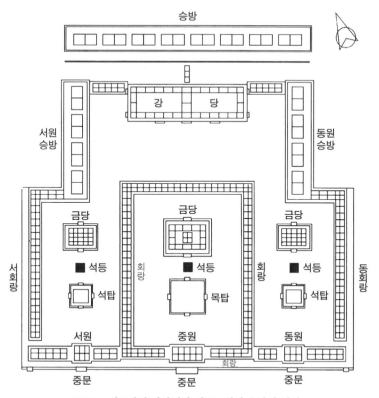

도면 1   미륵사지 가람배치 및 동·서원 승방의 위치

에서 최초로 승방지라 불리게 된 미륵사지의 사례를 중심으로 이의 성격
을 좀 더 구체적으로 검토하는데 목적을 두었다. 이를 위해 승방의 사전
적 의미와 승방으로서 갖추어야 할 여러 건물군에 대해서도 살펴보고자
한다. 이를 위해 최근 발굴조사가 실시되어 승방지로 추정된 능산리사지
북편 건물지의 사례를 들어 비교해 보도록 하겠다.

Ⅱ. 일명 동·서원 승방지의
발굴자료 검토[7]

동원 승방지는 발굴조사 전 논으로 사용되었다. 승방지의 상면으로는 고려 중기로 추정되는 건물지가 후축되어 있었다. 후대 건물지에서는 기단과 초석이 검출되었으며, 기단은 동서 길이 17m, 남북 길이 20m 이상으로 조사되었다.

백제시대 승방지는 고려시대 건물지 아래 60cm 지점에서 확인되었다. 기단토는 회황갈색 마사토로 이루어졌고, 구 지표층은 회색 마색토로 성토다짐 되었다. 승방지에서는 기단 갑석과 면석을 비롯한 초석, 고맥이 등이 검출되었다(도면 2·3).[8]

기단은 면석과 갑석으로 결구되어 있어 회랑지와 같은 구조를 보여주고 있다. 갑석은 폭 45cm 내외로 길이는 120~340cm 정도이고, 높이

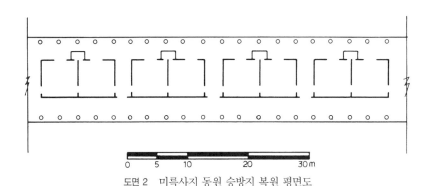

도면 2 미륵사지 동원 승방지 복원 평면도

---

7) 이에 대해선 文化財管理局 文化財研究所, 1989,『彌勒寺』, 119~122쪽 참조.

8) 文化財管理局 文化財研究所, 1989,『彌勒寺』, 122쪽 삽도 3 및 圖面 5.

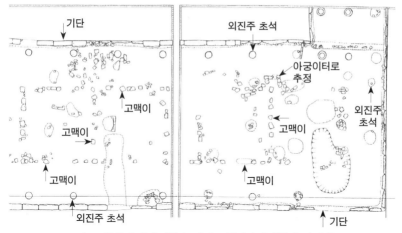

도면 3　동원 승방지 세부(고맥이로 둘러싸인 내부가 방이다)

는 16cm이다. 면석의 길이는 110~230cm이고, 높이는 32cm이다.

　승방지의 초석은 고맥이의 외곽인 外陣에서 만 확인되었다.[9] 직경 56cm의 주좌가 없는 원형 초석이 대부분을 이루고 있지만 일부에서는 원형 주좌가 있는 것, 그리고 장방형 할석 등도 검출되었다. 초석은 기단의 동서 양측 변에서 만 확인되었는데 동면에 16개, 서면에 12개가 남아 있다. 남면과 북면에 초석이 남아 있지 않는 것으로 보아 후대의 교란으로 인해 멸실된 것으로 추정되었다.

　주칸은 남북(道里間)으로 18칸, 동서(樑間)로 4칸이다. 주칸 거리는 도리칸이 남쪽의 3칸이 2.3m, 중앙의 13칸이 3.9m, 북쪽 2칸이 2.15m이다. 양칸은 4칸 모두 2.95m이다. 초석과 기단 외선과의 거리는 1.1m이다.

---

9)　외진주 초석의 경우 상부 구조가 남아 있지 않아 퇴칸과 관련된 것인지, 아니면 차양칸과 관련된 것인지 확실치가 않다.

기단석의 안쪽 4m 지점에는 20~40cm 크기의 할석으로 조성된 석렬이 조사되었다. 이는 방(室)을 구축하는 고맥이[10] 석렬로서 한 변 6m의 정방형 평면을 이루며 2실씩 연속하여 조성되었다. 한 세트의 실과 실 사이는 3m의 간격을 보이며 남북으로 4조가 확인되었다. 외진주와 고맥이 사이는 능산리사지 서회랑 북단 건물지에서와 같이 회랑으로 사용되었다.

방과 방 사이의 間壁을 중심으로 동벽과 접해 1.7×1.2m 크기의 방형 석렬이 확인되었다. 석렬유구에 접한 두 방의 벽은 각기 뚫려 있어 보고자의 경우 아궁이 터로 추정하였다.[11]

방의 내부 일부에서는 소토가 출토된 곳도 있지만 유구의 잔존상태가 불량하여 난방시설이 있었는지는 확인하기 어렵다. 하지만 초석이나 고맥이 등이 멸실되지 않고 그대로 남아 있는 것으로 보아 처음부터 온돌시설은 조성되지 않았던 것으로 생각된다. 왜냐하면 삼국시기의 온돌시설인 경우 구들장은 대개 기단토 상면에 놓이는 것이 일반적이다. 이는 구들장이 놓이는 위치가 초석이나 고맥이 등과 큰 차이가 없었음을 의미한다. 따라서 건물 내부에 온돌시설이 존재하였다면 이들만 멸실되고 초

---

10) 이 위로 土石壁이 올라간 것으로 보고 있다. 따라서 고맥이는 벽체의 하부시설로 파악해 볼 수 있다.

11) 하지만 백제를 비롯한 고구려시기의 여러 아궁이를 보면 토광형으로 굴토되어 있음을 확인할 수 있다. 아울러 고맥이와 변주의 초석이 양호하게 남아 있는 것으로 보아 기단토 내부의 멸실 또한 기대하기 어렵다. 이는 아궁이와 연결되는 고래가 만약 시설되었다면 층위상 유구의 멸실이나 교란이 불가능함을 의미하는 것이다. 또한 이 유구가 아궁이로 사용되었다면 바닥에서 많은 재나 불탄 흔적이 확연하게 발견되어야 하나 이러한 내용을 보고서에서 살필 수가 없다. 그리고 굴뚝과 관련된 배연구가 고맥이(혹은 벽체)와 접해 축조되는 것이 당연하나 이 유구에서는 이러한 굴뚝시설을 전혀 찾아볼 수 없다. 따라서 이 석렬유구의 성격을 정확히 파악할 수는 없지만 온돌시설과 관련된 아궁이가 아님은 분명하다 하겠다.

석이나 고맥이 등이 제자리에 남아 있
었을 것이라는 가능성을 상정하기가 논
리적으로 쉽지 않다. 하지만 건물 내부
에서 관찰되는 소토의 흔적으로 보아
모닥불과 같은 소형의 토광형 노지는
존재하였을 것으로 생각된다.

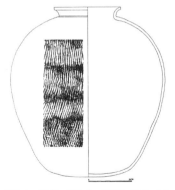

도면 4　동원 승방지 기단토 출토 대호

　승방지 조사 중 기단토를 파내고 대
형 토기를 묻은 곳이 4개소로 기술되어
있으나 보고서에서는 한 점만 이에 해
당되고 있다.[12] 大壺(도면 4)[13]는 목이 짧게 직립하였고, 구연은 나팔
모양으로 넓게 외반되었다. 저부는 원저이며 동체는 난형에 가깝고, 기
벽은 1cm 내외로 두껍다. 경부 아래에 1조의 굵은 침선대가 돌려있고,
동체 전면에는 승선문이 타날되어 있다. 회청색 경질토기로 복원 구경
30.8cm, 높이 75.4cm이다. 내부의 충전된 진흙에서는 탄화된 쌀과 보
리가 검출되었다.

　한편, 동원 승방지에서는 미륵사지 출토 전체 등잔의 2/3가량이 한
꺼번에 수습되었다. 아울러 동원 금당지에서도 파편이 집중 출토되었
다.[14] 이처럼 동원 승방지와 금당지에서 많은 등잔이 수습되었다는 사

---

12) 보고서에서는 이에 대한 세부 도면이나 사진 등을 찾아볼 수 없어 확실한 유물의
　　출토위치 및 상황은 알 수 없다. 아울러 보고서의 유물 설명란을 보면 大壺는 동
　　원 승방지에서 한 점(대호 ①-1) 만이 검출되었음을 알 수 있다(文化財管理局 文
　　化財研究所, 1989, 『彌勒寺』, 362쪽). 나머지 대호는 동원 북편 건물지 기단 내
　　부, 강당지 북측 동서 세장 건물지, 강당지 북측 후대건물지 등에서 수습된 것으
　　로 보고되어 있다(文化財管理局 文化財研究所, 1989, 『彌勒寺』, 362~364쪽).
13) 文化財管理局 文化財研究所, 1989, 『彌勒寺』, 362쪽 삽도 44.
14) 文化財管理局 文化財研究所, 1989, 『彌勒寺』, 367쪽.

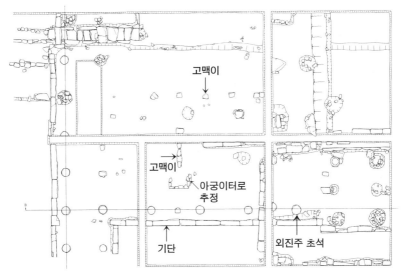

도면 5 미륵사지 서원 승방지 평면도

실은 이들이 금당에 사용되었고, 동원 금당과 근거리에 위치하고 있었던 동원 승방지에서 이들을 보관하고 있었음을 의미하는 것이라 할 수 있다.

서원 승방지(도면 5)[15])는 고려시기로 추정되는 건물지 아래에서 검출되었다. 건물지의 초석은 동원의 것과 마찬가지인 직경 56cm의 원형 초석으로 서변에서 5개, 북변에서 4개가 확인되었다. 동변과 남변의 초석은 모두 결실되어 잔존 상태가 불량함을 살필 수 있다. 기단은 갑석과 면석으로 결구되었다.

기단 내부의 경우 고맥이 석렬이 기단 안쪽 4m 지점에서 검출되었고, 한 변 6m로 계측되었다. 실의 전체적인 구성은 동원의 일명 승방지와 같은 형식으로 확인되었다. 주칸 거리는 북면 1칸이 2.9m이고, 나머지는 동원과 같이 3.8m이다. 동원 승방지에서와 마찬가지로 간벽 사이에

---

15) 文化財管理局 文化財研究所, 1989, 『彌勒寺』, 圖面 10.

서 아궁이로 추정되는 석렬유구가 조사되었으나 고래 및 굴뚝시설 등의
부재로 보아 아궁이와는 무관함을 살필 수 있다.

Ⅲ. 승방[16]의 의미와 구성 요소

1. 승방의 사전적 의미와 구성 요소

　미륵사지 발굴조사 이후 최근에 이르기까지 동·서 회랑에 부속된 건
물지를 흔히 승방으로 표현하고 있다.[17] 그런데 승방으로 불리는 유구
를 해석함에 있어 연구자들마다 각기 다양한 견해를 피력하고 있어 의미
상의 혼란을 불러일으키고 있다.[18] 따라서 여기에서는 먼저 승방의 사

---

16) 佛界 및 俗界와 대응하는 개념으로 승방이나 승당, 요사, 僧域이란 용어를 사용
　　하고 있다. 승역과 관련해서는 조원창, 2013, 「扶餘 陵寺의 僧域 構造와 姓格」,
　　『고고학』 제12-3호 참조.
17) 능산리사지를 비롯한 정림사지, 왕흥사지, 제석사지 등의 동·서 건물지는 부속건
　　물지, 불명건물지, 공방지 등으로 불리다가 점차 승방지로 압축되고 있다(국립부
　　여문화재연구소, 2011, 『扶餘 定林寺址』, 319~320쪽). 이처럼 동·서회랑 북단
　　건물지를 승방지로 보는 견해는 민경선(2011.12, 「백제 사비기 사찰의 가람배치
　　변화 양상에 대한 일고찰」, 『古文化』 78, 82쪽) 및 이병호, 정자영, 한나래 등의
　　논고에서도 살필 수 있다. 이의 기능에 대해선 후술하고자 한다.
18) 한나래는 승방의 세부 기능에 대해 승려들의 생활공간, 수행공간, 사무공간,
　　寶藏(승려들이 사용하는 물품을 보관·관리하는 공간) 등으로 이해하고 있다
　　(2013, 「백제 사찰 부속건물지의 유형과 성격」, 『백제사찰 연구』, 130쪽). 그러나
　　회랑 내부로 한정하여 금당지나 강당지 등의 좌우에서 취사 등을 검증할 수 있는
　　유구가 그 동안 전혀 검출되지 않았음을 볼 때 생활공간으로의 해석은 불가하다
　　할 수 있다. 따라서 佛界에 해당되는 회랑 내부에서의 승방지에 대한 추정은 현재
　　의 관점에서 취신하기 어렵다.
　　한편, 이들 건물지가 단순히 승려의 숙박이나 침식이 이루어지는 생활공간으로서

전적 의미를 살펴보고 이의 범주에 포함되는 건물들로 어떠한 것들이 존재하는지에 대해서도 알아보도록 하겠다.

승방(僧坊)은 僧房의 동의어로 불법승 삼보 중 승니가 주거하는 坊舍를 의미한다.[19] 또한 승려들이 침식하는 곳을 僧房이라 하고, 참선하는 방을 禪房이라 부르며, 일반적으로 승려들이 거처하는 요사를 통틀어 僧堂이라 부르기도 한다. 요사에는 승원의 살림을 맡아보는 원주실과 별좌실, 그리고 주지실, 선방 등의 방(실)뿐만 아니라 취사를 담당하는 부엌, 외부인에게 제공되는 객실, 화장실, 목욕실, 창고, 연지 등의 시설물 등도 포함되어 있다.[20] 이렇게 볼 때 승방은 좁은 의미로는 寢食 장소, 넓은 의미로는 선방과 부엌, 목욕실 등을 모두 포함하는 요사의 개념으로 사용되고 있음을 알 수 있다.

승방에 대한 이러한 용어정의는 『미술사대전』[21]이나 『건축용어사전』,[22] 『시공 불교사전』[23] 등에도 큰 차이 없이 기술되어 있다. 주로 숙

의 승방지 보다는 공식적인 접견이나 의례 준비 등과 같은 공적인 업무가 진행된 건물로서의 승방지로도 추정하고 있다(부여군·국립문화재연구소, 2009, 『부여정림사지 정비복원고증 기초조사❶고증연구편』, 169쪽). 아울러 의례공간에 수행공간을 포함시키는 경우도 살필 수 있다(정자영, 2010, 「6~7세기 백제 사찰 내 강당 좌우 건물지의 변천과정 고찰」, 『건축역사연구』 73, 148쪽). 그런데 수행을 위한 공간은 기본적으로 승방의 권역에 포함되어 있어 佛界인 회랑 내부에 조성될 수 없게 된다. 이러한 용어상의 혼란은 이병호의 논고에서도 찾아볼 수 있다. 그는 부속건물을 승방으로 보고 이를 위치에 따라 동당, 서당으로 부르고 있다. 이곳에서는 불교의식이나 각종 의례의 준비, 사무처리 등이 이루어진 것으로 보았다(2011, 「百濟 定林寺式伽藍配置의 展開와 日本의 初期寺院」, 『百濟硏究』 第54輯, 123쪽).

19) 한국불교대사전편찬위원회, 1982, 『한국불교대사전』, 884쪽.
20) 한국학중앙연구원, 1993, 『한국민족문화대백과사전』.
21) 한국사전연구사, 1998, 『미술대사전(용어편)』.
22) 현대건축관련용어편찬위원회, 2011, 『건축용어사전』, 성안당.
23) 곽철환, 2003, 『시공 불교사전』, 시공사.

식처와 선방을 중심으로 한 시설물임에는 이견이 없어 보인다.

승방은 승려들이 모여 사는 생활공간으로 부처님이 모셔져 있는 회랑 내부의 불계와 인간들이 거주하고 있는 속계와는 다른 별도의 장소에 위치한다. 따라서 회랑 내부의 당탑이나 중문, 강당, 그리고 성격 미상의 여러 건물지들은 직간접적으로 부처님의 세계와 밀접하게 관련되어 있음을 파악할 수 있다. 이는 달리 말하면 승려들과 관련성이 깊은 승방의 경우는 격의 차이에 따라 부처님의 세계에 함께 존립할 수 없음을 의미하는 것이라 할 수 있다.

승방은 위에서 살펴본 바와 같이 크게 생활공간과 수행공간으로 구분되어 있다. 생활공간에는 요즈음의 요사와 마찬가지로 숙식을 해결할 수 있는 방(室)과 식당, 부엌, 우물, 창고 등이 기본적으로 갖추어져야 하며, 수행공간으로는 승려들이 참선할 수 있는 선방이 반드시 필요하다.

방(室)의 경우 중책을 맡은 높은 지위의 승려와 그렇지 않은 승려들을 위한 공간 구분이 이루어져야 하며, 무엇보다도 겨울을 지낼 수 있는 온돌시설이 필수적이다. 사찰에서의 온돌시설[24]은 이미 부여 능산리사지 강당지 서실에서 확인된 바 있어 이를 중심으로 살펴보고자 한다.

강당지 서실에서 확인된 온돌은 기단토를 굴광하고 조성한 아궁이와 마찬가지로 기단토를 파고 측벽과 구들장을 올린 고래, 그리고 벽체 밖의 굴뚝 등으로 축조되어 있다. 고래의 상면은 기단토 바닥에서 걸터앉을 정도의 낮은 높이로 조성되어 있고, 무엇보다도 고래 바닥이 생활면

---

24) 이러한 온돌시설은 백제뿐만 아니라 고구려의 동대자유적, 오매리사지, 정릉사지 등에서도 확인된 바 있다. 대부분 쪽구들에 아궁이, 고래, 굴뚝 등으로 구성되어 있다.

아래에 시설되어 있다는 특징을 가지고 있다.[25] 고래는 벽체를 통과하여 굴뚝으로 연결되어 있다.

아울러 승방에는 승려들의 식생활을 만족시킬 수 있는 부엌이 필수적이다. 특히, 음식을 끓이기 위해서는 불의 사용이 반드시 필요한데 이는 화덕시설이나 고래, 굴뚝 등의 존재를 통해 확인할 수 있다. 사찰의 규모가 클수록 이곳에 상주하는 승려들 역시 적지 않으므로 부엌의 공간 또한 작지 않았을 것이다. 그리고 이러한 공간 구성은 부엌뿐만 아니라 식당의 크기도 정비례하였음이 분명하다.

승방 내부에는 참선을 위한 선방 역시도 갖추어져야 한다. 최근까지 삼국시기의 사지에서 확실한 선방이 확인된 바는 없지만 이의 존재는 분명 있었을 것으로 생각된다.

이들 외에도 승방에는 승려들의 부식을 저장할 수 있는 창고나 우물 등의 존재도 필수적이다. 특히, 우물은 승려들의 음료 역할뿐만 아니라 불전의 정수로도 사용되기 때문에 사역 내에 반드시 갖춰져야 할 부속시설로 판단된다.[26]

이처럼 승방에는 오늘날의 요사와 마찬가지로 기능이 다른 다수의 건축물들이 혼재되어 있었을 것으로 생각된다. 이는 건물의 기능만큼이나 넓은 공간을 필요로 하기 때문에 미륵사지를 비롯한 다른 사지의 동·서회랑 북단 건물지의 규모로 충분히 감당할 수 있었는지 의문스럽다. 그

---

25) 이러한 축조기법은 건물지의 벽체나 초석, 혹은 기단토의 일부가 멸실된다하더라도 고래 바닥은 남아 있음을 의미하는 것이다. 이는 아궁이와 가까이에 있는 고래 바닥의 재층을 통해서도 얼마든지 확인할 수 있다.

26) 그 동안 백제사지의 회랑 내부에서 우물지가 확인된 사례는 없다. 이는 결과적으로 많은 물을 필요로 하는 부엌이나 숙소가 회랑 내부에 존재하지 않음을 증명하는 것이라 할 수 있다. 아울러 승려들의 생활공간이라는 의미로 해석되는 승방이 회랑 외부에 있었음을 확인시키는 존재이기도 한다.

리고 백제 불교사원의 영향을 받아 일본에 창건된 비조시기의 사원에서도 이러한 승방지가 회랑 내부에서 전혀 검출되지 않았던 사실은 중요하게 생각해 볼 부분이다.[27]

2. 승방 건물의 건축고고학적 검토

여기에서는 승당이나 요사, 승역 등으로도 불리고 있는 승방의 구성 건물지군에 대해 살펴보고자 한다. 이를 위해 최근 발굴조사된 부여 능산리사지의 북편 건물지[28]에 대해 개략적으로 검토해 보도록 하겠다.

북편 건물지(도면 6)[29]는 당탑으로 이루어진 능사의 북쪽에 자리하고 있으며, 건물지와 능사 사이에는 북배수로가 위치하고 있다. 북편 건물지에서는 3동의 기와 건물지와 석축시설, 집수장, 우물 등이 조사되었다.

3동의 기와 건물지 중 건물지 1은 아궁이와 '一' 자형의 긴 고래, 그리고 벽체 등으로 구성되어 있다. 아궁이에서 굴뚝까지의 거리는 약 12.8m에 해당되며, 방의 규모는 66.36m²에 해당되고 있다. 이러한 방의 크기는 건물지 2[30]와 3과는 비교되지 않을 정도로 대형에 해당되고 있다.

---

27) 佐川正敏, 2010, 「王興寺と飛鳥寺の伽藍配置·木塔心礎施設·舍利奉安形式の系譜」, 『古代東アジアの佛教と王權』, 勉誠出版. 이는 별도의 장소에 승방이 위치하고 있었음을 의미한다. 이러한 佐川正敏의 견해는 능산리사지 북편 건물지에서 여실히 확인되고 있다.

28) 보고서에서는 승방으로 표현하고 있다(한국전통문화학교 고고학연구소·부여군, 2010, 『扶餘 陵山里寺址 제9차 발굴 조사 보고서』, 330쪽).

29) 한국전통문화학교 고고학연구소·부여군, 2010, 『扶餘 陵山里寺址 제9차 발굴 조사 보고서』, 43쪽 도면 6. 이에 대한 성격 추정은 조원창, 2013, 「扶餘 陵寺의 僧域 構造와 姓格」, 『고고학』 제12-3호 참조.

30) 중앙실을 기준으로 면적은 약 24m²에 해당된다.

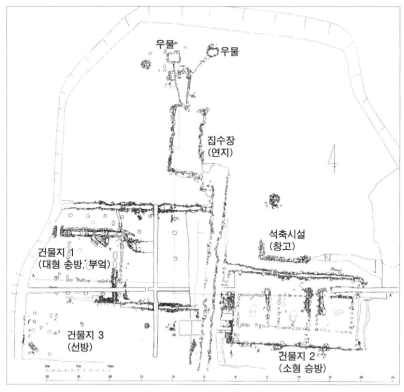

도면 6　능산리사지 북편 건물지의 유구배치 및 성격 추정

　　따라서 이러한 대형 건물지는 직급이 낮은 일반 승려들의 숙소로 추정
되었고, 한편으로는 북편 건물지 중 가장 규모가 크다는 점에서 식당으
로도 생각되었다. 아울러 입구 폭이 1.15m나 되는 대형 아궁이가 위치
하고 있는 건물지 1의 동실은 부엌으로 판단되었다.

　　이에 반해 건물지 2(소형 승방)는 ‘ㅣ’자형의 고래가 있는 소형의 방 3
개로 구성되어 있다. 방과 방 사이에는 능산리사지 강당지에서와 같이
일정한 공간이 마련되어 있다. 한 방의 크기는 대략 24m²이고, 각기 독
립적으로 생활할 수 있다는 점에서 직급이 높은 승려가 거주하였던 방
으로 생각되었다. 이러한 직급상의 차이는 당시 백제보다도 늦게 불교가

공인된 신라사회의 승직제도[31] 및 북편 건물지에서 출토된 금동교구[32]의 존재를 통해서도 어렵지 않게 판단해 볼 수 있다.

건물지 3은 동나성과 인접해 있으며, 기단이나 벽체가 없이 초석만 남아 있다. 측면 한 칸으로 남북으로 세장하게 뻗어 있으며 정면은 동향이다.[33] 초석은 약 2.5m 간격을 보이며 15m 가량 확인되었다. 내부에서 건물지 1·2와 달리 난방시설이 확인되지 않은 점, 그리고 별도의 줄기초가 조성되지 않은 점에서 기능상의 차이를 엿볼 수 있다. 승방의 기본 구조가 생활공간과 수행공간으로 구분된다는 점에서 건물지 3은 수행공간인 선방으로 추정되었다.

석축시설은 건물지 2의 북쪽 배수로 상면에서 확인되었다. 석축은 담장지와 같은 협축으로 조성되었고, 너비는 약 60cm로 계측되었다. 축대나 창고 등으로 추정되었으나[34] 벽체를 돌로 축조하였다는 점에서 창고시설로 파악하였다. 이러한 축조기법을 보이는 건물지로는 부소산성 내

---

31) 신라는 진흥왕대 이후 고구려에서 귀화해온 惠亮法師를 國統(寺主)으로 삼고, 阿尼를 都唯那娘, 寶良法師를 大都唯那, 그리고 그 아래로 9인의 州統과 18인의 郡統을 두어 하부 행정단의의 주나 군의 승려들까지도 관리·감독하였다(『三國史記』권 제40 잡지 제9 직관 하 무관조). 신라의 이러한 승직제도로 보아 불교가 일찍 공인된 백제 역시도 해당 제도가 완비되었음을 판단해 볼 수 있다. 이는 백제의 觀勒이 일본에서 최초의 僧正이 되었다는 사실로도 엿볼 수 있다. 이는 백제에서 그 제도가 행해졌음을 짐작케 하는 것뿐만 아니라 이러한 僧正(主)制가 일찍이 중국 남조에서 백제로 전파되었음을 의미하는 것이라 할 수 있다(金煐泰, 1985, 「百濟의 僧職制度」, 『百濟佛敎思想研究』, 東國大學校 出版部, 53쪽).

32) 그 동안 다른 백제사지에서 이러한 금동교구가 출토된 예는 없다. 이로 보아 능사의 지위가 상대적으로 높았음을 유추해 볼 수 있다. 이 교구는 일본 군마현 소재 관음산 고분 출토품과의 상대 비교를 통해 6세기 3/4~4/4분기의 것으로 추정되었다(조원창, 2013, 「扶餘 陵寺의 僧域 構造와 姓格」, 『고고학』제12-3호, 167쪽).

33) 건물지 내에서 고래가 검출되었으나 건물과의 방향, 층위상의 문제 등으로 인해 후축된 것으로 파악되었다.

34) 한국전통문화학교 고고학연구소·부여군, 2010, 『扶餘 陵山里寺址 제9차 발굴조사 보고서』, 211쪽.

군창지(사진 1)[35]를 들 수 있다.

이 외에도 능산리사지 북편 건물지에서는 연지로 판단되는 집수장과 이와 연계되어 있는 우물지를 찾아볼 수 있다. 우물은 승려들

사진 1 부여 부소산성 내 군창지 북고 석벽건물

의 음료를 위해 반드시 필요한 시설물이고, 여기서 발생한 물은 자연스럽게 집수장에 모아져 연지로 활용하였음을 알 수 있다.

이렇게 볼 때 승방이라고 불리는 건물군은 대소의 승방(침소)과 선방, 식당, 부엌, 창고, 우물, 연지 등으로 크게 구분됨을 알 수 있다. 이 외에도 화장실, 목욕실 등이 존재하였을 것으로 추정되나 발굴조사 과정에서 확실한 유구가 검출되지 않아 더 이상의 추론은 쉽지 않다.

결과적으로 백제사지에서의 승방은 부여 능산리사지 북편 건물지의 사례로 보아 여러 승방과 선방, 식당, 부엌 등 여러 생활공간과 수행공간으로 이루어졌음을 살필 수 있다. 이러한 건물의 조합은 오늘날 사찰의 승방을 살펴보아도 큰 차이가 없음을 알 수 있다.

따라서 우리가 쉽게 사용하고 있는 승방, 승당, 요사, 승방이라는 용어가 필자의 입맛에 따라 그 때 그 때 필요에 따라 쓰일지라도 이의 의미만큼은 혼동되지 말아야 할 것이라 생각된다.

---

35) 국립부여문화재연구소, 2003, 「附錄 : 軍倉址 發掘調査 報告書('81~'82)」, 『扶蘇山城 發掘調査報告書V』, 467쪽 도판 2.

IV. 일명 승방지 유구의 성격

능산리사지의 북편 건물지(승방)와 비교해 볼 때 미륵사지 동·서원의 승방지는 유구 구조면에서 큰 차이를 보이고 있다. 따라서 여기에서는 승방으로서 구비되어야 할 숙소 및 부엌, 그리고 우물 등의 존재를 통해 미륵사지 동·서원 승방지의 성격을 재검토해 보고자 한다. 이를 위해 이미 승방[36]으로 확인된 바 있는 능산리사지 북편 건물지와도 비교 검토해 보도록 하겠다.

1. 일명 승방지 유구의 건축고고학적 검토

위의 내용을 전제로 한다면 미륵사지에서의 승방은 그 어디에서도 찾아보기 어렵다. 특히 숙소의 경우는 잠을 자거나 휴식을 취할 수 있는 곳이기에 승려들에게는 부엌과 더불어 필수 불가결한 건축물에 해당되고 있다.

여기에서는 기존에 발굴되었던 백제의 온돌시설을 중심으로 동·서원 승방지에서의 숙박시설 존재유무를 건축고고학적 측면에서 살펴보도록 하겠다.

그 동안 백제사지에서 온돌시설이 확인된 사례로는 부여 능산리사지를 들 수 있다. 온돌은 사지의 강당지(도면 7)[37]와 이의 북쪽에서 검출된 승방지에서 확인되었다. 강당지 출토 온돌시설은 쪽구들로 동벽과 북

---

36) 한국전통문화학교 고고학연구소·부여군, 2010, 『扶餘 陵山里寺址 제9차 발굴조사 보고서』.
37) 國立扶餘博物館·扶餘郡, 2000, 『陵寺』, 15쪽 도면 10 중.

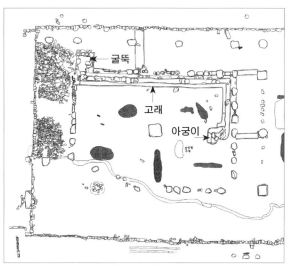

도면 7　능산리사지 강당지 서실 온돌시설

벽을 따라 고래가 'ㄱ'자 모양으로 꺾여 있다. 아울러 굴뚝은 북벽과 접해 석축으로 조성되었다. 아궁이는 고래바닥과 더불어 기단토면을 굴광하고 지하에 조성되었다. 이러한 조사 내용은 결과적으로 고래 바닥과 아궁이의 바닥면이 초석보다도 훨씬 아래에 시설되었음을 의미한다.

사지의 북편에서 검출된 승방지의 온돌시설은 능산리사지 강당지에 비해 규모가 작을 뿐만 아니라 고래의 구조도 'Ⅱ'자형이어서 차이를 보이고 있다. 그러나 아궁이 바닥이 기단토 보다도 아래인 지하에 시설되어 있고, 굴뚝이 북벽에 접해 석축으로 조성된 점은 동일하다고 볼 수 있다. 이는 한편으로 아궁이의 바닥이 초석보다 아래에 축조되었음을 의미하는 것이라 할 수 있다.[38]

---

38) 이러한 구조는 조선시대뿐만 아니라 오늘날의 아궁이 시설에서도 똑같이 확인되고 있다. 불기운이 아래에서 위로 뻗어나가기 위한 구조에서 비롯된 것이다.

이러한 내용을 전
제로 미륵사지의 일명
승방지와 비교해 보면
건축고고학적으로 쉽
게 이해할 수 없는 부
분이 있음을 발견할
수 있다. 먼저 아궁이
의 존재와 관련된 부
분이다.

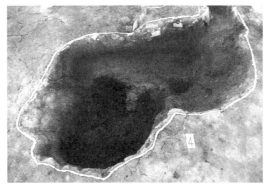

사진 2 능산리사지 강당지 아궁이

　주지하듯 능산리사지 강당지의 아궁이는 생활면보다도 아래인 지하
에 시설되어 있다(사진 2).[39] 이는 건축물을 구성하는 초석이나 기단석
이 후대의 교란으로 인해 일부 멸실된다 하더라도 발굴조사 과정에서 확
인되어야 함이 마땅하다. 그런데 미륵사지 동·서원 승방지를 보면 초석
이나 기단석이 대부분 양호하게 남아 있음에도 불구하고 이러한 아궁이
의 존재를 평면상에서 전혀 살필 수가 없다(사진 3).[40] 이는 달리 유구
의 잔존상태가 양호함을 의미하는 것이기에 아궁이의 멸실이나 훼손 등
을 기대하기 어렵다. 만약, 이 같은 행위가 이루어졌다면 이의 교란층이
기단토 상면에서 확인되는 것이 마땅하나 조사과정에서 이러한 형적 또
한 전혀 찾아지지 않았다.

　이러한 의문은 고래와 굴뚝의 부존재에서도 똑같이 생겨나고 있다. 동
서원의 승방지는 기단석 내부에 고맥이가 축석되어 있음을 볼 수 있다.
이는 벽체의 하부구조로 초석과 더불어 기단토 바로 상면에 시설되는 유

---

39) 國立扶餘博物館·扶餘郡, 2000, 『陵寺』, 252쪽 도판 42-②.
40) 文化財管理局 文化財研究所, 1987, 『彌勒寺』, 61쪽 도판 32-1.

사진 3　미륵사지 동원 승방지의 기단석과 초석, 고맥이

구들이다. 그런데 이 고맥이에서 굴뚝과 관련된 석축시설[41]이나 고래를 시설하기 위한 절개면, 혹은 고래에서 생기는 재층[42] 등이 전혀 검출되지 않고 있다.

따라서 이러한 동·서원 승방지에 대한 유구 내용은 처음부터 아궁이나 고래, 굴뚝과 같은 시설물이 축조되지 않았음을 보여주는 것이라 할 수 있다. 보고서의 내용대로 이들 유구를 승방으로 명명하기 위해선 아궁이와 고래, 굴뚝과 같은 시설물들을 현재 건물지에 남아 있는 초석 및 고맥이, 기단토 등과 함께 연계하여 층위적으로 설명할 수 있어야 한다.

41) 백제사지 중 아궁이와 관련된 굴뚝시설이 확인된 사례는 부여 능산리사지가 유일하다. 이곳에서의 경우 고맥이와 접해 굴뚝의 하부시설이 석축으로 조성되었음이 살펴졌다. 이는 북편 건물지에서도 마찬가지로 나타났다.

42) 고래 바닥은 생활면 혹은 기단토면 보다도 레벨상 아래에 위치하기 때문에 구들장이나 고래가 유실된다 하더라도 초석이나 고맥이 등이 잔존하고 있다면 평면 제토상에서 확인되어야 함이 당연하다.

하지만 현재의 유구 상태로 본다면 위와 같은 건축고고학적인 검토는 거의 불가하다고 생각된다.

두 번째로 동·서원 승방지에 대한 의문은 승방이라면 마땅히 갖춰야 할 부엌과 식당과 같은 필수 건축물의 부재이다.

미륵사는 동·중·서원으로 구성된 삼원식 가람으로 삼국의 그 어떤 사원보다도 규모면에서 작지 않았음을 볼 수 있다. 따라서 이곳에 상주하는 승려들 역시도 적지 않았을 것으로 생각된다.

그런데 현재 동·서원 승방지의 구조를 보면 이들이 사용하였을 것으로 추정되는 식당이나 부엌의 존재를 전혀 확인할 수 없다. 예컨대 능산리사지에서 식당 및 부엌으로 추정되는 북편 건물지 1(도면 8)[43]의 경우 북벽과 접해 거대한 고래가 시설되어 있음을 볼 수 있다. 그리고 고래의 동단으로도 국을 끓이거나 밥을 지을 수 있는 넓은 공간이 마련되어 있다. 이러한 유구 내용을 전제로 한다면 미륵사지에는 수적으로 더 많고, 평면상으로 더

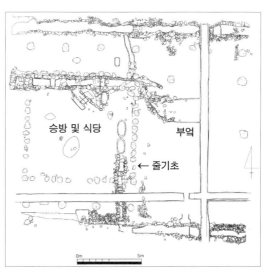

도면 8 능산리사지 북편 건물지 1

43) 한국전통문화학교 고고학연구소·부여군, 2010, 『扶餘 陵山里寺址 제9차 발굴조사 보고서』, 59쪽 도면 12.

넓은 고래와 공간이 존재하여야 함이 마땅할 것이다.

그런데 미륵사지의 동·서원 승방지에서는 부엌이나 식당으로 볼만한 유구의 존재를 전혀 확인할 수 없다. 물론 후대의 유구 중복으로 인해 어느 정도의 유구 멸실도 기대할 수 있다. 그러나 앞에서 살펴본 바와 같이 아궁이나 고래 바닥의 경우 초석이나 생활면보다도 층위상 아래에 위치하고 있기 때문에 유구의 멸실이나 교란은 쉽게 받아들이기 어렵다. 따라서 기존의 동·서원 승방지는 다른 성격의 건물로 검토해 보는 것이 바람직할 것으로 사료된다.

세 번째로는 승려들이 음용할 수 있는 우물을 승방지 주변에서 전혀 찾아볼 수 없다는 점이다. 물은 식량과 더불어 승려들이 생존하기 위한 최고의 필수품이다. 그런데 동·서원 승방지 및 그 주변에서는 우물지 및 이의 유수를 위한 배수구의 존재가 전혀 찾아지지 않았다.

우물은 가람배치가 내포하고 있는 상징성과 관련 없이 미륵사에 거주하였던 승려들의 음료와 공양을 위해 반드시 존재하여야 할 유구라 판단된다. 참고로 승방지로 추정된 부여 능산리사지 북편 건물지의 경우 두 개의 우물이 상단부에서 확인된 바 있다.

미륵사는 규모면에서 볼 때 부여 능사에 비해 훨씬 장대하였음을 알 수 있다. 이는 상대적으로 이곳에 상주하였던 승려들 또한 적지 않았음을 의미한다. 그런데도 미륵사 동·서원 승방지에서는 이들이 먹고, 씻을 수 있는 우물이 그 어느 곳에서도 발견되지 않았다. 이는 결과적으로 그동안 승방지라 불리던 두 유구가 승방과 무관한 건물터였음을 의미하는 것이라 할 수 있다. 이러한 가능성은 승직제도와 관련된 방의 크기면에서도 확인할 수 있다.

미륵사지 동·서원 승방지를 보면 거의 같은 크기의 방이 한 곳에 8개씩 배치되어 있다. 그런데 미륵사와 같은 대형 사찰의 경우 소임을 맡은 승들과 그렇지 않은 승들이 분명 섞여있었을 것이고, 소임을 맡은 승들

의 경우도 직제에 따라 상하 구분이 어느 정도 분화되었을 것으로 생각
된다. 이는 아마도 요즈음의 큰 사찰과 비교해 봐도 큰 차이가 없었을 것
이다.

이와 같은 사찰에서의 직제구분은 한편으로 방의 크기면에서도 다양
함을 전제로 한다. 즉, 소임을 맡은 지체 높은 승려인 경우는 마땅히 별
도의 건물에서 독립적으로 생활하였을 것이고(도면 9),[44] 소임을 맡지
않은 일반 승들의 경우는 큰 방에서 단체로 생활하였을 것이다.[45] 이는
당시 백제의 승직제도를 추정해 볼 때 충분히 공감될 수 있는 부분이라

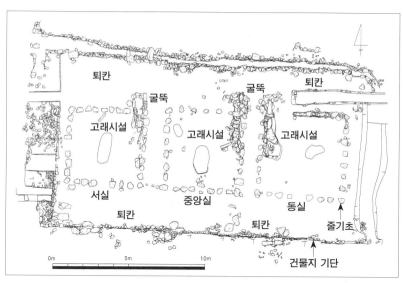

도면 9 능산리사지 북편 건물지 2 평면도

---

44) 한국전통문화학교 고고학연구소·부여군, 2010, 『扶餘 陵山里寺址 제9차 발굴조
  사 보고서』, 130쪽 도면 58.
45) 능산리사지 북편 건물지 1을 의미한다.

생각되고, 능산리사지 북편 건물지 1·2에서도 이미 확인된 바 있다.[46]

이에 반해 미륵사지 동·서원 승방지의 경우는 거의 같은 크기로 방이 양쪽으로 모아져 있다. 방의 크기만을 놓고 볼 때 누구나 같은 크기의 공간에서 생활하였음을 알 수 있다. 하지만 능산리사지에서 금동제의 교구가 발견되고, 온돌방의 크기도 소형과 대형으로 양분됨을 볼 때 직제에 따른 방의 크기차는 분명 존재하였을 것으로 생각된다. 따라서 이러한 동일 크기의 방은 백제 승직제도의 시행과도 괴리감이 있어 취신하기가 쉽지 않다.

이상의 몇 가지 내용을 사례로 미륵사지 동·서원 승방지의 유구를 살피면 이것이 숙소나 식당 등의 승방과는 전혀 관련이 없음을 확인할 수 있다. 특히 승방이 동·서원가람과 같은 공간으로 묶여 있고, 금당에서 탑까지의 거리보다 금당에서 승방까지의 거리가 상대적으로 더 가깝다는 점에서 불계와 승방의 구분이 모호해진다. 즉, 금당을 기준으로 승려들의 생활공간이 불탑보다 더 근거리에 위치하고 있음을 어떻게 이해할 수 있을까? 이는 종교적 측면에서 판단하기 어려울 뿐만 아니라 그 동안의 백제사지 및 신라사지에서도 검출된 바 없다는 점에서 쉽게 취신할 수 없다. 그렇다면 이들 유구의 성격은 과연 무엇이었을까?

2. 승방지 유구의 성격 검토

그 동안 부여 및 익산지역에서 발굴조사된 백제 사비기의 사지를 보면 우선적으로 몇 가지 공통점이 눈에 띈다. 먼저 가람배치에서는 남북을

---

46) 조원창, 2013, 「扶餘 陵寺의 僧域 構造와 姓格」, 『고고학』 제12-3호.

장축으로 중문–목탑(석탑)–금당–강당 등이 차례로 배치된 단원식 가람구조를 보여주고 있다. 물론 금강사지와 같이 동서 장축을 한 백제사지도 살필 수 있으나 이는 희귀 사례에 해당되고 있다.

아울러 동·서 회랑의 북단에서는 세장방형의 건물지가 남북을 장축으로 한 동씩 입지하고 있음을 살필 수 있다. 이 외에 군수리사지 및 능산리사지, 왕흥사지 등과 같이 강당 좌우에서 소형의 건물지도 찾아볼 수 있다. 하지만 정림사지, 제석사지 등에서는 이 같은 유구들이 검출되지 않아 공통적인 속성으로는 받아들이기 어렵다.

위의 특징들을 검토해 보면 백제 사비기의 사지는 기본적으로 남북을 장축으로 중문–목탑(석탑)–금당–강당이 배치되고, 동·서회랑 북단에서는 세장방형의 건물지가 조성되었음을 확인할 수 있다.

미륵사지는 다른 백제사지와 달리 다원식 가람으로 이루어져 있다. 중원을 중심으로 동·서원이 좌우에 배치되어 있고, 각각의 별원은 회랑으로 구분되어 있다. 중원 가람의 후면으로는 강당이 길게 조성되어 있고, 강당의 후면으로도 승방이라 불리는 한 동의 건물이 대형으로 축조되어 있다.

가람을 구성하는 중문이나 탑, 금당, 강당 등이 모두 남쪽을 향하고 있고 이를 회랑으로 둘러싼 점, 그리고 외곽의 동·서회랑 북단에서 별도의 건물이 축조되어 있는 점은 그 동안의 백제사지와 비교해 보아도 유사한 속성임을 알 수 있다. 다만, 당탑을 둘러쌓고 있는 내부에 별도의 동·서회랑이 부설된 것은 어느 백제사지와는 뚜렷한 차이로 받아들여진다.

미륵사는 대시주가 무왕이었고, 이의 규모가 현존하는 백제 최대였음을 볼 때 이의 운영 또한 쉽지 않았을 것이다. 즉, 미륵사에서는 일반적인 예불을 비롯해 왕실에 대한 제사 및 특별 법회 등이 개최되었을 것으로 생각된다. 이러한 대규모의 행사가 얼마나 자주 진행되었는지는 확인할 수 없으나 1년에 최소 몇 회씩은 필요에 따라 이루어졌을 것이다. 아울러 미륵사는 대찰에 맞게 많은 승들이 상주하였음이 분명하며, 이들의 의식주 및 불전 공양을 위해 많은 물품이 소비되었음도 예상할 수 있다.

이처럼 미륵사에서는 불교행사(예불, 강론) 외에 많은 행위가 이루어졌음을 짐작할 수 있다. 이에 따라 승려들의 역할 분담도 어느 정도 이루어졌으리라 생각된다. 오늘날도 사찰에 가보면 행정사무를 맡아보는 승려들이 있는 반면, 참선을 주로 하는 승려들도 살펴볼 수 있다. 여기에서 주목되는 부분이 바로 사찰에서의 행정사무이다.

미륵사와 같은 큰 사찰은 분명 국가로부터의 경제적 도움이 절대적이었을 것이다. 건물 보수나 기와 보수와 같은 건축공사뿐만 아니라 생필품의 공급이나 기부와 같은 재정적 도움도 적지 않았을 것이다. 이럴 경우 미륵사의 경제적 운영을 위해서는 누군가가 반드시 백제 중앙 정부 및 국왕 혹은 귀족들과의 연결고리 역할을 담당하여야 한다. 그리고 사찰 내에는 승려들이 위와 같은 업무를 원활히 맡아볼 수 있는 공간(종무소)이 우선적으로 마련되어 있어야 한다.

아울러 미륵사에는 국왕을 비롯한 왕비, 귀족들이 다양한 목적을 가지고 항시 방문하였을 것이다. 그렇다면 이들이 사찰에서 쉴 수 있는 공간 또한 구비되어야 함이 마땅하다. 이러한 공간은 사찰에서의 주요 행사가 이루어지는 당탑과 멀지 않은 곳에 조성되는 것이 바람직하다.

위의 내용을 전제로 한다면 동·서원 승방지라 불리는 多室의 건물지는 미륵사 운영을 위한 종무소[47]나 국왕, 왕비, 혹은 귀족들이 쉬기 위

---

47) 미륵사지에서는 10개체분의 벼루가 수습되었는데 이 중 출토지가 분명한 것은 두 점이다. 한 점은 서원 승방지, 다른 한 점은 동원 승방지 동측 배수로에서 검출되었다(文化財管理局 文化財研究所, 1989,『彌勒寺 Ⅰ』, 384쪽). 많진 않지만 이러

한 휴게공간의 일부였을 가능성이 적지 않다. 이는 부여 능산리사지의 강당지 서실에서 온돌시설이 확인된 것으로도 유추해 볼 수 있다.

부여 능사는 주지하듯 위덕왕이 그의 父인 성왕을 기원하기 위해 창건한 사찰이었고, 위덕왕을 비롯한 많은 왕족과 귀족들은 성왕의 제사를 위해 능사를 방문하였을 것이다. 이러한 제사는 아마도 사찰의 주요 건물인 금당이나 탑에서 실시되었을 가능성이 높고, 이것이 준비될 동안 위덕왕은 온돌시설이 구비된 강당지 서실에서 대기하였을 것이다. 미륵사지 동·서원 승방지 일부는 바로 이러한 휴게 공간의 목적으로 사용되었을 가능성이 높다.

그리고 동원 승방지에서는 높이 75cm 가량의 대호가 기단토에 박힌 상태로 확인되었다. 여기에서는 쌀과 보리 등의 곡물이 수습되었다. 미륵사지의 가람배치에서 살펴볼 수 있듯이 동원가람의 당탑과 동원 승방지는 지근거리에 위치하고 있다. 그렇다면 이곳에서 검출된 쌀과 보리는 분명 미륵사에 거주하였던 승려들을 위한 식량이 아니었음이 자명하다. 왜냐하면 이를 그들과 직접적으로 관련시킨다면 당탑 옆에 승려들의 부엌이나 식당이 존재하였음을 의미하기 때문이다.

그러나 미륵사를 포함한 당시 백제의 가람배치를 살펴보면 당탑 근처

한 유물의 출토는 결과적으로 동·서원 승방지에서 행정사무가 이루어졌음을 의미하는 것으로 이해할 수 있다.

이처럼 승방지로 추정된 곳에서 벼루가 수습된 사례는 능산리사지에서도 찾아볼 수 있다. 즉, 서회랑 북단 건물지(공방지Ⅰ)에서 두 점의 벼루가 검출되었다(國立扶餘博物館·扶餘郡, 2000, 『陵寺 -本文-』, 75쪽). 이곳을 제외한 다른 건물지에서는 벼루가 수습된 바 없다. 이러한 벼루의 출토는 서회랑 북단 건물지가 행정사무를 맡아보던 주요 장소였음을 의미하는 것이라 할 수 있으며 상대적으로 동회랑 북단 건물지도 비슷한 기능을 담당하였을 것으로 생각된다. 그리고 이러한 기능은 자연스럽게 7세기 전반의 미륵사지에도 영향을 미쳤던 것으로 파악된다.

에 식당이나 부엌이 위치한 사례는 그 어디에서도 찾아볼 수 없다.[48] 이는 장엄적 측면에서 당탑을 중심으로 한 불계에 승려들을 위한 식당이나 부엌이 공존할 수 없음을 의미하는 것이다. 예컨대 부여 능산리사지의 경우도 부엌 및 식당으로 추정된 건물지가 북배수로 넘어 북편 건물지에서 확인된 사실로도 판단해 볼 수 있다.

따라서 동원 승방지 대호에서 검출된 곡물은 승려들을 위한 식자재라기보다는 불전에 올리기 위한 공양물로 이해하는 것이 바람직하다.[49] 이러한 곡물은 불상의 복장물[50]로 사용될 뿐만 아니라 오늘날의 불전에서도 얼마든지 살필 수 있어 백제 사비기 불전에도 충분히 공양되었을 것으로 생각된다.

동원 승방지에서는 곡물 외에 다수의 토제 등잔도 수습되었다.[51] 토제 등잔은 미륵사지의 여러 건물지 중 동원 승방지에서 대부분이 검출되었고, 일부 동원 금당지에서도 파편이 출토되었다. 이는 동원 금당지에서 사용될 토제 등잔을 동원 승방지에 보관하였음을 의미하는 것이라 생각된다. 이러한 공수관계는 동원 승방지에서 검출된 등잔 중에 전혀

---

48) 이는 그 동안 백제의 고토에서 발굴된 군수리사지, 능산리사지, 왕흥사지, 금강사지, 정림사지, 부소산사지, 제석사지 등의 백제사지를 통해서도 확연히 살필 수 있다.

49) 만에 하나라도 이 대호가 승려들을 위한 식량 저장소였다면 미륵사의 규모 및 이에 따른 승려수를 고려해 볼 필요성이 있다. 미륵사가 대찰이었음을 짐작해 볼 때 훨씬 더 많은 대호가 기단토나 별도의 창고에서 확인되어야 함이 자연스럽다.

50) 1973년 문화재관리국에서 서산 상왕산 문수사의 금동아미타불을 조사할 시 복장에서 발원문과 短袖衣·쌀·보리 등의 유물이 출토되었다. 이는 쌀·보리가 5곡 중에서도 가장 우수한 공양물임을 판단케 한다.

51) 등잔은 직경 10cm 내외의 작은 소형완으로 복원 가능한 미륵사지 출토 등잔 중 2/3 가량이 동원 승방지에서 수습되었다(文化財管理局 文化財研究所, 1989, 『彌勒寺 I』, 367쪽).

사용되지 않은 것들이 일부 포함된 것으로도 확인할 수 있다.

이처럼 회랑 북단 건물지에서 많은 수의 토제 등잔이 발견된 사례는 이미 부여 능산리사지에서도 살펴진 바 있다. 즉, 백제 금동대향로가 검출된 서회랑 북단 건물지(공방지 I) 및 공방지 II[52]에서 능산리사지에서 수습된 거의 대부분의 토제 등잔이 검출되었다.[53]

요즈음도 사찰에 가면 영가들을 위해 초나 향을 태우는 불교의식을 어렵지 않게 살필 수 있다. 아마도 토제 등잔은 이러한 영가들을 위해 사용되었거나 아니면 등잔 본래의 기능처럼 불전 내부를 밝히기 위한 용도로 사용되었을 것이다. 그런데 우연하게도 토제 등잔이 집중적으로 확인된 곳이 당탑지가 아닌 승방으로 불리는 건물지라는 점에서 능산리사지와 미륵사지의 공통성을 찾아볼 수 있다. 그리고 이러한 공통적 특징은 승방지라 불리는 곳이 토제 등잔을 보관·관리하였던 장소로 활용되었음을 의미하는 것으로도 이해할 수 있다.

한편, 미륵사지와는 직접적인 관련성이 없지만 왕흥사지 서회랑지 북단 건물지에서 아귀구(아귀발우, 사진 4)[54]가 확인된 바 있어 이를 살펴보고자 한다. 아귀구는 다기 물이나 발우를 씻은 물 등을 버리는 곳으

---

52) 강당지 서편에 위치하고 있다.

53) 서회랑 북단 건물지(공방지 I)에서 4점, 공방지 II에서 7점이 수습되었다(國立扶餘博物館·扶餘郡, 2000, 『陵寺 -本文-』). 이외 다른 건물지에서는 토제 등잔이 거의 수습되지 않았다.

54) 국립부여문화재연구소, 2012, 「부여 왕흥사지 제13차 발굴조사자문위원회자료집」; 한나래, 2013, 「백제 사찰 부속건물지의 유형과 성격」, 『백제사찰연구』, 130쪽 사진 18. 사진을 보면 아귀구는 암키와를 수직으로 세워 사다리꼴에 가깝게 외형을 짜고 그 내부에 기와를 박아 놓아 완성하였다. 일반적으로 미륵사지 고려 건물지에서 검출된 아귀구(국립부여문화재연구소, 1996, 『彌勒寺 II』, 사진 32-②)에 비해 정교함이 떨어짐을 확인할 수 있다. 그 동안의 백제사지 중 유일하게 아귀구가 발견된 사례에 해당되고 있다.

사진 4 　왕흥사지 서회랑 북단 건물지 내부 아귀구

로 고려시기의 강진 월남 사지와 미륵사지에서 검출된 바 있다. 만약, 전자의 사례에 의미를 둔다면 해당 건물지의 경우 휴게 공간[55]으로 생각할 수 있고, 후자에 의미를 둔다면 불전에 올릴 공양구를 씻는 장소로 판단할 수 있다. 아울러 후자의 경우를 좀 더 확대시켜 본다면 불전에 올리는 공양구를 씻고 보관하였던 장소로도 이해할 수 있다.

　미륵사지 동·서원 승방지에서 위와 같은 아귀구가 검출된 바는 없지만 왕흥사의 창건이 577년이고 30여 년 후 미륵사가 창건되었음을 볼 때 이러한 기능이 전승되었을 가능성도 완전 배제할 수는 없다.

　이상의 유물·유적 현황으로 볼 때 미륵사지 동·서원 승방지는 승려들의 생활공간으로 볼만한 숙소나 식당, 부엌, 화장실, 우물 등이 전혀 검출되지 않았음을 살필 수 있다. 따라서 이의 용어는 적합하지 않다고 생각된다. 이는 미륵사지에만 국한되는 것이 아니라 기존에 당탑과 지근 거리에 있으면서 회랑에 시설되어 있는 여타 백제사지의 회랑 북단 건물지[56]의 경우도 마찬가지라 할 수 있다.

　그 동안 동·서원 승방지라 불린 미륵사지 건물지는 출토유물과 유구, 당탑과의 거리, 나아가 그 위치가 불계에 포함된다는 점에서 승려들의

---

55) 간단한 차를 마시고 다기를 씻었던 장소로 추정된다.
56) 달리 동·서 건물지, 동편·서편 건물지, 동·서당, 공방지, 불명건물지 등으로도 불리고 있다.

생활공간이나 수행공간으로는 결코 생각되지 않는다.

따라서 이곳은 국왕이나 왕비, 혹은 왕족, 귀족들을 위한 휴게 공간이나 불전에 올릴 공양물과 공양구를 보관하였던 창고, 혹은 사찰의 공적인 업무를 담당하였던 종무소로 판단해 봄이 타당할 것으로 사료된다.

Ⅴ. 맺음말

미륵사지의 동·서원 승방지는 그 배치로 보아 동원 가람 및 서원 가람과 근 거리에 위치하고 있음을 살필 수 있다. 이는 회랑이나 담장 등에 의해 분리되지 않고 하나의 공간에 수평적으로 배치되어 있음을 판단케 한다. 불전과 하나의 공간에 위치하고 있음을 볼 때 이는 불계에 포함시키는 것이 당연하다.

승방은 앞에서 살펴본 바와 같이 승려들의 숙소 및 선방, 부엌, 목욕실, 화장실, 우물 등을 갖추고 있다. 이는 불계와 엄격한 공간 분할이 이루어졌고, 이러한 가람배치는 최근 부여 능산리사지에서도 확인된 바 있다.

미륵사지 동·서원 승방지는 출토유물과 동·서원 당탑과의 공간 배치로 볼 때 불전에 공헌되는 곡물 및 정수, 등잔 등을 보관하기 위한 창고나 사원의 행정업무를 맡아보던 종무소, 혹은 사찰의례에 참석한 국왕이나 왕비, 왕실 및 귀족들의 휴게를 위한 장소로 활용되었음을 추정해 볼 수 있다.

그리고 이러한 성격 추정은 적어도 향후 미륵사지에서의 승방 확인이 새로운 과제임을 공표하는 것이나 다름없다. 이는 적어도 사역내에서 숙식을 행하였던 온돌시설 및 부엌, 창고, 우물, 선방 등이 일차적으로 찾아져야 함을 의미한다.

미륵사는 현재의 시각으로도 백제 무왕대의 대찰이었음을 알 수 있다. 이는 이곳에 많은 승려들이 거주하였음을 판단케 한다. 그렇다면 당연히 이들이 거처하였던 숙소가 확인됨이 마땅하다. 그러나 현재 승방으로 불리고 있는 동·서원 승방지 및 북승방지를 보면 과연 이들을 모두 다 수용할 수 있었는지 의문스럽다.

아울러 이들이 공양할 수 있는 식당이나 식사 준비를 위한 부엌 등의 존재도 승방이라 한다면 고고학적으로 확인되어야 함이 마땅하다. 또한 추운 월동기를 넘길 수 있는 고래와 같은 난방시설 등도 구비되어야 하나 미륵사지 동·서원 승방지에서는 이러한 고고학적 형적을 그 어디에서도 찾아보기 어렵다. 따라서 승려들의 거주처로 일컬어지는 승방이란 표현은 적합지 않은 것으로 생각된다.

이는 지금까지 백제사지의 발굴조사를 통해 동·서 회랑 북단에서 확인된 건물지에 대한 승방지의 표현도 포함되는 것이라 할 수 있다. 연구자 마다의 자의적인 용어 사용보다는 좀 더 신중하게 단어를 선택·사용하는 것이 필요하지 않을까 생각해 본다.

최근의 능산리사지 발굴조사를 통해 승방으로 판단되는 북편 건물지가 확인되었다. 그러나 이 사지를 제외한 그 어떤 백제사지에서도 위와 같은 건물지군이 조사된 바가 없다. 이는 하나의 가람을 불계의 관점에서 만 판단한 결과가 아닌가 생각된다. 늦은 감이 없진 않지만 이제부터라도 승려들을 위한 생활공간이나 수행공간을 탐색하는데 새로운 노력을 기울여야 할 것으로 사료된다. 그러기 위해선 지금보다 훨씬 더 넓은 지역을 사역에 포함시켜 정밀 발굴조사를 진행하여야 할 것이다. 그렇지 않으면 부여 능사에서와 같은 백제의 승방이 더 이상 확인되기 어려운 지경에 빠질 지도 모를 것이기 때문이다.

I. 머리말

일본의 근기지역에 흩어져 있는 비조·백봉시대의 사지에서는 백제의 가람배치와 토목·건축기술을 어렵지 않게 살필 수 있다. 이는 6세기 말[1] 이후 백제 멸망기[2]에 이르기까지 백제의 왕족과 관인, 장인(박사 포함), 승려 등이 빈번하게 일본에 파견·왕래한 것과 무관치 않다.

일본 최초의 가람으로 알려진 飛鳥寺는 588년 당시 대화정권의 실권

---

1) 『日本書紀』卷 第20 敏達天皇 6年 冬11月 庚午朔條.

2) 『日本書紀』卷 第27 天智天皇 3年 3月條 및 4年 春2月條, 5年 是冬條, 8年 是歲條, 10年 是月條 등의 기록을 보면 백제 멸망 후 왕족과 다수의 관인, 민 등이 일본으로 이주하였음을 볼 수 있다. 여기에는 기술력이 뛰어난 장인들이 포함되었고 이들에 의해 일본의 토목·건축은 비약적으로 발전하게 되었다.

   일본 정권은 이주한 백제인으로 하여금 唐과 신라의 침공을 방비하기 위해 664년 對馬島·壹岐島·筑紫國에 防과 烽을 두고, 大宰府에 水城을 축조하였다. 665년에는 達率 答㶱春初를 長門國에 파견하여 축성케 하는 한편, 達率 憶禮福留 및 四比福夫를 또한 筑紫國에 파견하여 大野城, 橡城 등을 조성케 하였다.

자였던 蘇我馬子의 요청과 백제 위덕왕의 장인(박사 포함) 파견으로 가능하게 되었다.[3] 이는 국가와 국가 간의 정식적인 문화교류로서 향후 일본의 가람불교를 불러일으키는데 혁신적인 원동력이 되었다.

물론 국내외의 문헌자료에서 이러한 장인 파견의 기록을 시시각각으로 상세하게 살필 수는 없다. 하지만 현재 일본 고대 사지에 남아 있는 각각의 건축기술 등을 검토해 볼 때 이 같은 현상은 6세기 말~7세기 중반 무렵 백제와 일본 사이의 일상적인 교섭으로 이해할 수 있다.

백제사지의 발굴은 최근 들어 부여 및 익산지역을 중심으로 활발하게 진행되고 있다. 그 결과 능산리사지, 군수리사지, 왕흥사지, 정림사지, 제석사지 등의 가람배치와 사비기의 건축기술 등이 새롭게 알려지게 되었다. 이는 기존의 금강사지, 부소산사지, 미륵사지 등과 더불어 백제사지의 중추를 이루고 있다.

일본에서의 창사는 593년 四天王寺를 필두로 飛鳥寺, 豊浦寺, 法隆寺 若草伽藍, 百濟大寺, 山田寺, 橘寺, 定林寺, 檜隈寺, 奧山久米寺, 大鳳寺, 崇福寺, 高麗寺 등이 조영되었다. 이들은 모두 비조~백봉기의 가람으로서 백제의 가람배치와 건축기술, 제와기법 등의 일면이 살펴지고 있다.

따라서 본고에서는 그 동안 발굴조사된 일본 비조~백봉기의 사원(지)을 가람배치 및 건축기술로 나누어 살펴보고 Ⅲ장에서 이를 백제사지와 상호 비교해 보고자 한다. 그럼으로써 고대 일본 사찰의 주요 토목·건축기술이 백제에서 전파되었음을 살펴보고 이를 통해 백제 건축기술의 독창성 및 우수성 등을 알아보도록 하겠다.

---

3) 『日本書紀』卷 第21 崇峻天皇 元年 是歲條.

II. 일본 사지의 가람배치와 축조기법

1. 일본 고대 사지의 가람

1) 飛鳥寺[4]

일본 최초의 사원으로 596년에 가람이 완성되었다. 蘇我馬子의 씨사이면서 법사사(승사)에 해당된다. 남향으로 전체적인 가람배치는 1탑3금당식으로 이루어졌다(도면 1).[5] 목탑지를 중심으로 동·서·북면에 금당이 위치하고 있다. 목탑의 남쪽으로는 중문이 배치되어 있고 이를 중심으로 사방에 회랑이 돌아가고 있다. 중금당의 북회랑 너머로는 강당이 독립적으로 배치되어 있다.

1탑3금당식의 가람배치라는 점에서 고구려의 청암리사지와 유사성을 보이나 목탑의 평면이 4각형이라는 점, 그리고 이의 축조가 백제의 조사공 및 노반박사 등 백제 장인들에 의해서 이루어졌다는 점에서 백제와의

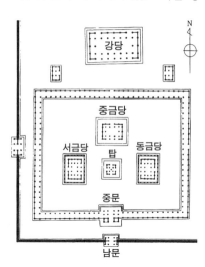

도면 1 비조사지 가람배치

---

4) 淺野淸, 1958, 「飛鳥寺の建築」, 『佛敎藝術』 33號.
    大橋一章, 1976, 「飛鳥寺の創立に關する問題」, 『佛敎藝術』 107號.
    손량구, 1989, 「아스카사의 고구려적 성격」, 『조선고고연구』 3호.
5) 森郁夫, 1993, 『瓦と古代寺院』, 臨川選書, 33쪽 도 6.

친연성을 살필 수 있다.

2) 四天王寺[6]

593년에 창건된 것으로 알려져 있으며 오사카에 위치하고 있다. 남에서부터 중문-목탑-금당-강당이 차례로 배치된 1탑1금당식이다(도면 2). 중문 좌우로는 남회랑이 시설되어 있으며 이의 북쪽으로 동·서·북회랑이 조성되어 있다. 목탑의 평면은 사각형을 이루고 있다. 중문이남으로 남문이 위치하고 있으나

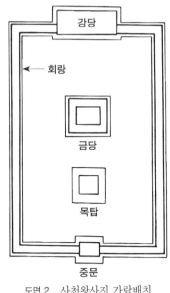

도면 2   사천왕사지 가람배치

출토 와당으로 보아 동 시기의 유구로는 파악되지 않는다.

豊浦寺, 若草伽藍, 中宮寺, 奧山廢寺, 平群寺 등이 사천왕사식 가람배치를 취하는 것으로 알려져 있다.[7]

3) 法隆寺

창건가람인 약초가람(도면 3·4)[8]은 607년에 조성된 것으로 알려져 있고 목탑, 금당이 남북 일직선상으로 배치되었다. 재건 가람의 축조와

---

6) 森郁夫, 1993, 『瓦と古代寺院』, 臨川選書.

7) 岡本東三, 2002, 『古代寺院の成立と展開』, 山川出版社, 37쪽.

8) 森郁夫, 1993, 『瓦と古代寺院』, 48쪽 도 12.
    국립부여문화재연구소, 2009, 『한·중·일 고대사지 비교연구(1) -목탑지편-』, 119쪽 도면 1.

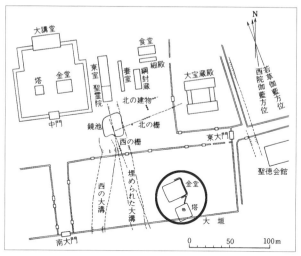

도면 3 법륭사 약초가람 유구

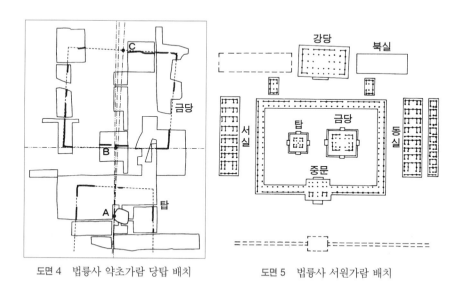

도면 4 법륭사 약초가람 당탑 배치

도면 5 법륭사 서원가람 배치

관련하여 유구의 형적은 불량한 편이다.

670년 큰 화재로 인해 법륭사는 완전 소실되었고 이후 서원가람이 재건되었다. 서원가람은 금당이 동쪽, 5층탑이 서쪽에 배치되어 있으며 동·서회랑 북단에서 종루와 경장이 확인되었다(도면 5).[9] 북회랑 중앙부에는 강당이 조성되어 있다. 서원가람과 같은 당탑배치는 법륜사에서도 살필 수 있다. 몽전을 중심으로 한 동원가람은 738년경에 조성되었다.

4) 法起寺

606년 성덕태자에 의해 창건된 사찰이다. 경내에는 708년에 건립된 일본 최고의 3층목탑이 자리하고 있으며 본존은 십일면관음보살이다. 강당은 江戶時代에 재건되었다.

가람배치는 법륭사 서원가람 및 법륜사와는 반대로 탑을 동쪽에 금당을 서쪽에 배치하고 있다. 당탑의 중간 이남지역에는 중문이 자리하고 있고 이의 북쪽으로는 강당이 위치하고 있다. 중문과 강당은 회랑으로 연결되어 있다(도면 6).[10]

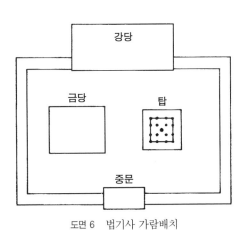

도면 6   법기사 가람배치

---

9) 森郁夫, 1993,『瓦と古代寺院』, 49쪽 도 13.
10) 森郁夫, 1993,『瓦と古代寺院』, 臨川選書, 76쪽 도 28.

법기사식 가람배치는 西琳寺에서도 살필 수 있다.

5) 山田寺[11]

산전사는 蘇我倉山田石川麻呂의 발원으로 641년 착공되었다. 그는 대화정권의 실권자였던 蘇我馬子의 손자이다. 석천마려는 산전사가 완공되기 전 자결하지만(649년) 그의 자손이 천황의 妃가 되었음을 볼 때 그의 유지로써 이것이 완공되었음을 알 수 있다.

산전사지는 중문-목탑-석등-금당-강당 등이 남북 일직선상으로 배치되어 있다(도면 7). 중문의 양 옆에서 시작된 남회랑은 각각 북으로 꺾여 동·서회랑을 이루고 있으며, 이는 금당과 강당 사이에서 북회랑을 구성하고 있다. 강당은 북회랑 너머에 독립적으로 배치되어 있다. 목탑과 금당 사이에 석등이 위치하고 있으며 금당과 목탑지는 축기부를 조성하고 그 내부를 판축하였다.

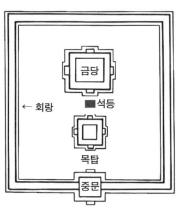

도면 7   산전사지 가람배치

---

11) 이에 대해선 다음의 책자를 참조하였다.
　　古典保存會編, 1928, 『上宮聖德法王帝說』.
　　金子裕之, 1977, 「山田寺跡(奈良縣)」, 『佛敎藝術』116號.
　　奈良國立文化財研究所 飛鳥資料館, 平成 9年, 『山田寺』.

6) 檜隈寺[12]

회외사는 東漢氏 및 坂上氏에 의해 세워진 비조시대의 사원이다. 동한씨는 5세기 후반 雄略天皇대에 한반도에서 일본으로 건너간 도래계 씨족으로 이해되고 있다.

사원은 주방향이 서쪽을 향하고 있으며, 가람의 중심부에 탑, 남쪽에 금당, 북쪽에 강당, 그리고 탑 정면으로 서문이 자리하고 있다(도면 8).[13] 현재 탑지에는 平安時代 후반에 세워진 13층 석탑이 위치하고 있다.

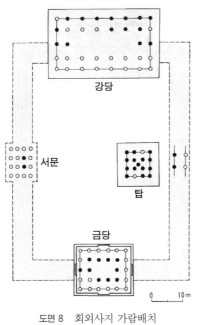

도면 8   회외사지 가람배치

목탑지의 심초석은 화강암제로 사천주 초석 상면으로부터 약 80cm 아래에서 확인되었다. 강당지는 평적식의 와적 기단으로 조성되었으며 금당지는 이중기단으로 시설되었다. 전체적인 가람배치는 백제의 것과 이질적이나 금당지, 목탑지,[14] 강당지 등에서 관찰되는 건축기술은 백제와 밀접한 관련이 있음을 볼 수 있다.

12) 飛鳥資料館, 1983,『渡來人の寺 −檜隈寺と坂田寺−』.
13) 飛鳥資料館, 1983,『渡來人の寺 −檜隈寺と坂田寺−』, 17쪽.
14) 지면을 정지한 후 판축토를 쌓아올려 기단토를 조성하였다. 비록 굴광된 축기부는 살필 수 없지만 부여 금강사지나 익산 제석사지 및 미륵사지 중원 목탑지와 친연성이 찾아진다.

7) 吉備池寺址(百濟大寺)[15]

현 奈良縣 櫻井市 吉備에 있는 吉備池寺址를 백제대사로 이해하고 있다. 법륭사 서원가람에서와 같이 금당이 동쪽, 목탑이 서쪽에 배치되어 있다. 중문은 남회랑 두 곳에 시설되어 있다. 강당은 북회랑 너머에 독립적으로 배치되어 있고 강당 북쪽으로는 세장한 승방지가 일정한 간격으로 조성되어 있다(도면 9).[16]

백제대사는 舒明天皇 11년 (639)에 건립된 일본 최초의 국영사찰로 당대 대신이었던 소아씨의 씨사인 비조사에 대항하기 위해 천황가에 의해 건립되었다.

목탑은 9층으로 복원되었고, 기단 높이는 3m 정도로 추정되었으며 황룡사 9층 목탑보다 약간 작은 것으로 추정되었다.

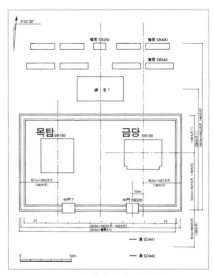

도면 9 길비지사지(백제대사)
가람배치 복원도

15) 이와 관련된 내용은 아래의 자료를 참조하였다.
　　金子裕之·千田稔, 平成 12年, 『飛鳥·藤原京の謎を掘る』, 文英堂, 73~78쪽.
　　朝日新聞社, 2002, 『奈良文化財研究所創立50周年記念 飛鳥·藤原京展』, 52~56쪽.
　　岡本東三, 2002, 『古代寺院の成立と展開』, 山川出版社, 44~52쪽.
　　奈良文化財研究所, 2003, 『吉備池廢寺發掘調査報告 −百濟大寺跡の調査−』.
16) 奈良文化財研究所, 2003, 『吉備池廢寺發掘調査報告 −百濟大寺跡の調査−』, 168쪽 Fig. 105.

8) 高麗寺[17]

고려사는 고구려계 도래씨족인 고려씨의 씨사로서 7세기 전반에 창건되었다. 가람배치는 법기사식을 따르고 있다(도면 10).[18] 목진천의 인근 안쪽에 위치하고 있으며 하안단구 위에 자리하고 있다. 사지 내에서 수습된 기와의 출토량으로 보아 금당→탑→강당의 순으로 축조되었음을 추정하였다.

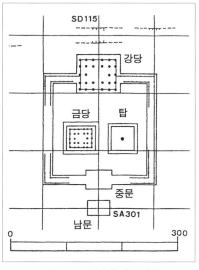

도면 10 고려사지 가람배치

금당지는 축기부를 정지한 후 적갈색점토와 암갈색의 모래를 교대로 판축하여 기단토로 사용하였다. 기단은 평적식 와적기단으로 조성하였다.

2. 일본 고대 사지의 축조기법

1) 다양한 기단건축의 조영

구조상으로는 단층기단 및 이중기단이 조성되었고 재료상으로는 와적기단, 할석기단, 가구기단 등이 축조되었다. 특히, 와적기단의 경우 백

---

17) 奧村淸一郞, 1987,「高麗寺跡」,『佛敎藝術』174號.
   國立扶餘文化財硏究所, 2010,『동아시아 고대사지 비교연구(Ⅱ) -금당지편-』, 176쪽.

18) 國立扶餘文化財硏究所, 2010,『동아시아 고대사지 비교연구(Ⅱ) -금당지편-』, 178쪽 도면 1.

제와 달리 금당지[19] 및 목탑지[20]에서도 쉽게 살필 수 있다. 남자하폐사 및 近江國衙의 이중 와적기단이나 伊丹廢寺 금당지의 혼축 와적기단 등은 백제에서도 그 사례를 찾아보기 힘든 이질적인 기단 형식이다.

(1) 단층기단

① 비조사 중금당지

지대석, 면석, 갑석으로 결구된 가구기단이다(도면 11).[21] 지대석 상면으로는 면석을 올리기 위한 얕은 턱이 조출되어 있다. 기단의 전면

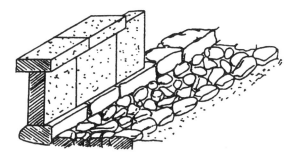

도면 11 비조사 중금당지 및 목탑지 기단 구성도

으로는 할석으로 조영된 낙수받이가 시설되어 있다.

금당 앞에 조성된 5층목탑지의 기단 형식과 동일한 것으로 추정되었다.

② 산전사 금당지

기단 서면에서의 지대석과 그 상면의 받침턱으로 보아 가구기단(사진 1)[22]으로 추정된다. 기단 주변으로는 약 1.6m의 너비로 편평한 판석(犬走)이 깔려 있다. 낙수받이의 기능뿐만 아니라 보도로도 사용되었음을

---

19) 大鳳寺, 上淀廢寺, 高麗寺 등에서 볼 수 있다.
20) 高麗寺, 北白川廢寺, 田辺廢寺 西塔, 樫原廢寺, 上淀廢寺 中塔 등에서 평적식의 와적기단을 확인할 수 있다.
21) フランソウ·ベルチエ, 1974, 「飛鳥寺問題の再吟味」, 『佛敎藝術』96號, 63쪽.
22) 奈良國立文化財硏究所 飛鳥資料館, 平成 9年, 『山田寺』, 21쪽.

알 수 있다. 금당지는 축기부를 굴광하고 판축토로 축토하였다. 지대석(우석)에서의 우주(동자주) 홈은 확인되지 않았다.

축기부 굴광 판축시설은 목탑지에서도 검출되었다.

③ 회외사 강당지

평기와편을 이용한 평적식의 와적기단으로 조성되었다(사진 2).23) 일부에는 할석이 보수되어 있다. 평면 와열은 1열이다.

사진 1 산전사 금당지 가구기단

사진 2 회외사 강당지 평적식 와적기단

---

23) 飛鳥資料館, 1983, 『渡來人の寺 -檜隈寺と坂田寺-』, 2쪽 사진 하.

④ 숭복사 미륵당 동편기단

합장식의 와적기단
을 살필 수 있다. 와
적 아래에는 1매의 지
대석이 놓여 있고 그

도면 12　숭복사 미륵당 합장식 와적기단

위로 합장형의 기와편이 와적되어 있다(도면 12).[24] 군수리사지 금당지
의 완형 암키와 대신 석재를 사용하였다는 점에서 구조상의 차이가 있다.

⑤ 횡견폐사 중건기단

수직횡렬식의 와적기단으로 조성되었다(도면 13).[25] 다른 형식과 달
리 완형의 암키와를 사용하였다. 백제와 비교해 일본의 경우 수직횡렬식
와적기단의 건물지 수가 많지 않음을 볼 수 있다.

도면 13　횡견폐사 중건기단 수직횡렬식 와적기단

⑥ 고려사 금당지

금당 기단은 평적식의 와적기단으로 평면 와열은 1열이다(도면
14).[26] 완형의 암키와를 사용하여 기단을 조성하였다. 탑지 기단도 금

---

24) 田辺征夫, 1995,「瓦積基壇と渡來系氏族」,『季刊考古學』第60號, 74쪽 D.
25) 田辺征夫, 1995,「瓦積基壇と渡來系氏族」,『季刊考古學』第60號, 74쪽 C.
26) 國立扶餘文化財研究所, 2010,『동아시아 고대사지 비교연구(Ⅱ) -금당지편-』,
　　178쪽 도면 4.

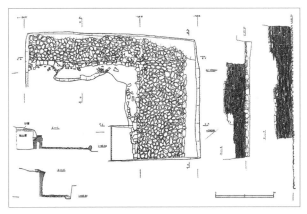

도면 14 금당지 북동부 모서리 와적기단

당지와 같은 형식으로 이루어졌다. 출토 와당이 소아씨의 씨사인 비조사와 동범관계에 있어[27] 백제 기단축조술 및 제와술의 영향으로 조성되었음을 알 수 있다.

(2) 이중기단

① 비조사 동·서원 금당지

하층은 장대석, 상층은 할석으로 조성되었다(도면 15).[28] 하층기단 상면에 적심석이 남아 있는 것으로 보아 초석이 배치되었음을 알 수 있다. 하

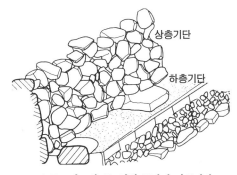

상층기단

하층기단

도면 15 비조사 동·서원 금당지 이중기단

27) 國立扶餘文化財硏究所, 2010, 『동아시아 고대사지 비교연구(Ⅱ) −금당지편−』, 176쪽.

28) フランソウ・ベルチエ, 1974, 「飛鳥寺問題の再吟味−その本尊を中心として」, 『佛教藝術』 96號, 每日新聞社, 63쪽 2〈上〉.

층기단 외곽으로는 낙수받이가 시설되어 있다. 상·하층 기단의 재료로 보아 왕흥사지 목탑지 이중기단과 친연성이 있음을 살필 수 있다.

② 법륭사 당탑지

하층은 면석과 갑석, 상
층은 지대석, 면석, 갑석
등으로 결구된 이중기단이
다(사진 3).[29] 하층기단의
면석이 단면 'ㄴ'형을 보이
고 있어 'ㅣ'형으로 치석된
백제의 것과 차이를 보인
다.[30]

사진 3   법륭사 5층목탑 이중기단

③ 회외사 금당지

하층은 협축기단이며 상
층기단은 멸실되었다(사진
4).[31] 축기부를 정지하고
판축공법으로 기단토를 조
성하였다. 하층기단 상면
에는 석재가 편평하게 부석
되어 있다. 비조사 동·서

사진 4   회외사 금당지 이중기단

---

29) 필자 사진.

30) 창건기의 기단 형식은 상층기단에서 만 볼 수 있어(國立扶餘文化財研究所, 2010,
『동아시아 고대사지 비교연구(Ⅱ) −금당지편−』, 234쪽) 하층기단은 후대에 보수
되었음을 알 수 있다.

31) 飛鳥資料館, 1983,『渡來人の寺 −檜隈寺と坂田寺−』, 3쪽 사진 상.

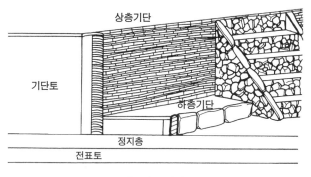

도면 16　대봉사 금당지 이중기단

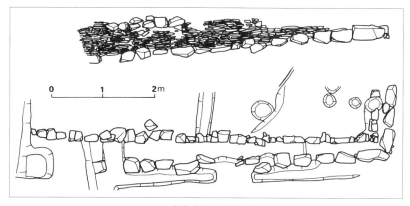

도면 17　상정폐사 중탑지 이중기단

금당지와 같은 하층기단 상면에서의 초석(적심석)은 조성되지 않았다.

④ 대봉사 금당지

　하층은 할석기단, 상층은 평적식의 와적기단으로 조성되었다(도면 16).[32] 평면 와열은 1열이다. 하층기단 상면에서의 초석은 확인되지 않았다.

---

32) 田辺征夫, 1995, 「瓦積基壇と渡來系氏族」, 『季刊考古學』第60號, 74쪽(下).

⑤ 상정폐사 중탑지

이중기단으로 조성되었으며 상층 기단이 평적식의 와적기단이다(도면 17).[33] 평면 와열은 1열이며 할석이 부분적으로 보수되어 있다.

⑥ 남자하폐사 중금당지[34]

이중의 와적기단으로 7세기 전반에 조성되었다. 상·하층 모두 평적식의 와적 아래에 지대석 1매를 깔아 놓았다 (도면 18).[35] 와적은 지대석 상면에서 안쪽으로 약간 들여쌓았다. 지대석 위

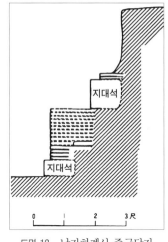

도면 18　남자하폐사 중금당지
이중기단

에 평적식의 와적기단이 조성되었다는 점에서 왕흥사지 서회랑지의 기단과 친연성이 엿보인다. 그러나 백제의 고토에서 이중의 와적기단 형식이 아직까지 발견되지 않았다는 점에서 기단의 형식변화를 엿볼 수 있다.

2) 목탑 심초석의 위치 변화

목탑 심초석의 위치는 기단토 상면을 중심으로 지하와 지상으로 구분할 수 있다. 심초석이 지하에 시설된 목탑지는 비조사(사진 5),[36] 사천

---

33) 網 伸也, 2004, 『日本 近畿地方 古代 瓦積基壇 遺構에 대하여』.

34) 國立扶餘文化財研究所, 2010, 『동아시아 고대사지 비교연구(Ⅱ) -금당지편-』, 180쪽.

35) 國立扶餘文化財研究所, 2010, 『동아시아 고대사지 비교연구(Ⅱ) -금당지편-』, 182쪽 도면 2.

36) 朝日新聞社, 2002, 『奈良文化財研究所創立50周年記念 飛鳥·藤原京展』, 26쪽 최하단 좌측.

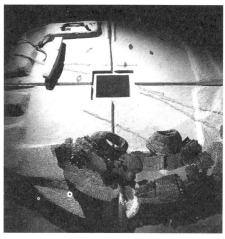

사진 5 비조사 목탑지 심초석 및 출토유물 복원

사진 6 산전사 목탑지 심초석

왕사, 산전사(사진 6),[37] 법륭사(도면 19),[38] 회외사, 평륭사, 大寺廢寺, 중궁사, 고려사, 굴사, 대어당폐사, 천원사, 법륜사, 신당폐사, 해회사, 숭복사지 등에서 살필 수 있다.

　반면, 심초석이 지상에 위치한 경우는 법륭사 약초가람(사진 7),[39] 백제대사(사진 8),[40] 사정폐사 등에서 찾아볼 수 있다. 시기적으로 7세기대에 이르면 백제와 마찬가지로 심초석이 지하에서 지상으로 옮겨졌음

37) 朝日新聞社, 2002, 『奈良文化財研究所創立50周年記念 飛鳥·藤原京展』, 74쪽 우측 상단 사진.
38) 森郁夫, 1993, 『瓦と古代寺院』, 63쪽 圖 19.
39) 朝日新聞社, 2002, 『奈良文化財研究所創立50周年記念 飛鳥·藤原京展』, 33쪽 상단 사진.
40) 奈良文化財研究所, 2003, 『吉備池廢寺發掘調査報告 －百濟大寺跡の調査－』, PL.9-1.

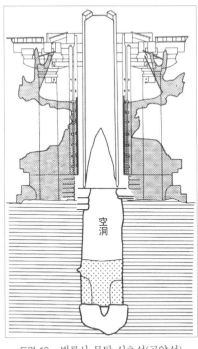

도면 19 법륭사 목탑 심초석(공양석)

사진 7 법륭사 약초가람 목탑 심초석

사진 8 백제대사 목탑 심초석 탈취공

을 알 수 있다. 특히 심초석이 지하에 시설된 경우 이를 옮기기 위한 사
도가 마련되어 있음을 볼 수 있다.

3) 당탑지의 축기부 조성[41]

금당이나 목탑은 사원 내 다른 건축물에 비해 지붕의 구조나 내부 장

---

41) 일본사지 당탑지의 축기부 현황은 아래의 자료를 참조하였다.
    국립부여문화재연구소, 2009, 『한·중·일 고대사지 비교연구(Ⅰ) −목탑지편−』.
    국립부여문화재연구소, 2010, 『동아시아 고대사지 비교연구(Ⅱ) −금당지편−』.

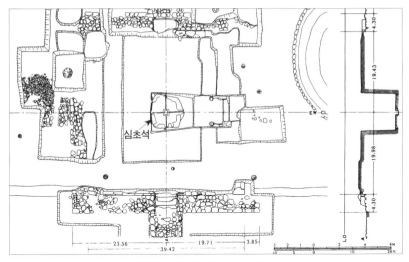

도면 20 비조사 목탑지 평·단면도

엄물의 하중으로 인해 축기부를 굴광하거나 기반토를 정지하고 판축하는 경우가 있다.

전자의 사례는 비조사 중·동·서금당지 및 목탑지(도면 20)[42]를 비롯해 사천왕사 금당지·목탑지(추정), 법륭사 약초가람 금당지·목탑지, 平隆寺 금당지·목탑지(6세기 후반~7세기, 도면 21),[43] 산전사 금당지[44]·목탑지, 길비지사지 금당지(사진 9·10),[45] 北野廢寺 금당지(7세기 전

---

42) 국립부여문화재연구소, 2009,『한·중·일 고대사지 비교연구(Ⅰ) －목탑지편－』, 104쪽 도면 2 중.

43) 국립부여문화재연구소, 2009,『한·중·일 고대사지 비교연구(Ⅰ) －목탑지편－』, 111쪽 도면 3.

44) 朝日新聞社, 2002,『奈良文化財研究所創立50周年記念 飛鳥·藤原京展』, 73쪽 金堂跡.

45) 奈良文化財研究所, 2003,『吉備池廢寺發掘調査報告 －百濟大寺跡の調査－』, PL.6-4·1.

반), 大御堂廢寺 금당지(7세기 추정), 川原寺 중·서금당지(7세기 중반) 등에서 볼 수 있다. 이들 유적은 축기부를 굴광한 후 그 내부에 판축토를 축토하여 기단토와 동시에 조성하고 있다. 부여의 금강사지·용정리사지, 익산의 제석사지·미륵사지 목탑지 등과 같은 축조기법을 보여주고 있다.

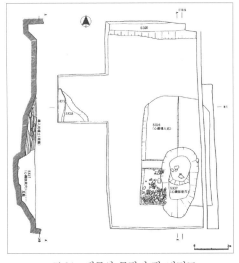

도면 21 평륭사 목탑지 평·단면도

사진 9 길비지사지 금당지 축기부 굴광 평면

사진 10 길비지사지 금당지 축기부 굴광 판축토

사진 11 길비지사지 목탑지 판축기단토   사진 12 회외사지 금당지 판축기단토

후자는 풍포사 금당지(7세기 전반), 길비지사지 목탑지(사진 11),[46] 고려사 금당지·목탑지, 중궁사 금당지·목탑지(7세기 전반), 회외사지 금당지(사진 12),[47] 賞田廢寺 금당지(7세기 중반), 尼寺廢寺 중금당지(7세기 중후반), 崇福寺址 금당지(7세기 중후반), 귤사 목탑지, 대어당폐사 목탑지, 천원사 목탑지, 신당폐사 목탑지(7세기 전반, 도면 22),[48] 海會寺 목탑지(7세기 전반, 도면 23),[49] 寺町廢寺 목탑지 등에서 찾아볼 수 있다.

---

46) 奈良文化財研究所, 2003, 『吉備池廢寺發掘調查報告 -百濟大寺跡の調查-』, PL.10-1.

47) 飛鳥資料館, 1983, 『渡來人の寺 -檜隈寺と坂田寺-』, 3쪽 하단 우측 사진.

48) 국립부여문화재연구소, 2009, 『한·중·일 고대사지 비교연구(Ⅰ) -목탑지편-』, 128쪽 도면 3.

49) 국립부여문화재연구소, 2009, 『한·중·일 고대사지 비교연구(Ⅰ) -목탑지편-』, 131쪽 도면 2.

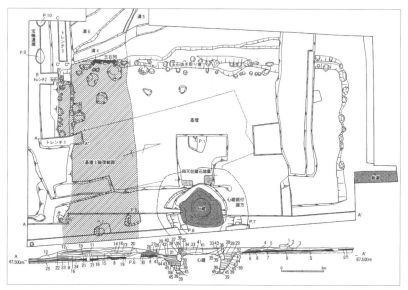

도면 22　신당폐사 목탑지 평·단면도

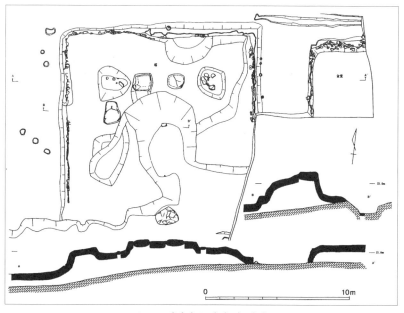

도면 23　해회사 목탑지 평·단면도

후자의 사례는 당탑지를 조성하기 위해 먼저 축기부를 정지하고 그 위에 판축토로 기단토를 조성한 경우이다. 첫 번째 사례와 비교해 축기부를 굴광하지 않았다는 점에서 차이가 있다. 부여의 왕흥사지 금당지 및 익산의 제석사지 금당지 등에서 동일 기법의 토목기술을 살필 수 있다.

일본 사지에서의 축기부 굴광과 판축토 조성은 6세기 말~7세기 중후반기의 당탑지에서 주로 볼 수 있다. 시기적으로는 비조~백봉기에 해당되며, 백제의 토목·건축기술이 고대 일본사회에 폭넓게 파급되었음을 보여주는 좋은 비교 자료라 할 수 있다.

4) 초석과 적심석의 사용

6세기 말~7세기 전반 일본에서의 사원 창건은 백제에서 파견된 장인(사공, 조사공)들에 의해 가능하게 되었다. 이들 사원의 각 전각에는 기와를 올렸으며 많은 하중이 기둥 및 기단토에 전달되었다.

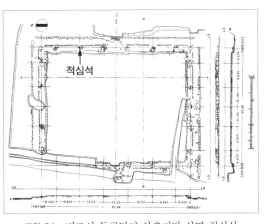

도면 24　비조사 동금당지 하층기단 상면 적심석

따라서 기존의 가옥에서와 같은 굴립주 건물로는 지붕의 하중을 원활히 지탱하기 어려웠기 때문에 백제의 건축기술로 등장한 초석과 적심석 등을 적극 활용하게 되었다. 이는 일본 최초의 사원으로 일컬어지는 비조사 금당지(도면 24)[50]에서 확연하게 살필 수 있다. 이처럼 기와의 등장은 가옥의 외관뿐만 아니라 기초시설까지도 변화시켰다.

사진 13 길비지사지 승방지의 주혈

그러나 길비지사지에서 볼 수 있는 바와 같이 7세기 전반기에 이르기까지 승방(사진 13)[51]과 같은 부속건물은 기존의 방식인 굴립주로 조성되어 있어 초석건물과 굴립주건물이 혼용되어 있음을 살필 수 있다. 이는 초석이나 적심석, 적심토를 사용한 백제와는 큰 차이를 보이는 것이라 할 수 있다.

3. 백제 제와술의 전파와 유행

588년 백제에서 일본으로 파견된 와박사 麻奈文奴, 陽貴文, 㥄貴文, 昔麻帝彌 등은 비조사를 창건하면서 와요 및 기와(와당 포함)를 제작하였다. 와요(도면 25)[52]는 계단식의 지하식 등요로 현 비조사 인근 구릉상에 축조되었다. 와당은 판단 중앙이 삼각돌기인 것과 원주문이 있는

50) 國立扶餘文化財硏究所, 2010, 『동아시아 고대사지 비교연구(Ⅱ) -금당지편-』, 152쪽 도면 3.
51) 奈良文化財硏究所, 2003, 『吉備池廢寺發掘調査報告 -百濟大寺跡の調査-』, PL.26-3.
52) 大川淸, 昭和 47年, 『日本の古代瓦窯』, 雄山閣, 第8圖.

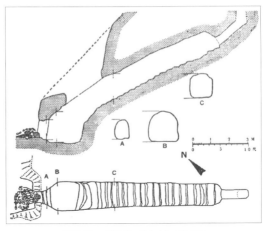

도면 25 비조사 와요 평·단면도

사진 14 원형돌기식 와당

사진 15 삼각돌기식 와당

것 등 두 가지 형식으로 생산되었다(사진 14·15).

비조사에서 보이는 와당 및 와요의 형식은 사천왕사를 비롯한 법륭사 약초가람, 오산폐사, 三井瓦窯, 隼上り瓦窯 등에서 확인할 수 있다.

4. 법사사와 니사를 바탕으로 한
   二寺制의 확립

대화정권의 실권자였던 蘇我馬子는 자신의 氏寺로서 법사사인 비조사와 니사인 豊浦寺를 창건하였다. 두 사원은 비조천을 경계로 양 편에 위치하고 있으며, 거리는 도보로 약 20분 이내에 위치하고 있다. 이러한 이사제는 이후 제도화되어 나라시대의 國分寺[53]로 발전하게 되었다. 信濃國分寺[54]와 같이 법사사와 니사의 거리가 40m 정도로 인접한 것이 있는 반면, 山城國分寺[55]처럼 1.8km 정도로 멀리 떨어져 있는 것도 살필 수 있다.

Ⅲ. 백제사지의 축조기법과
   토목·건축기술의 일본 전파

여기에서는 그 동안 부여 및 익산지역에서 발굴조사된 백제사지를 대상으로 이의 가람배치 및 축조기법 등을 살펴보고자 한다. 아울러 백제사지의 토목·건축기술을 검토함에 있어 앞에서 살핀 일본사지도 함께 비교해 보도록 하겠다.

---

53) 나라시대 聖武天皇의 칙령으로 설치된 국립 사원을 의미한다(奈良國立博物館, 1980, 『特別展 國分寺』, 3쪽).
54) 長野縣 上田市 國分에 위치하고 있다.
55) 京都府 相樂郡 加茂町에 위치하고 있다.

1. 가람배치

백제사지의 가람배치는 크게 두 가지 형식으로 구분할 수 있다.

첫 번째는 부여 능산리사지(도면 26),[56] 왕흥사지, 금강사지, 정림사지(도면 27),[57] 익산 제석사지(도면 28)[58] 등에서 살펴지는 남북장축의 1탑1금당식이다. 특히 금강사지를 제외한 나머지 사지의 동·서회랑 북단에서는 (세)장방형의 건물지가 조사되고 있어 고대 일본사지와 차이를 보이고 있다.

일본에서 확인된 남북장축의 1탑1금당식은 일본 오사카의 사천왕사

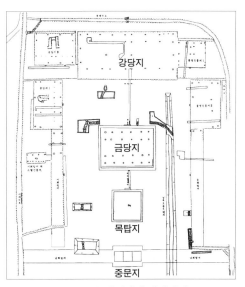

도면 26 능산리사지 가람배치

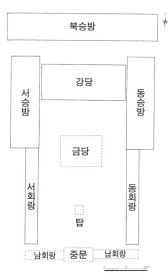

도면 27 정림사지 가람배치

---

56) 國立扶餘博物館·扶餘郡, 2000, 『陵寺』, 5쪽 도면 5.

57) 국립부여문화재연구소, 2011, 『扶餘 定林寺址』, 83쪽 도면 22.

58) 국립부여문화재연구소, 2009, 『益山 帝釋寺址 ─제2차조사─』, 9쪽 도면 1.

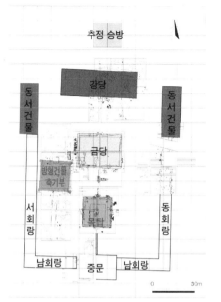

도면 28 제석사지 가람배치

도면 29 신당폐사 가람배치

를 비롯해 법륭사 약초가람, 신당폐사(도면 29),[59] 북야폐사, 평륭사
(도면 30),[60] 중궁사, 풍포사, 굴사(도면 31)[61] 등에서도 이미 조사된
바 있어 백제사지와의 친연성을 엿볼 수 있다.

　　두 번째는 익산 미륵사지와 같은 3탑3금당식이다(도면 32).[62] 중원

59) 국립부여문화재연구소, 2009, 『한·중·일 고대사지 비교연구(Ⅰ) ―목탑지편―』,
　　127쪽 도면 1.
60) 국립부여문화재연구소, 2009, 『한·중·일 고대사지 비교연구(Ⅰ) ―목탑지편―』,
　　111쪽 도면 1.
61) 국립부여문화재연구소, 2009, 『한·중·일 고대사지 비교연구(Ⅰ) ―목탑지편―』,
　　117쪽 도면 1.
62) 전라북도익산지구문화유적지관리사업소, 1997, 『미륵사지유물전시관』, 123쪽.

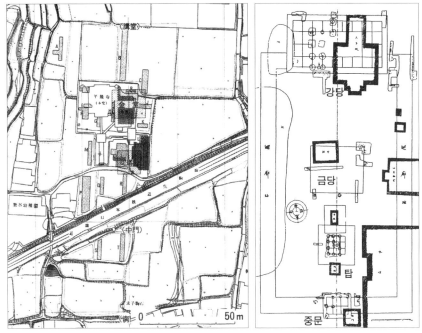

도면 30　평륭사 가람배치　　　　　도면 31　굴사 가람배치

가람을 사이에 두고 동원 및 서원 가람이 좌우에 배치된 다원식[63] 가
람구조를 보여주고 있다. 이러한 사원 배치는 비조시대의 비조사나 회
외사, 굴사, 백제대사 등에서는 확인된 바 없고 숭복사지(도면 33)[64] 및
법륭사 동원·서원 가람에서 살필 수 있다. 향후 다원식 가람배치를 매개

---

63) 다원식의 가람배치는 남조 양 武帝 때 창건된 종산의 愛敬寺에서 살필 수 있다.
　　이는 태조 문황제를 위해 건립되었으며 중원을 중심으로 36원이 배치된 것으로
　　기록되어 있다. 다만, 중원 이외의 36개 방원 모두에 탑이 배치되었는지는 확실치
　　않다(李裕群, 2009, 「중국 가람배치의 변화 및 백제에 미친 영향」, 『동아시아의
　　불교문화와 백제』, 36쪽).

64) 國立扶餘文化財硏究所, 2010, 『동아시아 고대사지 비교연구(Ⅱ) -금당지편-』,
　　226쪽 도면 2.

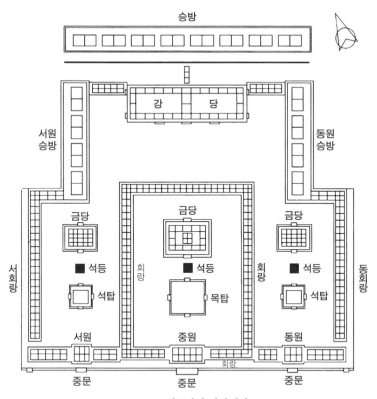

도면 32 미륵사지 가람배치

도면 33 숭복사지 가람배치

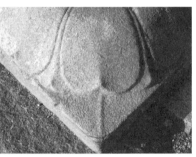

사진 16 미륵사지 중원금당지 앞 석등　　　사진 17 중원금당지 앞 석등 연화문

로 한 백제와 일본과의 관련성을 살펴볼 필요성이 있다.

한편, 미륵사지의 동·중·서원 금당지 전면에서는 석등지(사진 16·17)[65]가 확인되었다. 이러한 석등지는 부여지역의 군수리사지나 능산리사지, 왕흥사지, 금강사지, 정림사지, 부소산사지 등에서 전혀 확인된 바 없고 익산지역의 제석사지에서도 마찬가지이다.

현재까지 가람배치가 밝혀진 백제사지 중 금당 전면에서 석등이 확인된 사례는 미륵사지가 거의 유일하다.[66] 이로 보아 가람에서의 석등 출현은 이미 백제 사비기부터 시작되었음을 알 수 있고 금당 앞에 석등이 시설되는 정형적 배치는 미륵사의 사례로 보아 7세기 초반 무렵으로 파악된다.[67]

석등지는 일본의 비조사지 및 산전사지에서도 확인되고 있어 주목된다. 비조사의 경우 석등대석은 화강석 및 의회석으로 제작된 심초석이나

---

65) 필자 사진.

66) 부여 가탑리사지에서도 석등이 발굴된 바 있으나 정식적인 발굴조사를 거치지 않아 이의 정확한 출토 위치는 알 수 없다. 이에 대해선 차후 검토해 보고자 한다.

67) 금당 앞에 석등이 배치된 사례는 통일신라기의 불국사 및 합천 영암사지, 고려시기의 부석사 등 여러 사원(지)에서 어렵지 않게 살필 수 있다.

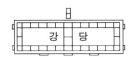

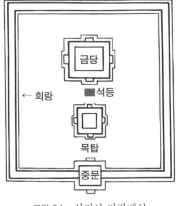

도면 34 산전사 가람배치

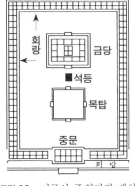

도면 35 미륵사 중원가람 배치

초석, 기단석과 달리 흰 대리석[68]으로 만들어져 다른 부재와의 재료상 차이를 보여주고 있다. 비조사는 1탑3금당의 가람배치를 보이고 있으며 백제사지 중 이러한 동형의 가람배치를 나타내는 것은 아직까지 확인된 바 없다.

산전사의 가람배치(도면 34)는 남에서 북으로 중문-목탑-석등-금당이 배치되어 있고 이들은 중문에서 분기한 회랑에 의해 둘러싸여 있다. 강당은 회랑 넘어 북쪽에 자리하고 있다. 이는 기본적으로 미륵사 중원

---

68) 淺野淸, 1956, 「最近における建築遺蹟の發掘」, 『佛敎藝術』 29, 84~85쪽.
석등 대석은 한 변 4척2촌의 거대한 것으로서 奈良縣吉野郡洞川産의 대리석을 사용하였다. 대석 상면에는 지름 1척6촌, 깊이 8촌의 커다란 구멍이 뚫려 있다. 대석의 표면에는 연화문이 조각되어 있다(坪井淸足, 1958, 「飛鳥寺の發掘調査の 經過」, 『佛敎藝術』 33, 21~22쪽).

가람(중문–목탑–석등–금당–강당, 도면 35)[69]과 동일한 배치를 보이고 있다는 점에서 미륵사 가람배치의 산전사 전파를 추정케 한다.[70]

2. 백제사지의 건축기술

1) 다양한 기단건축의 조영

(1) 단층기단

① 가구기단

왕흥사지 강당지 남면기단(사진 18),[71] 금강사지 금당지, 미륵사지 강당지(사진 19)[72] 등에서 볼 수 있다.

사진 18 왕흥사지 강당지 남면 가구기단(지대석)   사진 19 미륵사지 강당지 가구기단

69) 전라북도익산지구문화유적지관리사업소, 1997, 『미륵사지유물전시관』, 123쪽 작도.

70) 조원창, 2006, 「일본 산전사지에 나타난 백제의 건축문화」, 『문화사학』 26호.

71) 국립부여문화재연구소, 2012, 『王興寺址 Ⅳ』, 357쪽 도판 59.

72) 필자 사진.

치석된 지대석, 면석, 갑석으로 결구된 기단을 의미한다. 금강사지 금당지 및 미륵사지 강당지에서 확인되고 있으며 왕흥사지 강당지의 경우 정면인 남면기단에서만 가구기단을 볼 수 있다. 금강사지 및 미륵사지 지대석(우석)에서는 우주를 올렸던 홈을 살필 수 있다.

② 와적기단

군수리사지 강당지(평적식), 능산리사지 남회랑지(수직횡렬식)·강당지(평적식), 왕흥사지 회랑지(평적식)·부속건물지(평적식), 정림사지 강당지(평적식·합장식, 사진 20·21)[73]·회랑지(합장식), 부소산사지 서회랑지(평적식) 등에서 볼 수 있다. 부소산사지는 다른 사지와 달리 완형의 암키와를 사용하였다. 이러한 사례는 일본 고려사 금당지에서도 확인할 수 있다.

백제사지에서 확인되는 와적기단 형식 중 가장 다수를 차지하는 것은 평적식이며 이는 일본의 경우도 마찬가지이다. 여기에서는 백제와 일본

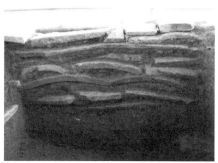 

사진 20 정림사지 강당지 동면 평적식 와적기단   사진 21 정림사지 강당지 북면 합장식 와적기단

---

73) 국립부여문화재연구소, 2011, 『扶餘 定林寺址』, 348쪽 사진 30 및 346쪽 사진 22.

사진 22 　혈태폐사 중건 금당지 평적식 와적기단

의 사지에 조성된 와적기단 중 축조기법에서 차이가 나는 것을 중심으로 기술해 보고자 한다.

먼저, 백제의 경우 사원의 중심 건물인 금당[74]이나 목탑 등에는 와적기단이 거의 시설되지 않고 있다. 주로 회랑지를 비롯한 강당지, 부속시설 등에서 와적기단을 살필 수 있다.

반면, 일본에서는 고려사 금당·목탑지, 대봉사 금당지, 상정폐사 금당지·중탑지, 전변폐사 서탑지, 혈태폐사 중건 금당지(사진 22),[75] 남자하폐사 중금당지, 북백천폐사 목탑지, 상정폐사 중탑지 등 많은 당탑지에서 와적기단의 존재를 쉽게 확인할 수 있다. 이는 와적기단이 다른 형식의 기단과 비교해 위계성 및 상징성이 내포되었음을 단적으로 보여주는 사례라 할 수 있다.

수직횡렬식 와적기단은 관북리 백제유적, 군수리 기와건물지 등 사지 외의 일반 기와건물에서도 확인되고 있다. 특히 관북리 백제유적에서와 같이 평적식과 함께 조성되는 사례도 살필 수 있어 와적기단의 다양성을 엿볼 수 있다.

와적기단은 그 동안의 발굴조사를 바탕으로 할 때 고구려에서는 아직까지 보고된 자료가 없고, 신라의 경우는 천관사지 및 전 인용사지 등에

---

74) 군수리사지 금당지의 경우 수직횡렬식 및 평적식의 와적기단으로 조성되었다.

75) 林博通, 昭和 62年, 「穴太廢寺(滋賀縣)」, 『佛敎藝術』174號, 每日新聞社, 口繪 7.

서 합장식의 아류작으로 보이는 사적식이 출토된 바 있다.

이렇게 볼 때 삼국시대에 조성된 거의 대부분의 와적기단은 백제사지를 비롯한 기와건물지에서 만 주로 볼 수 있다. 이는 와적기단의 축조가 백제에서 비롯되었음을 판단케 하는 동시에 일본 및 신라에까지 그 기술이 전파되었음을 확신케 하는 것이다.

일본에서의 와적기단이 비단 사지뿐만 아니라 관아건물에까지 조성되었음을 볼 때 건물 기단의 혁신을 일으켰음을 알 수 있고, 이의 주체가 백제의 장인 및 그들의 기술력이었음도 의심의 여지가 없다.

백제의 와적기단은 축조기법 및 재료의 독창성뿐만 아니라 신라 및 일본에까지 그 기술이 전파된 국제성을 내포한 기단형식으로 이해할 수 있다.

③ 전적기단

밤골사지 건물지(수직횡렬식, 사진 23)[76] 및 오합(함)사지 강당지(평적

사진 23 밤골사지 건물지 수직횡렬식 전적기단   사진 24 오합(함)사지 강당지 평적식 전적기단

---

76) 國立扶餘文化財硏究所, 2006, 『扶餘 觀音·밤골 寺址 試掘調査報告書』, 87쪽 원색 7.

식, 사진 24)[77] 등에서 살필 수 있다. 밤골사지는 전면적인 발굴조사가 이루어지지 않아 전모를 살필 수 없으나 기단은 2열의 전적기단으로 조성되었음이 확인되었다.

오합(함)사지 강당지는 장방형의 무문전을 이용하여 평적식으로 조성하였다.

(2) 이중기단

백제사지에서의 이중기단은 주로 금당지 및 탑지에서 확인되고 있다. 이를 표로 살피면 아래와 같다.

구분		상층기단	하층기단	비고
군수리사지	금당지	와적기단	와적기단	하층기단 상면에 초석
	목탑지	?	전적기단	
능산리사지	금당지	가구기단	치석기단	
	목탑지	가구기단	치석기단	
왕흥사지	목탑지	할석기단(?)	치석기단	
금강사지	목탑지	가구기단	가구기단	
전 천왕사지		할석기단	와적기단	하층기단 상면에 초석
정림사지	금당지	?	?	하층기단 상면에 초석
미륵사지	금당지	가구기단	면석+갑석	
	목탑지	가구기단	면석+갑석	

군수리사지 및 왕흥사지를 제외하면 대부분의 금당지인 경우 가구기단으로 조성되었음을 볼 수 있다. 군수리사지 금당지는 하층기단의 경우

---

77) 保寧市·忠南大學校博物館, 1998, 『聖住寺』, 원색사진 13.

사진 25 군수리사지 금당지 남면   사진 26 군수리사지 금당지 북면
         합장식 와적기단   수직횡렬식 와적기단

남면부에 합장식(사진 25),[78] 동·서·북면부에 수직횡렬식(사진 26)[79]
을 조성하고 있고 상층기단은 모두 수직횡렬식으로 이루어졌다.

합장식의 경우 와적 아래에 완형에 가까운 암키와를 1매씩 깔아 놓고
있다. 이러한 사례는 아직까지 우리나라 및 일본의 여느 합장식 와적기
단에서는 확인된 바 없는 희귀한 경우에 해당된다. 대신 숭복사 미륵당
에서와 같이 합장식의 와적 아래에 1매의 지대석을 놓은 경우는 살필 수
있다.

군수리사지 목탑지(사진 27)[80]는 하층기단 만 남아 있으며 수직횡렬
식의 전적기단으로 조성되었다. 이와 같은 사례는 일본에서의 경우 寺町
廢寺 목탑지(7세기 전반, 사진 28)[81]에서 찾아볼 수 있는데 이 유적의

---

78) 국립부여문화재연구소, 2010, 『扶餘軍守里寺址Ⅰ －木塔址·金堂址 發掘調査報
   告書』, 176쪽 사진 31.
79) 국립부여문화재연구소, 2010, 『扶餘軍守里寺址Ⅰ －木塔址·金堂址 發掘調査報
   告書』, 179쪽 사진 40.
80) 국립부여문화재연구소, 2010, 『扶餘軍守里寺址Ⅰ －木塔址·金堂址 發掘調査報
   告書』, 189쪽 사진 71.
81) 국립부여문화재연구소, 2009, 『한·중·일 고대사지 비교연구(Ⅰ) －목탑지편－』,

사진 27　군수리사지 목탑지　　　　사진 28　사정폐사 금당지 수직횡렬식 전적기단
수직횡렬식 전적기단

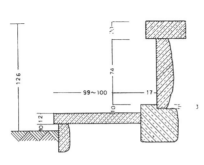

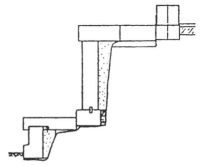

도면 36　미륵사지 동원 금당지 기단 복원도　　도면 37　법륭사 서원가람 금당 기단

경우 전 위에 평적식의 와적기단이 올려 있다는 점에서 큰 차이를 보이
고 있다.

　미륵사지 금당지(도면 36)[82] 및 탑지 등에서 확인되는 상·하층의 이
중기단 형식은 법륭사 서원가람의 금당(도면 37) 및 목탑에서도 찾아볼
수 있다. 세부 부재에서 약간의 차이는 발견할 수 있으나 치석된 면석이

141쪽 사진 2.
82) 文化財管理局 文化財硏究所, 1989,『彌勒寺』, 揷圖 1.

사진 29 군수리사지 금당지 하층기단 상면 초석   사진 30   전 천왕사지 하층기단 상면 초석

나 갑석, 지대석 등을 이용하여 가구기단으로 조성하였다는 점에서 친연
성을 살필 수 있다.

한편, 군수리사지 금당지(사진 29)[83] 및 전 천왕사지(사진 30),[84] 정
림사지 금당지의 경우 하층기단 상면에서 퇴칸이나 차양칸에 사용된 것
으로 보이는 초석 및 적심석 등이 확인되었다. 이는 황룡사 중건가람 중
금당지 및 비조사 동·서 금당지에서도 조사된 바 있어 백제 건축기술의
신라 및 일본 전파를 실증케 한다.[85]

2) 목탑 심초석의 위치 변화

6세기 중·후반에 해당되는 백제 목탑지의 경우 심초석은 대부분 지
하에 시설되어 있다. 이러한 사례는 부여 군수리사지 및 능산리사지(사

---

83) 국립부여문화재연구소, 2010, 『扶餘軍守里寺址Ⅰ -木塔址·金堂址 發掘調査報
告書』, 179쪽 사진 41.

84) 국립부여박물관, 1992, 『扶餘錦城山百濟瓦積基壇建物址發掘調査報告書』, 81쪽
도판 24.

85) 趙源昌, 2002, 「百濟 二層基壇 築造術의 日本 飛鳥寺 傳播」, 『百濟硏究』 35輯.

사진 31 능산리사지 목탑지 심초석   사진 32 제석사지 목탑지 심초석

진 31),[86] 금강사지 등을 통해 살필 수 있다. 그러나 577년경의 왕흥사지에 있어서는 중국의 북제 영향을 받아 심초석과 공양석이 지상과 지하로 분리되어 나타남을 볼 수 있다. 그리고 7세기대에 이르면 익산 제석사지(사진 32)[87] 및 미륵사지 중원 목탑지에서와 같이 심초석은 지상에 위치하게 된다.

이와 같은 백제 목탑지 심초석의 시기적 위치변화는 일본에서도 큰 차이 없이 나타나고 있다. 즉, 비조사 목탑지(6세기 말)와 법륭사 약초가람 및 길비지사지 목탑지 등을 비교해 보면 일본의 경우도 7세기 초반을 중심으로 심초석의 위치가 지하에서 지상으로 점차 옮겨가고 있음을 볼 수 있다.

그러나 7세기 후반~8세기 초반으로 편년되는 회외사 목탑지의 경우 심초석이 지하에 시설되어 있어 초기의 심초 설치방식이 오랜 기간 유지되고 있음을 보여주기도 한다. 하지만 동위~북제시기의 조팽성사지나

---

86) 國立扶餘博物館·扶餘郡, 2000,『陵寺』, 243쪽 도판 33-③.
87) 필자 사진.

왕흥사지에서와 같은 심초석과 공양석의 분리 등은 아직까지 고대 일본의 사지에서 찾아진 바 없다.

3) 당탑지의 축기부 조성

백제사지의 일부 당탑지 발굴을 통해 확인할 수 있는 사실은 축기부를 굴광하거나 정지하고 그 위에 금당과 탑을 조영한다는 점이다. 전자의 경우는 그 내부를 판축 혹은 성토다짐하고 있으며, 후자는 일본에서와 같이 정지 후 판축기단토로 축토하고 있다.

축기부를 굴광하고 그 내부를 판축한 사례는 목탑지에서 확연하게 살필 수 있는데 용정리사지(도면 38),[88] 왕흥사지(도면 39),[89] 금강사지, 미륵사지, 제석사지 등에서 볼 수 있다. 특히 미륵사지 중원 목탑지(사진 33)[90]의 경우는 축기부의 최하단에 할석축기를 하고 그 위로 판축토를

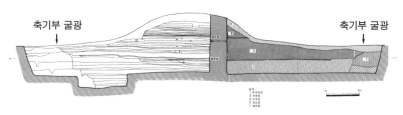

도면 38   용정리사지 목탑지 축기부

---

88) 扶餘文化財硏究所, 1993,『龍井里寺址』, 21쪽 삽도 4.

89) 국립부여문화재연구소, 2009,『王興寺址 3 木塔址 金堂址 發掘調査 報告書』, 33쪽 도면 5.

90) 국립부여문화재연구소, 2009,『한·중·일 고대사지 비교연구〈1〉 -목탑지편-』, 59쪽 사진 1.

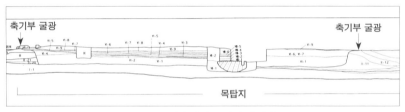

도면 39 　왕흥사지 목탑지 축기부

사진 33 　미륵사지 중원 목탑지 축기부

축토하였다. 축기부의 범위는 이중 기단의 경우 하층기단을 포함하는 것이 대부분이지만 왕흥사지 목탑지는 상층기단의 규모로 축기부가 조성되어 있다.

　이러한 굴광 축기부 시설은 백제의 토목건축기술이 간취되는 일본 산전사 목탑지와 금당지, 백제대사 (길비지사지) 금당지 등에서도 찾아볼 수 있어 백제의 건축기술과 무관치 않음을 살필 수 있다.

　아울러 축기부를 정지하고 판축 기단토를 조성한 사례는 왕흥사지 및 제석사지 금당지에서 확인할 수 있고 일본의 경우는 회외사지 금당지, 길비지사지 목탑지 등 여러 유적에서 찾아볼 수 있다.

4) 적심토의 유행

　적심토는 적심석과 같은 기능을 담당하며 초석 아래에 조성되었다. 사

지뿐만 아니라 부여 관
북리유적(도면 40),[91]
화지산유적, 익산 왕
궁리유적 등 사비기의
대부분 유적에서 확인
되었다. 평면 형태는
원형을 비롯한 (장)방

도면 40 부여 관북리 대형 건물지 적심토

형, 부정형 등이 있다. 적심공 내부는 판축토나 성토다짐토 등으로 축토
되었다. 단면 1단과 2단으로 조성되었으나 전자가 압도적으로 많다.

일본에서의 경우 유구 상부의 잔존상태가 불량하여 이러한 적심토가
거의 검출된 바 없다. 하지만 백제에서 유행하였던 다양한 건축기법 등
이 활용되었음을 볼 때 적심토의 사용도 능히 유추해 볼 수 있다.

3. 우수한 목탑기술의 대외 전파

자장의 건의로 축조케 된 황룡사 9층목탑은 신라 선덕여왕의 대역사
중 하나였다. 목탑의 높이가 225척으로 당시 신라에는 이러한 거탑을
조성키 위한 조탑공이 존재하지 않아 어전회의 끝에 백제의 阿非知가 탑
의 축조를 맡게 되었다.[92] 당시 백제 의자왕의 대야성 함락(642년)이라
는 정치적 관계를 고려해 볼 때 파격적인 결정이 아닌가 싶다. 이는 그 만

---

91) 국립부여문화재연구소, 2009,『扶餘 官北里百濟遺蹟 發掘報告Ⅲ』, 149쪽 도면
    47.
92)『三國遺事』권 제3 탑과 불상 제4 황룡사구층탑. 9층목탑은 선덕왕 12년(643)에
    착공되어 14년(645)에 완공되었다.

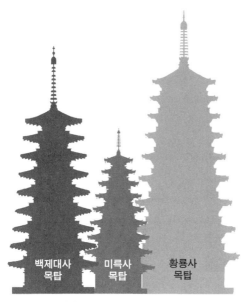

큼 백제의 조탑기술이
신라뿐만 아니라 고
구려와 비교해 보아도
상대적으로 월등하였
음을 보여주는 역사적
사건이라 할 수 있다.

9층목탑은 일본의
백제대사에도 창건되
었다. 일본측의 자료
에 따르면 이 목탑은
황룡사 9층목탑 보다
조금 작고 미륵사의
중원 목탑 보다는 큰
것으로 추정되었다(도

도면 41   백제대사·미륵사·황룡사 목탑의 비교

면 41).93)

舒明天皇 11년(639) 즈음에 건립된 것으로 보아 황룡사 9층목탑과 비
슷한 시기에 완공되었음을 유추케 한다. 이 시기 일본에 거형의 목탑이
존재하지 않았음을 전제할 때 이의 기술력 또한 백제와 무관하지 않음
을 판단해 볼 수 있다. 이는 사찰명에서 볼 수 있는 '백제'라는 이름, 그
리고 금당지에서 관찰되는 축기부 굴광 판축공법, 3m가 넘는 목탑지의
판축토 등을 통해 백제의 토목·건축기술을 엿볼 수 있기 때문이다.

---

93) 朝日新聞社, 2002, 『奈良文化財研究所創立50周年記念 飛鳥·藤原京展』, 55쪽.

4. 백제의 제와술

백제는 신라 및 일본에 제와술을 전파할 정도로 요업이 발전하였다. 이는 와박사라는 칭호에서 살필 수 있는 것처럼 국가에서 직접적으로 관리하였다. 588년 일본으로 파견된 와박사들은 비조사 창건을 위해 와요를 축조하고 기와 및 와당을 제작하였다. 와요는 이전의 것과 달리 소성실에 기와를 적재할 수 있도록 단이 설치되었다. 이러한 와요 형식은 일찍이 부여 정암리가마(도면 42)[94]에서 살필 수 있어 좋은 비교자료가 되고 있다.

아울러 비조사에서 수습되는 판단 중앙의 원형돌기식 및 삼각돌기식 와당은 6세기 4/4분기 경 부여의 정림사지(사진 34)[95] 및 가탑리사지(사진 35),[96] 쌍북리유적(사진 36),[97] 관북리 백제유적, 전 천왕사지,

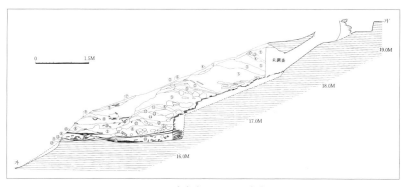

도면 42 정암리 B-7호요 단면도

94) 國立扶餘博物館, 1992,『부여 정암리 가마터(Ⅱ)』, 57쪽 삽도 17.
95) 國立扶餘博物館, 2010,『百濟瓦博』, 208쪽 사진 532.
96) 國立扶餘博物館, 2010,『百濟瓦博』, 118쪽 사진 248.
97) 國立公州博物館, 1988,『百濟瓦當特別展』, 사진 136.

사진 34 정림사지 와당

사진 35 가탑리사지 와당

사진 36 쌍북리유적 와당

사진 37 풍포사 와당

사진 38 법륭사 와당

사진 39 일본 정림사지 와당

부소산 등에서 확인되고 있다. 그리고 비조사에서 제작된 와당 형식은 이후 풍포사(사진 37),[98] 사천왕사, 법륭사(사진 38),[99] 정림사지(사진 39),[100] 석신유적, 신당폐사, 횡정폐사, 오산구미사, 판전사 등 비조~ 백봉기의 많은 일본 사지에서 검출되고 있다. 이는 백제의 제와술이 고대 일본의 와당(기와) 제작에 지대한 영향을 미쳤음을 보여주는 적극적인 자료로 이해할 수 있다.

5. 백제의 이사제

현재까지 발굴된 백제사지 중 법사사나 니사 등으로 확인된 유적은 거의 없다. 그러나 『일본서기』의 내용으로 보아 백제에서의 이사제는 확실히 존재하였음을 알 수 있다. 이는 일본 최초의 비구니인 선신니 등을 위해 대신이 백제의 사신에게 수계를 받을 수 있도록 요청하는 것과 이들이 위덕왕대에 실제 백제로 건너와 수계를 받고 일본으로 돌아가 櫻井寺(豊浦寺)에 머문 사실을[101] 통해서도 확인할 수 있다.

이로 보아 백제는 적어도 위덕왕대에 법사사와 니사가 분명 존재하였음을 알 수 있다. 그리고 이러한 제도는 일본에까지 파급되어 최초의 니사인 풍포사가 창건되는 계기가 되었으며 일본에서의 비구니가 증가하는 원동력이 되었다.

---

98) 國立扶餘博物館, 2010, 『百濟瓦塼』, 319쪽 사진 842.

99) 國立扶餘博物館, 2010, 『百濟瓦塼』, 318쪽 사진 839.

100) 國立扶餘博物館, 2010, 『百濟瓦塼』, 319쪽 사진 841.

101) 『日本書紀』卷 第21 崇峻天皇 卽位前期(用明天皇 2년 : 587) 6月 甲子條 및 是歲條(588), 3年(590) 春3月條.

IV. 맺음말

이상에서와 같이 일본 및 백제의 고대 사지를 가람배치 및 토목·건축 기술 등에 대하여 상호 비교해 보았다. 그 결과 다음과 같은 특징을 도출해 볼 수 있다.

첫째, 일본의 사천왕사, 법륭사 약초가람, 신당폐사, 귤사 등에서는 백제의 능산리사지, 정림사지, 제석사지 등에서 살필 수 있는 남북장축의 1탑1금당식 가람배치를 확인할 수 있다. 아울러 산전사지에서는 미륵사지 중원가람 등에서 살필 수 있는 가람배치 양식을 엿볼 수 있다.

둘째, 588년 백제에서 일본으로 건너간 조사공, 와박사, 노반박사, 화공 등에 의해 일본 최초의 비조사가 창건되었고 기와 및 와요 등의 제와술 등도 함께 전파되었다. 아울러 일본의 이사제가 확립하는데 있어 백제의 이사제가 결정적인 영향을 미쳤음도 살필 수 있다.

셋째, 혈태폐사, 회외사, 고려사, 상정폐사, 숭복사 등에서 보이는 와적기단은 중국에서도 찾아볼 수 없는 백제 고유의 기단형식으로서 백제의 독창성과 창의성 등을 엿볼 수 있다. 특히, 이러한 기단형식은 일본 나라시기의 사지 및 관아건물 등에서도 어렵지 않게 살필 수 있어 백제 기술 축조술이 일본 건축사회의 저변에 폭넓게 확대되어 있었음을 확인할 수 있다.

아울러 백제 조사공에 의한 토목·건축기술(축기부 굴광 및 정지 후 판축, 이중기단, 초석 및 적심)의 일본 전파도 비조사 및 법륭사 약초가람, 산전사, 회외사, 신당폐사, 오산구미사 등의 유적을 통해 살필 수 있다.

넷째, 황룡사 9층목탑의 완공에 있어 백제 조탑공이었던 아비지의 역할은 거의 절대적이었다. 당시 백제와 신라의 정치적 관계가 쟁탈기였음을 볼 때 아비지의 조탑기술이 당대 최고였음을 짐작케 한다. 이러한 백제의 조탑기술은 아마도 일본 최고의 목탑으로 일컬어지는 백제대사의 9층탑에도 직접적인 영향을 미쳤을 것으로 생각된다. 이로 볼 때 당시 백제 조탑공의 건탑 기술은 고구려나 신라, 왜에 비해 월등하게 뛰어났음을 확인케 한다.

앞으로도 백제 및 일본 고대 사지에 대한 발굴은 계속적으로 진행될 것이다. 이로써 백제와 일본 사원의 토목·건축기술은 좀 더 확연하게 드러날 것이고 백제 건축문화의 전파 내용도 세부적으로 검토될 수 있으리라 생각된다.[102]

---

102) 이 글은 다음의 논고를 정리하여 옮겨놓은 것이다.
조원창, 2013, 「백제 사찰과 일본 사찰의 비교」, 『백제 사찰과 주변국 사찰과의 비교 연구 -정림사지와 미륵사지를 중심으로』, (재)백제역사유적지구 세계유산등재추진단 · 원광대학교박물관.

백제 사원유적 탐색

제2부

제2부

백제시기의 연화문은 와당을 비롯해 연목와, 불상 대좌, 광배, 향로 등 여러 유물에 시문되어 있다. 연화문은 중국의 영향뿐만 아니라 백제 장인의 아이디어에 의해 시기적으로 다양하게 변천하고 있다. 따라서 연화문의 시기 변천을 이해하게 되면 이것이 시문된 유물의 제작시기 또한 자연스럽게 파악할 수 있다.

여기에서는 연화문의 시문양상을 통해 백제사지의 편년과 부여 능산 리사지에서 출토된 금동대향로의 제작 시기 등을 살펴보고자 한다. 아울러 웅진기 대통사지의 와당과 친연성이 있는 와례를 검토하여 백제 웅진기의 사비경영도 함께 알아보고자 한다.

백제와당은 판단문 및 연판의 형태에 따라 여러 형식으로 나누어지고 있다. 여기서 판단첨형이란 연화문의 끝단이 뾰족한 것을 의미한다. 이러한 와당형식은 일찍이 백제 한성기부터 등장하고 있으며 그 계통은 중국의 북조로 추정되고 있다. 이후 백제는 중국 및 고구려의 영향, 그리고 백제 내부의 문양 변화에 따라 다양한 판단첨형식 와당을 제작하게 되었다.

대통사지의 창건 와당은 판단원형돌기식으로 연꽃 끝단에 소형의 원주문이 돌기되어 있다. 이러한 동범와는 부여지역의 구아리유적을 비롯해 동남리유적, 관북리유적 등 여러 곳에서 수습되고 있다.

이처럼 백제 웅진기로 편년되는 연화문 와당이 부여지역의 여러 곳에서 동시다발적으로 검출되고 있다는 사실은 이곳에 사원건축 및 기와 건물 등이 넓은 범위에 걸쳐 축조되고 있었음을 의미한다. 또한 권위적

건물에 해당되는 기와 건물이 왕성인 부소산성 남쪽으로 잇따라 조성되었다는 점에서 백제 웅진기의 사비천도 과정으로도 이해할 수 있다.

　부여 능사는 성왕의 원찰로 위덕왕대에 창건되었다. 이곳에서는 국보로 지정된 금동대향로(제287호)와 사리감(제288호) 등이 출토되었다. 사리감은 윗면에 음각된 명문으로 인해 567년에 제작되었음을 알 수 있다. 반면, 금동대향로는 서회랑 북단 건물지의 구덩이에서 수습된 것만 알려져 있을 뿐 이의 제작시기에 대해서는 구체적으로 남아 있는 것이 없다. 따라서 본고는 향로의 본체 하부에 조각된 중판의 연화문을 중심으로 이의 제작시기를 검토해 보았다.

百濟 瓣端尖形式 蓮花文의 形式과 編年

I. 머리말

백제 연화문은 불상 광배를 비롯한 대좌, 와당, 고분벽화, 금동식리, 사리병, 동탁은잔 등 다양한 분야에 시문되어 있다. 시기적으로는 한성기부터 등장하고 있으나 현재 남아 있는 유물들을 검토해 볼 때 사비기의 것이 대부분을 차지하고 있다. 아울러 여러 유물 가운데 연화문이 가장 많이 시문된 것으로는 다양한 형식의 와당을 들 수 있다. 이러한 와례들은 사원을 중심으로 왕궁, 고분, 특수 건물 등에 사용되었던 것으로 보여진다.

연화문은 판구를 구성하는 연판수 및 세부 문양에 따라 단판, 중판, 복판으로 나눌 수 있고 상하의 어긋난 배치에 따라 혼판도 확인할 수 있다.[1] 아울러 연화문 끝부분에 해당되는 판단부의 형태에 따라 융기식,

---

1) 연화문의 형식 분류는 연판이나 판단의 형태, 그리고 판구내의 문양 등으로 세분되며 이는 논자에 따라 약간씩 다르게 표현되고 있다.

원형돌기식, 삼각돌기식, 첨형식[2] 등으로 구분하고 있으며 판구내의 문양에 따라서도 판구곡절식,[3] 연화돌대문식 등으로 세분하고 있다. 또한 연화문의 판단이 상하 어느 곳을 향하냐에 따라서도 앙련, 복련으로 나누고 있다.[4]

이처럼 연화문은 연판수, 세부 형태에 따라 다양한 명칭으로 불리고 있다. 아울러 1960년대 이후 최근에 이르기까지 백제의 연화문은 와당 연구를 중심으로 계속적으로 진행되고 있다.[5] 이러한 연구 성과로 말미

2) 金誠龜, 1992, 「百濟의 瓦塼」, 『百濟의 彫刻과 美術』, 公州大學校博物館·忠淸南道.

3) 곡절소판형(金誠龜, 1992, 「百濟의 瓦塼」, 『百濟의 彫刻과 美術』, 公州大學校博物館·忠淸南道)으로도 불리나 연판의 판구 중상부에 횡선대가 돌려진다는 점에서 판구곡절식으로 부르고자 한다(趙源昌, 2006, 「百濟 曲折素瓣形 瓦當의 始原과 변천」, 『祥明史學』 10·11·12집).

4) 이들 외에도 연화문의 세부 문양에 따라 새로운 조어가 있을 수 있다.

5) 그 동안 백제와당에 대한 형식 분류 및 편년은 김화영, 박용진, 김성구, 조원창, 이병호, 소재윤 등에 의해 진행된 바 있다.
金和英, 1976, 『韓國蓮花紋研究』, 梨花女子大學校 博士學位論文.
朴容塡, 1968, 「百濟瓦當에 關한 硏究」, 『公州敎育大學論文集』 제5집, 公州敎育大學.
朴容塡, 1976, 「百濟瓦當의 體系的 分類」, 『百濟文化』 제9집, 公州師範大學 百濟文化硏究所.
朴容塡, 1984, 「百濟瓦當의 類型硏究」, 『百濟硏究』 제15집, 忠南大學校 百濟硏究所.
金誠龜, 1992, 「百濟의 瓦塼」, 『百濟의 彫刻과 美術』, 公州大學校博物館·忠淸南道.
趙源昌, 2000, 「熊津遷都後 百濟瓦當의 變遷과 飛鳥寺 創建瓦에 대한 檢討」, 『嶺南考古學』 제27호, 嶺南考古學會.
趙源昌, 2001, 「熊津遷都後 百濟瓦當의 中國 南北朝 要素 檢討」, 『百濟文化』 제30집, 公州大學校 百濟文化硏究所.
趙源昌, 2004, 「法泉里 4號墳出土 靑銅蓋 蓮花突帶文의 意味」, 『百濟文化』 제33집, 公州大學校 百濟文化硏究所.
趙源昌, 2006, 「百濟 曲折素瓣形 瓦當의 始原과 변천」, 『祥明史學』 10·11·12호, 祥明史學會.

암아 백제 연화문은 위와 같은 나름의 형식분류도 가능해졌으리라 생각된다. 그러나 형식분류에 따른 세부 내용 즉, 계통이나 변천 등에 있어선 아직까지도 연구해야할 부분이 적지 않다. 이런 점에서 주목되는 것이 판단첨형식 연화문이다.

이 형식의 연화문은 판단부가 뾰족한 것으로 최근 풍납토성 내 경당지구 와당을 통해 이미 한성기부터 등장한 문양이었음을 알게 한다. 웅진기에도 일부 시문되고 있으나 사비기에 비해선 그 수가 비교되지 않는다. 따라서 본고에서는 백제시기에 등장한 판단첨형식 연화문에 대해 첨선의 문양 속성과 자방 내의 연자 배치 등을 중심으로 와례를 형식 분류해 보고 아울러 이의 편년을 검토해 보고자 한다.

Ⅱ. 백제 판단첨형식 연화문의 형식

여기에선 우선 백제 판단첨형식 연화문을 연판의 생김새에 따라 보주형(Ⅰ형)과 유엽형(Ⅱ형), 세장유엽형(Ⅲ형) 등으로 대분하고, 다시 연판 내부의 세부 문양이나 판단부 첨형의 시문 양상에 따라 세분해 살펴보고자 한다.

趙源昌, 2008,「熊津~泗沘期 瓦當으로 본 高句麗 製瓦術의 百濟 傳播」,『白山學報』81, 白山學會.

이병호, 2008,「扶餘 陵山里寺址 出土 瓦當의 再檢討」,『한국고대사연구』51, 한국고대사학회.

소재윤, 2006,「웅진·사비기 백제 수막새에 대한 편년 연구」,『호남고고학보』23집, 호남고고학회.

1. I형(보주형)

연판에 비해 자방이 크게 제작된 점, 그리고 간판, 연판의 표현에 있어 정형성이 찾아지지 않는다는 특징이 있다. 계통상 중국 북조나 고구려와 밀접한 관련이 있는 형식임을 판단케 한다.

1) Ia형

풍납토성 경당지구에서 검출된 판단첨형식 와당으로 연판 내부에 종선의 돌대가 시문되어 있다. 그 동안 발굴조사를 통해 확인된 백제 연화문 와당 중 가장 이른 시기의 것이며 층위가 비교적 분명한 곳에서 출토되었다. 아울러 다른 기하학문, 혹은 전문와당과 달리 연화문이라는 점에서도 의미가 있다. 이들 와례는 연화문과 연화문을 연결하는 선에서 약간의 차이를 보이고 있으나 동일 형식의 와당으로 이해할 수 있다.

판단 중앙은 각이 무딘 첨형을 이루고 있고, 연판의 최대경은 중간지점에서 살필 수 있다. 연화문의 판근부가 자방에까지 길게 이어지지 않아 웅진기 이후에 나타나는 여러 형식의 백제와당과 큰 차이를 보이고 있다. 연화문 중앙 내부에 시문된 종선은 자방 외곽의 원권대까지 일자로 이어져 있다. 연화문과 연화문은 북위의 석굴사원(운강석굴 및 용문석굴 등)이나 와당에서 일반적으로 살필 수 있는 것처럼 별도로 단락되어 있지 않고 직선(와당 1, 사진 1)[6]이나 곡선(와당 2, 사진 2)[7]으로 상호 연결되어 있다. 연화문과 연화문 사이의 상단에서 관찰되는 간판은

---

6) 필자 사진. 이와 동범와로 판단되는 와례가 최근 풍납토성 내 미래마을 지구 발굴조사에서도 검출된 바 있다.

7) 필자 사진.

사진 1 풍납토성 경당지구 출토 와당의 사진 2 풍납토성 경당지구 출토 와당의
        Ⅰa형 연화문 1   Ⅰa형 연화문 2

생략되어 있다. 이러한 간판의 생략화는 북위 연화문에서도 쉽게 살필 수 없는 속성일 뿐만 아니라 웅진기 이후 백제와당에서도 거의 찾아볼 수 없다. 자방 내에는 연자가 배치되어 있지 않고 평판화되어 있으며 외곽으로 2조의 원권대가 돌려져 있다. 연화문과 멸실된 주연 사이의 원권대는 시문되지 않았다. 태토에 굵은 사립이 다량 혼입되어 있다.

한성기 여타 백제와당과 마찬가지로 자방이나 볼륨감 없이 돌대를 이용하여 시문하였다는 점에서 한성기 백제와당의 특성을 살필 수 있다.

2) Ⅰb형

용정리사지 상층 건물지 기단토내에서 검출되었다.[8] 보주형의 판단첨형식 연화문이나 Ⅰa형과 달리 연판 내부가 소문이다. 자방이나 연화문의 볼륨감, 간판의 존재 등에서 Ⅰa형과 계통이 다름을 살필 수 있다. 연

---

8) 상층 건물지 기단토내에서 검출되었다는 사실은 해당 와당이 하층 건물과 관련되었음을 의미한다. 이는 용정리사지의 창건과도 연관시켜 볼 수 있다.

사진 3 용정리사지 출토 와당의
Ib1형 연화문

사진 4 용정리사지 출토 와당의
Ib2형 연화문

자 배치 및 판단의 표현 등에서 두 종류로 세분할 수 있다.

Ib1형(사진 3)[9]은 단판 8엽으로 1+6과의 연자 배치를 보이고 있다. 첨형의 판단은 길고 뾰족하여 주연부까지 이어져 있다. 자방 외연에서 1조의 원권대가 희미하게 관찰되고 있으며, 연화문 사이의 간판은 '◇'을 이루고 있다. 연자는 전체 자방의 크기에 비해 크게 표현하였고 끝이 둥글고 도톰하게 처리하였다.

Ib2형(사진 4)[10]은 1+7과의 연자 배치에 첨형의 판단이 짧게 표현되어 Ib1형과 차이를 보인다. 자방 내의 연자는 Ib1형에 비교해 크기가 작고 끝단을 편평하게 다듬어 놓았다. 기타 간판의 형태나 연판의 볼륨감, 그리고 연판에 비해 자방이 크게 표현된 점등은 두 와례가 같은 계통임을 판단케 한다.

한편, Ib형과 비교할 수 있는 연화문은 무령왕릉 출토 왕비 두침에서

---

9) 國立公州博物館, 1988, 『百濟瓦當特別展』, 사진 121.
10) 百濟文化開發研究院, 1983, 『百濟瓦塼圖錄』, 사진 77.

도면 1 왕비 두침 연화문 1   도면 2 왕비 두침 연화문 2   도면 3 왕비 두침 연화문 3

도 살필 수 있다(도면 1·2·3).[11]

표 1 Ib형 와당의 제원   (단위 : cm)

	와당 직경	자방 직경	연자 배치	연판 길이	연판수	주연 폭	주연 높이	두께
Ib1형	10.6	3.3	1+6	2.5	8	1.1	0.9	2.2
Ib2형	15	4.6	1+7	3.3	8	1.3~1.5	1.2	·

3) Ic형

이 형식의 연화문은 관북리 백제유적에서 수습된 금동불상광배(사진 5)[12]에서 살필 수 있다. Ib2형과 연판의 형태는 유사하나 첨선의 길이,

___

11) 忠淸南道·公州大學校 百濟文化硏究所, 1991, 『百濟武寧王陵』, 305쪽 그림 6-14.

12) 국립중앙박물관·문화재청, 2007, 『발굴에서 전시까지』, 214쪽.

간판의 형태 등에서 차이가 있
다. 연판에 비해 자방이 크게
제작되었다. 판단선은 Ⅰa형처
럼 판단 중앙에서 모아져 짧게
표현되어 있다. 연판 사이의 간
판은 '▼'형으로 처리되어 Ⅰ형
의 다양한 간판 모습을 보여주
고 있다.

4) Ⅰd형

판단첨형식 연화문 중에서도 그 사례가 많지 않은 경우이다. 한성기
이후 사비기에 이르기까지 대부분의 판단첨형식 연화문은 단판을 유
지하고 있다. 그런데 왕흥사지 목탑지 공양석 위에서 검출된 은제(사진
6)[13]·금제(사진 7)[14] 사리병의 연화문은 중판으로 시문[15]되어 다른
판단첨형식 연화문과 큰 차이를 보이고 있다.

은제사리병의 연화문은 8엽으로 연판의 최대경이 상부에 위치하고 있
다. 간판은 판단 중앙에서처럼 첨형으로 음각되어 다른 연화문에서 관
찰할 수 있는 'T'형, '◇'형과는 완전 다르다. 연판의 내판은 장타원형의
절반에 해당되고 있다. 자방에 해당되는 사리병의 손잡이는 연판에 비
해 크게 제작되었다.

금제사리병의 연화문은 6엽이나 전체적인 문양기법이 은제사리병과

---

13) 국립부여박물관·국립부여문화재연구소, 2008, 『百濟王興寺』, 20쪽.
14) 국립부여박물관·국립부여문화재연구소, 2008, 『百濟王興寺』, 22쪽.
15) 끝이 뾰족한 금속제 도구를 이용하여 음각기법으로 연화문을 시문하였다.

사진 6　왕흥사지 목탑지 출토
은제사리병의 Ⅰd형 연화문

사진 7　왕흥사지 목탑지 출토
금제사리병의 Ⅰd형 연화문

흡사하여 같은 장인의 작품으로 생각된다. 다만, 간판의 경우 은제사리
병이 'ㅣ'형 혹은 '/'형에 가까운 반면, 금제사리병은 'ノヽ'형이고 내판의
표현에 있어서도 금제사리병의 경우 반원형에 가까워 은제사리병과 약간
의 차이를 보이고 있다.

2. Ⅱ형(유엽형)

1) Ⅱa형[16)]

(1) Ⅱa1형

무령왕릉 출토 은제탁잔의 8엽 연화문(도면 4)[17)]을 들 수 있다. 일견

---

16) 첨형의 線이 판단 끝에서 시작하고 있다.

17) 忠淸南道·公州大學校 百濟文化研究所, 1991, 『百濟武寧王陵』, 287쪽 그림
6-8.

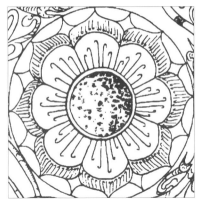

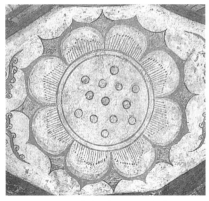

도면 4   무령왕릉 출토 은제탁잔의
Ⅱa1형 연화문

사진 8   덕화리 제1호분의 연화문

사진 9   평양 토성리 출토 와당

사진 10   내몽고 운중고성 출토 와당(북위)

중판으로 보이기도 하나 문양이 자방이 아닌 연판 상부에 시문되어 있어
판구곡절식임을 알게 한다. 첨형의 판단은 Ⅰb2형과 유사하나 연판이 Ⅰ
형에 비해 길게 표현되었다는 점에서 차이가 있다. 연판 내부에는 고구
려 고분벽화(사진 8)[18] 및 와당(사진 9)[19] 등에서 살필 수 있는 4~6조

---

18) 서울대학교출판부, 2000, 『북한의 문화재와 문화유적 Ⅰ(고구려편)』, 도 114.

19) 井内古文化硏究室, 昭和 51年, 『朝鮮瓦塼圖譜Ⅱ 高句麗』, PL.30.

의 술이 표현되어 있다.[20] 간판은 중국 북조(사진 10)[21]나 고구려 등의 연화문에서 흔히 살필 수 있는 'ㅅ'형으로 표현되었으나 전체적으로는 '◇'형으로 보이기도 한다. 자방이 연판에 비해 크게 제작되었음을 볼 수 있고 연판의 직경이 상부에서 아래로 내려오며 크게 축약됨을 확인할 수 있다.

(2) Ⅱa2형

서혈사지 출토 단판 8엽 와당에서 살필 수 있다(사진 11).[22] Ⅱa1형에 비해 판구 내부가 무문이다. 주연은 결실되었고 간판은 'T'형이며 첨선은 판단 끝에서 짧게 표현되었다. 돌출된 자방에는 1+4과의 연자가 배치되어 있다.[23] 공주 대통사지에서 동범 와례(사진 12)[24]가 검출되었다.

표 2   Ⅱa2형 와당의 제원   (단위 : cm)

	와당 직경	자방 직경	연자 배치	연판 길이	연판 수	주연 폭	주연 높이	두께
Ⅱa2형	13	4.4	1+4	3.8	8	·	·	1.7

---

20) 연판에서의 술은 본래 중국 북위 와당에서 살필 수 있어 그 시원은 고구려가 아닌 중국에 있었음을 알게 한다.

21) 북위 운강석굴이나 용문석굴 및 와당(文物出版社, 2003, 『內蒙古出土瓦當』, 사진 36), 자기 등의 연화문에서 살필 수 있다.

22) 國立公州博物館, 1988, 『百濟瓦當特別展』, 사진 17.

23) 1+4과의 연자 배치는 웅진기 와당에서 살필 수 없는 사비기의 특성으로 이는 중국 남조 제와술로 제작된 것이다(趙源昌, 2000, 「熊津遷都後 百濟瓦當의 變遷과 飛鳥寺 創建瓦에 대한 檢討」, 『嶺南考古學』 제27호, 嶺南考古學會).

24) 公州大學校博物館·忠淸南道 公州市, 2000, 『大通寺址』, 27쪽 사진 6-③.

사진 11 서혈사지 출토 와당의 Ⅱa2형 연화문   사진 12 대통사지 출토 와당

2) Ⅱb형[25)]

(1) Ⅱb1형

정림사지 출토 8엽 와당(사진 13)[26)]에서 살필 수 있다. 연화문에 비해 자방이 상대적으로 작게 표현되었다. 연화문과 자방의 크기를 비교해 볼 때 능산리 동하총 연화문과 친연성이 찾아진다. 판단선은 중앙에서 심하게 꺾여 날렵

사진 13 정림사지 출토 와당의 Ⅱb1형 연화문

---

25) 첨형의 線이 판단 위에서 시작하여, 판단 끝에서 시작하는 Ⅱa형과 차이를 보인다.

26) 國立扶餘博物館, 2010, 『百濟瓦塼』, 208쪽 사진 531.

함을 보여주고 있다. 첨선은 판단 위에서 주연을 향하여 약한 돌대로 희미하게 표현되어 있다. 연판에 비해 작게 제작된 자방은 돌출되어 있고, 1+4과의 연자가 배치되어 있다. 연판 사이의 간판은 '▼'형으로 판근이 자방에 까지 이어져 있지 않다. 구아리 전 천왕사지 등에서 동범 와례가 검출되었다.

표 3 Ⅱb1형 와당의 제원   (단위 : cm)

	와당 직경	자방 직경	연자 배치	연판 길이	연판 수	주연 폭	주연 높이	두께
Ⅱb1형	12.8	2.5	1+4	3.5	8	1.1	1.2	2.1

(2) Ⅱb2형

출토지를 알 수 없는 8엽 와당(사진 14)[27)]에서 살필 수 있다. 연화문 및 간판의 형태, 자방 등에서 차이를 보이나 첨형의 판단 표현에서 Ⅱb1형과 친연성을 보이고 있다. 평판화된 자방이 큼직하게 제작되어 있고 내부에는 1+8과의 연자가 배치되어 있다. 연판 상단에서 시작된 첨형의 판단은 주연에까지 이어져 있다.

사진 14 출토지 미상 와당의 Ⅱb2형 연화문

---

27) 國立公州博物館, 1988,『百濟瓦當特別展』, 사진 150.

표 4 　Ⅱb2형 와당의 제원 　(단위 : cm)

	와당 직경	자방 직경	연자 배치	연판 길이	연판 수	주연 폭	주연 높이	두께
Ⅱb2형	15	4.4	1+8	3.7	8	1.6	1.0	2.4

(3) Ⅱb3형

정림사지 출토 8엽 와당(사
진 15)[28)]에서 살필 수 있다.
전술한 와례들과 비교해 첨선
이 전혀 다른 뉘앙스를 풍기고
있다. 연판에 비해 자방이 크
게 표현되어 있으며 첨선은 판
단 위에서 주연에 접해 '|'모
양으로 표현되어 있다. 자방은
돌출됨이 없이 평판화되어 있

사진 15 　정림사지 출토 와당의 Ⅱb3형 연화문

으며 외곽에 1조의 원권대가 돌려져 있다. 내부에는 1+8과의 연자가 배
치되어 있다.

표 5 　Ⅱb3형 와당의 제원 　(단위 : cm)

	와당 직경	자방 직경	연자 배치	연판 길이	연판 수	주연 폭	주연 높이	두께
Ⅱb3형	14.2	3.8	1+8	4.9	8	1.4	1.6	2.6

---

28) 國立公州博物館, 1988,『百濟瓦當特別展』, 사진 41.

(4) Ⅱb4형

구교리사지 출토 8엽 와당(사진 16)[29)에서 살필 수 있다. Ⅱb3형 와당과 마찬가지로 첨선이 판단에서 주연부까지 연결되면서 굵고 선명하게 시문되어 있다. 'T'자형의 간판(판근)은 자방에까지 이어져 있다. 자방은 돌출됨이 없이 평판화되어 있고, 외곽에는 1조의 원권대가 돌려 있다. Ⅱb2형 와당과 달리 자방 내부에는 1+7과의

사진 16   구교리사지 출토 와당의
Ⅱb4형 연화문

연자가 배치되어 있다. 동범와가 궁남지에서 검출된 바 있다.

표 6   Ⅱb4형 와당의 제원   (단위 : cm)

	와당 직경	자방 직경	연자 배치	연판 길이	연판 수	주연 폭	주연 높이	두께
Ⅱb4형	13.7	3.4	1+7	3.7	8	1.3	1.3	2.8

(5) Ⅱb5형

군수리사지 출토 8엽 와당(사진 17)[30)에서 살필 수 있다. 마멸 정도가 심해 판단의 형태가 선명치 않으나 첨형임에는 틀림없다. Ⅱb1형 및 Ⅱb2형의 첨형 판단과 친연성을 보인다. 간판은 'T'형이며 판근이 자방

29) 國立公州博物館, 1988, 『百濟瓦當特別展』, 사진 85.
30) 國立扶餘博物館, 2010, 『百濟瓦塼』, 138쪽 사진 313.

사진 17 군수리사지 출토 와당의
Ⅱb5형 연화문

사진 18 동남리유적 출토 와당의
Ⅱb5형 연화문

에까지 연결되어 있다. 자방은 거의 평판화되어 있고 외곽에는 2조의 연
주문대가 시문되어 있다. 자방 내부에서의 연자 배치는 확인하기 어렵다.

한편, Ⅱb5형과 같은 형식으로 볼 수 있는 것이 동남리유적에서도 검
출되어 소개해 보고자 한다. 이 와례(사진 18)[31]는 첨선이나 연화문 형
태, 평판화된 자방, 자방 외곽의 장식문 등에서 친연성을 살필 수 있다.
다만, 연주문대의 경우 Ⅱb4형은 2조인 것에 반해, 동남리유적 출토 와
례는 1조이어서 차이를 보인다.

표 7 Ⅱb5형 와당의 제원 (단위 : cm)

	와당 직경	자방 직경	연자 배치	연판 길이	연판 수	주연 폭	주연 높이	두께
Ⅱb5형	15.5	4.7	1+5	3.2	8	1.6	0.8	2.2

---

31) 國立扶餘博物館, 2010,『百濟瓦博』, 165쪽 사진 425. 이 와당은 정암리요지 C지
구에서도 살필 수 있다(국립부여박물관, 1992,『부여 정암리 가마터(Ⅱ)』).

3. Ⅲ형

부여 하죽리 출토 8엽 와당(사
진 19)[32]에서 살필 수 있다. Ⅰ·
Ⅱ형에 비해 연화문이 협판이라
는 특징이 있다. 연화문은 간판
에 의해 구획된 느낌이고, 첨형의
판단은 짧게 돌출되어 있다. 자방
은 연화문에 비해 크게 제작되었
고, 내부엔 1+7과의 연자가 배치
되어 있다. 평판화된 자방에 비해

사진 19 부여 하죽리 출토 와당의
Ⅲ형 연화문

연판은 후육하여 차이를 보인다. 연판이 협판이라는 점에서 부여지역의
쌍북리 및 용관리 등에서 검출된 고구려계 와당[33]의 연화문과 친연성
을 보인다.

표 8   Ⅲ형 와당의 제원   (단위 : cm)

| | 와당
직경 | 자방
직경 | 연자
배치 | 연판
길이 | 연판
수 | 주연
폭 | 주연
높이 | 두께 |
|---|---|---|---|---|---|---|---|---|
| Ⅱb4형 | 11.2~
11.8 | 4 | 1+7 | 3.5 | 8 | · | · | · |

32) 百濟文化開發研究院, 1983, 『百濟瓦塼圖錄』, 사진 75.
33) 百濟文化開發研究院, 1983, 『百濟瓦塼圖錄』.

Ⅲ. 백제 판단첨형식 연화문의
편년적 검토

　이상에서 살펴본 바와 같이 백제의 판단첨형식 연화문은 탁잔, 와당, 사리병, 금동광배 등 다양한 유물에서 확인되고 있다. 특히 와당의 경우는 가장 많은 수를 차지하고 있으나 연구 성과는 상대적으로 미약한 편에 속한다. 반대로 탁잔이나 사리병, 금동광배 등의 경우는 공반된 유구나 유물을 통해 편년 등의 연구가 어느 정도 진행된 상태이다.

　따라서 본고에서는 와당을 중심으로 내용을 살펴보고, 특히 초출 자료에 해당되는 풍납토성 경당지구 출토 연화문 와당에 대해 자세히 검토해 보고자 한다.

　Ⅰa형은 풍납토성 경당지구내에서 검출된 최초의 연화문 와당으로 출토위치가 비교적 분명하다는 점에서 자료 가치가 높다. 물론 서울 몽촌토성(사진 20)[34]을 비롯한 삼성동 토성지(사진 21)[35] 및 광장동(사진 22)[36] 지역에서도 백제시대의 것으로 알려진 몇 점의 연화문 와당이 수습된 바 있다.

　그러나 고구려 유물과의 공반관계 및 출토 층위의 미상 등으로 인해 이들을 무조건적으로 백제 작으로 신뢰하기란 그리 쉽지 않은 실정이다. 이 외 비교적 층위가 분명한 곳에서 검출된 한성기의 백제와당은 거의 대부분 연화문이 아닌 전문(사진 23)[37] 혹은 수지문(어골문) 등이 주류

---

34) 서울대학교박물관, 1997,『발굴유물도록』, 사진 223.

35) 百濟文化開發硏究院, 1983,『百濟瓦塼圖錄』, 사진 384.

36) 國立公州博物館, 1988,『百濟瓦當特別展』, 사진 2.

37) 國立慶州博物館, 2000,『新羅瓦塼』, 사진 788.

사진 20 몽촌토성 출토 와당   사진 21 삼성동 토성지 출토 와당

사진 22 광장동 출토 와당   사진 23 석촌동 4호분 출토 와당

를 이루고 있어 문양 계통상 연화문과 전혀 다름을 살필 수 있다. 이렇게 볼 때 연화문은 한성기의 어느 시점에 백제 자작이 아닌 새로운 제와 술로 제작된 와당에 시문되었음을 판단케 하고 있다.

Ⅰa형은 보주형의 연화돌대문38)으로 이루어져 있고, 자방은 형식적

---

38) 이러한 연화돌대문은 일찍이 중국 秦代에서 확인되고 있다(탁본 1, 賀云翱, 2005,『六朝瓦當與六朝都城』, 文物出版社, 49쪽 도 30).

탁본 1 진대 연화돌대문 와당

사진 24 운강석굴 제9굴 후실 굴정
판단첨형 연화문

으로 표현되어 있으며 연자는 배치되어 있지 않다.[39] 이 와당에서 살필 수 있는 가장 큰 특징은 연화문의 형태가 볼륨감이 없이 평판화 되었다는 점이다.[40] 아울러 문양 구성은 두꺼운 양각대로 만 이루어져 있음을 볼 수 있다. 이처럼 두꺼운 양각대로 시문된 평판화된 문양은 한성기의 와당에서도 어렵지 않게 살필 수 있는 속성이나 와당의 주문양이 연화문이라는 점에서 큰 차이가 있다.

---

39) 연화문의 자방에 연자가 배치되지 않은 사례는 와당의 경우 찾아보기 힘드나 중국 북위 운강석굴 연화문에서는 흔히 볼 수 있다. 즉, 제7굴 후실 上屋 동남각 및 서남각(文物出版社, 1991, 『中國石窟 云岡石窟 一』, 사진 144·145) 및 굴정(文物出版社, 1991, 『中國石窟 云岡石窟 一』, 사진 162~166·173), 제8굴 굴정(文物出版社, 1991, 『中國石窟 云岡石窟 一』, 사진 187·188), 제9굴 후실 남벽 상부(文物出版社, 1994, 『中國石窟 云岡石窟 二』, 사진 34) 및 頂部(文物出版社, 1994, 『中國石窟 云岡石窟 二』, 사진 45, 본문 사진 24), 제10굴 전실 북벽 중부(文物出版社, 1994, 『中國石窟 云岡石窟 二』, 사진 48) 및 후실 남벽 정부 등에서 볼 수 있다.

40) 이는 중국 북위대의 운중고성 출토 와당에서 살필 수 있다(文物出版社, 2003, 『內蒙古出土瓦當』, 사진 34, 본문 사진 25).

사진 25 운중고성 출토 와당

탁본 2 토성자고성 출토 와당

Ⅰa형 연화문의 두 번째 특징은 연화문과 연화문 사이의 판근이 자방에까지 이어져 있지 않고, 별리되어 곡선 혹은 직선화되어 있다는 점이다. 이처럼 연화문의 판근이 자방에 닿지 않고 곡면화된 사례는 북위의 와당과 석굴사원 연화문에서 어렵지 않게 살필 수 있다. 와당의 경우는 내몽고지역의 云中古城[41])이나 土城子古城(탁본 2)[42]) 등에서 확인할 수 있고, 석굴사원의 경우는 북위대에 개착된 운강석굴[43])과 용문석굴[44])

41) 잔존 직경 13cm, 두께 1.2cm이다(文物出版社, 2003, 『內蒙古出土瓦當』, 사진 99).

42) 직경 14.3cm, 두께 2.2cm이다(文物出版社, 2003,『內蒙古出土瓦當』, 사진 95).

43) 제1굴 서벽 중옥 북측 불탑 상면, 제1굴 남벽, 제2굴 동벽 중옥 북측 불탑 상면, 제5굴 누각 상옥 동측 좌불 두광 및 서·남벽, 제6굴 중심 탑주 남면 상옥 입불 광배 및 동·서벽, 제7굴 후실 동·서·남벽 및 窟頂(사진 26), 제8굴 후실 남벽 및 窟頂(이상 文物出版社, 1991, 『中國石窟 云岡石窟 一』), 제9굴 전실 동·서·북벽 및 굴정, 제9굴 후실 동·서·남·북벽, 제10굴 전실 동·서·북벽, 제10굴 후실 동·남벽(사진 27) 및 제11굴, 제12굴, 제13굴 등에서 살필 수 있다(이상 文物出版社, 1994,『中國石窟 云岡石窟 二』). 운강석굴 대부분의 벽면과 굴정에서 확인할 수 있다.

44) 교각보살상이 안치된 미륵감 정벽 두광(文物出版社, 1991, 『中國石窟 龍門石窟

사진 26　운강석굴 제7굴 후실 굴정　　　　사진 27　운강석굴 제10굴 남벽
　　　　판단첨형 연화문　　　　　　　　　　　　판단첨형 연화문

등에서 찾아볼 수 있다.

Ⅰa형 연화문의 세 번째 특징은 간판이 생략되어 있다는 점이다. 우리
에게 알려진 남북조 와당을 보면 연화문과 연화문 사이의 상부에는 거의
대부분 간판이 표현되어 있다. 특히 북위 와당의 경우는 '◇'형, '∧'형,
'⌒'형 등 그 형태가 매우 다양하다. 특히 465·469년에 개착된 운강석굴
의 제17~20굴을 보면 연화문 사이에 대부분 '◇'형과 '∧'형의 간판이 시
문되어 있다(사진 28·29).⁴⁵⁾ 이는 494년 이후에 개착된 제21~51굴에

一」, 사진 81) 및 魏字洞 窟頂(文物出版社, 1991, 『中國石窟 龍門石窟 一』, 사진
95), 古陽洞 正壁 좌우측 보살상 광배(文物出版社, 1991, 『中國石窟 龍門石窟
一』, 사진 134·135), 고양동 북벽 상옥 제3감 불상 광배(文物出版社, 1991, 『中
國石窟 龍門石窟 一』, 사진 160) 등에서 살필 수 있다. 그런데 이들 연화문은 시
기적으로 보아 모두 493년 이후에 제작된 것이어서 풍납토성 경당지구 출토 와례
와는 직접적인 관련이 없어 보인다. 그러나 용문석굴(493년~唐代)이 북위 초부
터 개착된 운강석굴을 뒤이어 등장한다는 점에서 북위대의 연화문 조각풍을 이
해하는데 큰 도움을 주고 있다.

45) 운강석굴 개착 제1단계에 해당되며, 시기적으로는 문성제 和平 원년(465)~5년

사진 28 운강석굴 제18굴 서벽
입불 두광 연화문

사진 29 운강석굴 제19-2굴 서벽
의좌불 두광 연화문

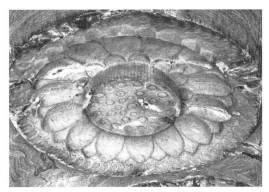

사진 30 용문석굴 연화동 굴정 연화문

서도 마찬가지이며, 나아가 493년 이후 당대에 까지 개착이 이루어진 용
문석굴(사진 30)46)에서도 동일하다.

---

(469)간이다(李裕群, 2003, 「중국 북조시기의 석굴사원 종합고찰」, 『중국의 석
굴』, 317~319쪽). 文物出版社, 1994, 『中國石窟 云岡石窟 二』, 사진 171 및 182.
46) 文物出版社, 1991, 『中國石窟 龍門石窟 一』, 사진 48.

탁본 3　낙양 출토 북위 와당 1　　　　　탁본 4　낙양 출토 북위 와당 2

　　이런 점에서 주목되는 것이 〈탁본 3·4〉[47)의 북위 와당이다. 이 와당은 자방에 귀목문을 갖춘 복판의 연화돌대문으로서 풍납토성 경당지구 출토 와당과 문양상 차이점을 보이고 있다. 하지만 6엽에 간판이 없다는 점에서 그 동안 소개된 북위 와당 중 가장 친연성을 살필 수 있다. 이는 결과적으로 간판이 생략된 연화문이 북위대에 제작되었음을 알려주는 한편, 이의 제와술이 한성기에 백제에 전파되었음도 시사해 준다. 특히 연화문의 형태와 연화문과 연화문 사이의 판근 곡면화 등에서도 풍납토성 경당지구 출토 와당과 친연성을 보이고 있다.

　　그리고 운강석굴 제20굴 북벽 좌불상의 두광 연화문(사진 31)[48)에서도 간판이 일부 생략된 연화문을 찾아볼 수 있다. 이 석굴은 465~469년에 개착된 것으로 불상의 두광을 살피면 간판이 생략된 것과 표현된 것 등 양면성이 엿보이고 있다. 처음부터 조각이 미실시된 것인지 아니면

47)　賀云翶, 2005,『六朝瓦當與六朝都城』, 55쪽 圖 35.
48)　文物出版社, 1994,『中國石窟 云岡石窟 二』, 사진 184.

후대에 탈락된 것인지 직접적
인 확인이 어려우나 연화문
상부에서 탈락된 흔적이 전혀
발견되지 않는 것으로 보아 처
음부터 간판은 조각되지 않았
던 것으로 생각된다.

이는 다른 불상의 두광 연
화문과 비교해 볼 때 이질적
인 문양 구성이라 판단되며
다른 석굴의 간판에서도 비교
사례를 찾아보기 어렵다. 그
리고 494년 이후에 개착되는

사진 31　운강석굴 제20굴 북벽
좌불 두광 연화문

운강석굴 및 용문석굴의 제 석굴에서도 간판이 생략된 연화문은 살피기
가 어렵다. 이렇게 볼 때 간판이 생략된 연화문은 북위시기의 경우 465
년 이전에 제작되었을 가능성이 적지 않겠다.

한편, 이러한 연화문 와당은 남조 건강성을 비롯한 주변 유적에서 아
직까지 검출된 바 없어 남조(탁본 5~7, 사진 32~36)[49] 계통으로는 파
악하기 어렵다. 즉, 이들 와당의 경우 연화문 수는 8엽, 9엽, 10엽 등이
고 평면 형태는 세장형 및 유엽형이어서 풍납토성 경당지구와 같은 보주
형은 살필 수 없다.

자방 내의 연자 배치는 1+6과, 1+7과, 1+8과 등이며, 간판은 새발자
국형, '↑'형, 마름모형, 'T'형 등이 대부분이다.[50] 연화문과 자방은 모

---

49) 이들 와당은 賀云翱, 2005, 『六朝瓦當與六朝都城』, 文物出版社, 37~42쪽 참조.
50) 趙源昌, 2006, 「皇龍寺 重建期 瓦當으로 본 新羅의 對南朝 交涉」, 『韓國上古史學

탁본 5　建鄴路南七家灣 출토 와당

탁본 6　太平門 東側 6號墓 출토 와당

탁본 7　銅作坊 출토 와당

사진 32　張府園 출토 와당

사진 33　八府塘 출토 와당

사진 34　鐘山南朝壇類 건물지 출토 와당

사진 35 출토지 미상 와당 　　　　　사진 36 출토지 미상 와당

두 융기되어 있거나 볼륨감이 있다. 이러한 남조 와당의 공통된 특징은
결과적으로 풍납토성 경당지구 출토 Ⅰa형 연화문 와당의 계통이 남조가
아닌 북조에 있었음을 의미하는 것이라 할 수 있다.

　Ⅰb형은 기존의 연구 성과들을 검토해 볼 때 웅진기인 5세기 말~6세
기 초의 와당으로 추정할 수 있으며 이의 계통은 북위 혹은 고구려에 있
었을 것으로 생각된다.[51]

　Ⅰc형은 중국 북위시대의 금동광배로 추정되고 있다. 이와 흡사한 사
례를 일본 근진미술관 소장품에서 살필 수 있는데 '보태 2년(532)'명 금
동광배가 그것이다.[52] 그러나 관북리 출토 광배의 연화문이 '보태'명 광
배 연화문에 비해 연판이 짧고 화불 및 협시보살 등이 장식되지 않았다
는 점에서 양자의 차이점을 볼 수 있다. 웅진기에 유입된 것으로 추정되

報」52.

51) 趙源昌, 2003, 「百濟 熊津期 龍井里 下層 寺院의 性格」, 『韓國上古史學報』 42호.

52) 곽동석, 2007, 「웅진기 중국과의 문물교류」, 『百濟文化史大系 硏究叢書 (10) 百濟
　　의 文物交流』, 충청남도역사문화원, 246쪽.

사진 37   서현수 묘 출토 靑磁尊

고 있다.

Id형은 사리기의 명문으로 보아 577년경에 제작되었을 것으로 생각된다. 다만, 연화문의 형태가 단판이 아닌 중판이라는 점에서 이전의 판단첨형식 연화문과 차이를 보인다. 이러한 중판의 판단첨형식 연화문은 그 동안 백제의 고토에서 전혀 검출되지 않은 반면, 이와 친연성이 있는 연화문이 북제 귀족인 徐顯秀 묘 출토품(사진 37)[53)]에서 확인되고 있어 계통상의 상관관계를 잘 보여주고 있다.[54)] 이러한 북제와 백제의 교섭관계는 한편으로 사리기와 함께 공양된 상평오수전의 존재 등을 통해서도 어렵지 않게 유추해 볼 수 있다.

Ⅱa1형인 무령왕릉 은제탁잔에 시문된 8엽 연화문은 탁잔의 주체가 무령왕의 비로 판단되고 있어 연화문의 편년은 늦어도 529년 무렵으로 생각된다. 즉, 왕비는 526년 사망하여 3년간 빈의 상태에 있다가 529년 무령왕릉에 이장되었기 때문에 은제탁잔의 제작은 늦어도 529년 무렵으로 파악된다.

아울러 서혈사지 출토 Ⅱa2형은 용정리사지 하층 금당지 출토 판단첨

---

53) 文物出版社, 2003, 『2002 中國重要考古發現』, 108쪽.
54) 조원창, 2008, 「百濟 泗沘期 王興寺 木塔址 築造技法의 特性과 그 系統」, 『韓國上古史學報』 62.

사진 38 가탑리사지 출토 와당   사진 39 금성산 건물지 출토 와당

형식 와당과의 문양 비교를 통해 6세기 3/4분기 무렵에 제작되었을 가
능성이 높다.[55] 이는 연판에 비해 큰 자방, 그리고 자방 내의 1+4과 연
자 배치를 통해서 판단해 볼 수 있다.[56]

　Ⅱb1형은 大연판, 小자방의 특징을 보이는 연화문으로서 자방 내에는
1+4과의 연자가 배치되어 있다. 이러한 大연판, 小자방의 와당은 판단
첨형식 외에 판단원형돌기식(사진 38)[57] 및 판단삼각돌기식(사진 39)[58]
에서도 관찰되고 있어 백제 연화문의 시기적 특징을 잘 보여주고 있다.
588년 백제의 와박사가 일본 비조사에 파견되어 제작한 와당과의 비교
를 통해 6세기 4/4분기의 것으로 추정할 수 있다.[59]　Ⅱb2형은 첨선이

---

55) 趙源昌, 2001,「熊津遷都後 百濟瓦當의 中國 南北朝 要素 檢討」,『百濟文化』제
　　30집, 公州大學校 百濟文化硏究所.
56) 이러한 와당의 특징은 6세기 중엽으로 편년되는 정암리요지 출토 판단삼각돌기
　　식 와당과 일치하고 있다.
57) 百濟文化開發硏究院, 1983,『百濟瓦塼圖錄』, 101쪽 사진 165.
58) 百濟文化開發硏究院, 1983,『百濟瓦塼圖錄』, 159쪽 사진 314.
59) 이에 대해 이병호는 남경의 梁 南平王 蕭偉墓闕과 南京 鍾山 2호 유적 출토 연화

판단 위에 있어 Ⅱb1형과 동일하나 연자 배치, 평판화된 자방, 주연에 연결된 첨선 등에서 차이를 보인다. 하지만 이러한 차이점 등은 동일시기에 제작된 와당에서도 얼마든지 표현될 수 있는 속성 중의 하나이기 때문에 시기적 변천의 결과로는 파악되지 않는다. 따라서 이 와례 역시도 Ⅱb1형과 마찬가지로 6세기 4/4분기에 제작된 것으로 추정할 수 있다.

한편, Ⅱb3형은 판단 첨선의 표현에 있어 Ⅱb1·2형과 차이를 보이고 있다. 즉, 후자가 판단 위에서 '∧'모양으로 첨선이 시문된 것에 반해 전자는 'Ⅰ'모양으로 표현되었다. 이러한 첨선의 와당은 일찍이 중국 남조의 경우 동진 말~유송대에 확인되고 있어 시기적으로 백제와의 상대 비교는 가능하지 않다. 다만, 중국의 경우 남조 이른 시기에 이러한 형식이 유행되었다는 사실은 백제 사비기에 해당되는 梁대에도 계속하여 제작되었다는 가능성을 가져볼 수 있다.

이 와례는 백제의 것과 비교해 볼 때 연화문 수, 첨선 및 간판의 형태 등에서는 유사성이 살펴지나 자방, 주연 내부의 원권대 등에서는 차이를 보이고 있다. 다만, 백제의 경우 6세기 3/4분기 무렵부터 평판화된 자방이 등장하고 있음을 볼 때 Ⅱb3형은 6세기 3/4분기~6세기 4/4분기경에나 등장하였을 것으로 생각된다.

문 와당과의 비교를 통해 541년 이후의 정림사지 창건와로 추정하고 있다(李炳鎬, 2006,「扶餘 定林寺址 出土 塑造像의 製作時期와 系統」,『美術資料』제74호, 國立中央博物館, 41~43쪽). 그러나 자료로 제시한 와당 2례가 모두 탁본처리 되어 정림사지 와당과 자세한 비교를 할 수 없다는 점에서 아쉬움이 있다. 아울러 정림사지 와당과 남경 출토 와당은 연판의 형태, 자방내의 연자 배치, 간판의 판근 처리 등에서 유사성을 찾아보기 어려워 위의 편년을 쉽게 취신하기 어렵다.
한편, 최맹식의 경우도 최근의 논고를 통해 정림사지 출토 와류가 6세기 중반 이후 좀 늦은 시기의 양식과 7세기의 것들로 편년하고 있다. 아울러 와류의 제작기법, 문양, 양식 등만을 참고로 정림사지의 창건 상한을 속단하는 것은 무리가 따른다고 보았다(최맹식, 2008,「정림사지 출토 백제기와 및 전의 성격」,『정림사』, 국립문화재연구소·부여군, 115쪽).

Ⅱb4형은 Ⅱb3형과 비교해 연자 배치면에서 차이가 날 뿐 연화문의 형태 및 첨선 위치, 형태 등에서 친연성이 있다. Ⅱb3형의 연자 배치가 1+8과인 반면, Ⅱb4형은 1+7과의 배치를 보이고 있다. 다만, 1+7과의 연자 배치가 사비기 와당 중에서도 6세기 3/4분기~6세기 4/4분기 사이에 등장하고 있어[60] 와례는 이 시기에 제작되었을 가능성이 적지 않다.

Ⅱb5형은 전술한 와당들과 비교해 볼 때 자방에서 가장 큰 특징을 살필 수 있다. 즉, 평판화된 자방을 중심으로 외곽에 2조의 연주문대가 장식되어 있다. 백제와당에서의 장식화가 대체로 7세기 이후에 등장함을 볼 때 이 와례 역시도 7세기 이후로 편년함이 타당하지 않을까 생각된다. 자방 외곽에서의 장식화는 와당 및 연목와[61] 등에서 살필 수 있는데 전자의 경우는 판단첨형식 외에 판단삼각돌기식(사진 41)[62] 및 연화돌대문식[63] 와당 등에서 볼 수 있다.

Ⅲ형 와당의 특징은 연화문이 협판으로 시문되었다는 점이다. 백제와

---

60) 정림사지 원형돌기식 와당(國立公州博物館, 1988, 『百濟瓦當特別展』, 사진 43), 금성산 와적기단 건물지 원형돌기식 와당(國立公州博物館, 1988, 『百濟瓦當特別展』, 사진 90) 등 사비기의 일부 유적에서 만 검출되고 있다. 1+8과, 1+6과, 1+5과, 1+4과의 연자 배치를 보이는 여느 와당에 비해 그 수효가 훨씬 적고 한시적으로 등장하다 사라졌음을 추정케 한다.

61) 금강사지(百濟文化開發研究院, 1983, 『百濟瓦塼圖錄』, 사진 494), 용정리(百濟文化開發研究院, 1983, 『百濟瓦塼圖錄』, 사진 499), 동남리(百濟文化開發研究院, 1983, 『百濟瓦塼圖錄』, 사진 505), 익산 미륵사지(國立公州博物館, 1988, 『百濟瓦當特別展』, 사진 195〈본문 사진 40〉) 등에서 살필 수 있다.

62) 百濟文化開發研究院, 1983, 『百濟瓦塼圖錄』, 사진 426. 정림사지, 현북리요지, 용정리사지, 부소산사지, 동남리유적 등에서도 살필 수 있다.

63) 금강사지(百濟文化開發研究院, 1983, 『百濟瓦塼圖錄』, 사진 417), 용정리사지(百濟文化開發研究院, 1983, 『百濟瓦塼圖錄』, 사진 419), 부소산(百濟文化開發研究院, 1983, 『百濟瓦塼圖錄』, 사진 424), 부소산사지, 동남리유적 출토 와당 등에서 살필 수 있다.

사진 40 미륵사지 출토 녹유연목와   사진 41 부소산사지 출토 와당

사진 42 쌍북리 건물지 출토 와당   사진 43 성주사지 출토 와당

당 중 이와 같은 협판의 연화문은 고구려계 백제 와례(사진 42)[64]에서
어렵지 않게 살필 수 있다. 아울러 형식화된 간판은 연화문을 구획하는
하나의 경계선으로 표현되어 보령 성주사지 출토 판단삼각돌기식 와당
(사진 43)[65]과의 친연성을 보여주고 있다. 협판의 연화문과 형식화된 간

---

64) 百濟文化開發硏究院, 1983, 『百濟瓦塼圖錄』, 사진 393.
65) 保寧市·忠南大學校博物館, 1998, 『聖住寺』, 746쪽 사진 146-5.

판으로 보아 이 형식의 와례는 7세기 이후의 것으로 편년할 수 있다.

이상 백제 판단첨형식 연화문의 형식별 편년을 〈표 1〉로 살피면 아래와 같다.

표 1 백제 판단첨형식 연화문의 형식과 편년

형식		편년
I a1형	I a2형	465년 이전 추정
I b1형	I b2형	5C 4/4~6C 1/4
I c형		538년 이전

형식	편년
 Ⅰd형	577년 경
 Ⅱa1형	529년 이전
 Ⅱa2형	6C 3/4
 Ⅱb1형　　　　　Ⅱb2형	6C 4/4

형식		편년
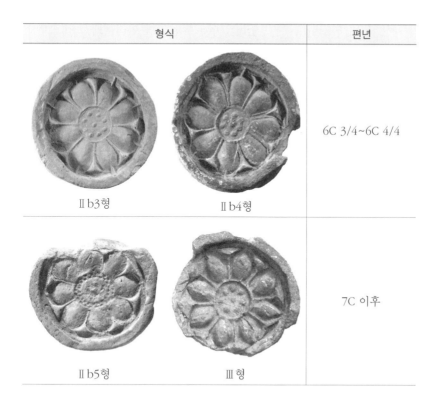Ⅱb3형	Ⅱb4형	6C 3/4~6C 4/4
Ⅱb5형	Ⅲ형	7C 이후

Ⅳ. 맺음말

백제의 판단첨형식 연화문은 한성기 이후 사비기까지 통시대적으로 등장한 문양의 일례이다. 이는 와당을 비롯해 불상의 광배, 사리병, 목제 두침 등에 다양하게 시문되어 있다. 연화문은 평면 형태에 따라 보주형, 유엽형, 세장유엽형 등으로 구분할 수 있다.

한성기 이후 사비기에 이르기까지 판단첨형식 연화문의 백제 전파 주체는 현재까지의 고고학적 발굴성과를 검토해 볼 때 남조보다는 북위대의 연화문과 밀접한 관련이 있다. 이는 북위대의 와당이나 석굴사원의 연화문 등을 통해 그 편린을 살필 수 있다. 물론 석굴사원에 나타난 모든 연화문이 와당에 시문된 연화문과 똑같을 수는 없다. 하지만 운강석굴에서 확인할 수 있는 연화돌대문 연화문이 풍납토성내 경당지구에서 수습된 와당의 연화돌대문과 아주 흡사하다는 점에서 별개의 문양으로 치부하기도 어렵다.

백제기의 판단첨형식 연화문은 용정리사지 상층 건물지 기단토 출토 와당, 관북리 백제유적 출토 금동광배, 왕흥사지 목탑지에서 검출된 금·은 사리병의 연화문 등에서 살필 수 있는데 이들 문양은 북위~북제대의 연화문과 친연성이 적지 않다. 그러나 한성기 풍납토성 내에서 검출된 판단첨형식 와당의 경우 판구상에 나타난 연화문이 연화돌대문인 반면, 용정리사지 및 왕흥사지에서 확인된 연화문은 단판의 보주형, 혹은 중판으로 시문되어 웅진~사비기의 판단첨형식 연화문과 차이를 보이고 있다.

이러한 연화문의 세부 검토는 결과적으로 한성기에 있어 백제의 대외교섭 대상국이 남조뿐만 아니라 북조(북위)도 포함되었음을 의미하는 것이라 할 수 있다. 물론 앞에서 살핀 제 유형의 판단첨형식 연화문 모두가 북조와 관련된 것은 아니다. 예컨대 서혈사지 및 대통사지 등에서 검출된 연화문의 경우는 백제의 자작으로서 용정리사지 연화문의 변화형으로 생각된다. 아울러 부분적이지만 정림사지 출토 와당의 경우는 남조 와례와 관련성이 있다.

백제의 판단첨형식 연화문은 원형돌기·판구곡절·판단융기식 등과 더불어 백제의 대표적인 연화문 형식 중 하나이다. 판단첨형식은 후자들의 형식들에 비해 한성기부터 등장하였던 점과 이미 한성기에 연화문이 등장한 점, 나아가 이들이 북위의 문양과 밀접한 관련성이 있다는 점에서 당시 백제 사회의 다양성을 엿볼 수 있다.

　향후 중국 남북조시기의 사지나 왕궁지, 기타 건물지의 발굴 증가에 따라 좀 더 다양한 판단첨형식 연화문이 등장할 것이다. 아울러 이러한 자료가 점차 우리 학계에 보고됨으로서 백제 연화문에 대한 이해의 폭도 보다 넓어질 수 있으리라 생각된다. 이에따라 백제 판단첨형식 연화문에 나타난 제 속성의 출현 시기도 좀 더 상세히 파악될 수 있으리라 판단된다.66)

---

66) 이 글은 조원창, 2009, 「백제 판단첨형 연화문의 형식과 편년」, 『문화재』 제42권 제3호에 게재된 논문을 일부 수정하여 옮겨놓은 것이다.

제2부 제2장
기와로 본 百濟 熊津期의 泗沘經營

I. 머리말

475년 한성에서 웅진으로 천도한 후 63년이 지난 538년 백제 성왕은 사비천도를 단행하였다. 이후 마지막 왕인 의자왕대까지 123년간 사비(부여)는 백제 왕도로 자리 잡게 되었다. 그러나 사비천도를 완성하기 위한 준비과정 및 본격화 등의 탐색은 문헌의 영성함과 조사 자료의 부족 등으로 말미암아 연구상 많은 어려움을 내포하고 있다.

그 동안 사비천도와 관련하여 천도 목적이나 나성·왕성 등의 축조 시기 등에 대해선 많은 이견이 있어왔다. 하지만 최근에 이르러 부여지역 각지에 대한 발굴조사가 활발히 진행되면서 이러한 의문점은 다소나마 해결의 기미를 보여주고 있다. 즉, 나성의 평면구조[1]를 비롯한 부소산성

---

1) 발굴조사 결과 북나성 일부와 동나성 만 확인되었을 뿐, 서나성과 남나성의 흔적은 검출되지 않았다. 아울러 동나성이 축조된 능산리 지점에서는 연약지반 처리를 위한 부엽공법 등이 확인되었다(朴淳發 외, 2003, 『泗沘都城』, 忠南大學校百濟研究所·大田地方國土管理廳).

의 축조 시기,[2) 그리고 도성 내부의 공간 구획[3) 등 천도 전의 사비경영이라는 측면에서는 어느 정도의 의견이 도출되었다.

그렇다면 사비천도와 관련하여 천도 전 부여지역에는 과연 언제부터 기와건물들이 조영되었을까? 아울러 사비경영이라는 대 전제를 달성하기 위한 거점 지역으로서 과연 어느 장소에 건물들이 입지하였을까? 물론 이 시기에도 와건물 이외의 일반적인 수혈 주거[4)는 존재하였다. 그러나 이들 유구의 경우 대부분 지배계층 보다는 피지배계층의 가옥[5)일 가능성이 높기 때문에 웅진기의 표지적인 사비경영과는 직접적인 관련성이 적어 보인다. 하지만 기와, 특히 와당의 경우는 삼국시대 지배계층의 전유물로 파악되기 때문에 이의 존재는 결과적으로 천도와 연관된 시설물로 이해하지 않을 수 없다.

따라서 본고는 이상과 같은 의문점을 해결하기 위해 웅진기의 사비지역 기와유적을 중심으로 공반 유물 등도 함께 살펴봄으로써 유적의 입지와 성격, 그리고 조영 시기 등을 검토해 보고자 한다.

그럼으로써 부소산성이나 나성, 그리고 왕궁, 사지, 혹은 제사나 제의 유적 등으로 추정되는 유구들이 늦어도 사비천도 전인 성왕 즉위 초부터는 조영이 본격화되고 이를 거점화하여 사비천도와 같은 대 역사가 완

---

2) 沈正輔, 2000,「百濟 泗沘都城의 築造時期에 대하여」,『사비도성과 백제의 성곽』.

3) 朴淳發, 2004,「泗沘都城의 景觀에 對하여」,『고대 도시와 왕권』, 忠南大學校 百濟研究所.

4) 이 시기의 수혈 주거는 약간의 시기 차는 있지만 정동리 주거유적을 통해 살필 수 있다. 수혈 내부에는 취사나 난방을 위한 부뚜막시설이 갖추어져 있고 벽체를 따라 기둥이 세워져 있으며, 지붕은 풀이나 이엉과 같은 유기물질을 사용하였던 것으로 보인다.

5) 이러한 추정은 수혈 주거가 관북리나 구아리, 혹은 동남리 지역과 같은 기와건물 유적에서는 거의 확인되지 않고 그 동안 산에서 주로 검출되었다는 자료 검토에서 기인된 것이다.

성되었음을 살펴보도록 하겠다.

아울러 용정리사지 출토 와당을 통해 이 사원이 적어도 무령왕 대에는 사비천도의 정당성 홍보나 민원처리 등의 목적으로 창건되었음도 함께 살펴보고자 한다.

Ⅱ. 백제 웅진기 사비지역 기와유적 현황

1. 평와 출토 유적

1) 부소산성 동문지

부소산성 백제 동문지에서 남쪽으로 10m 떨어진 토성 안쪽 와적층에서 '大通'명 인각와(암키와)가 수습되었다(사진 1).[6] 글자는 지름 3.8cm

사진 1 부소산성 동문지 출토
'大通'명 암키와

사진 2 전 대통사지 출토 '大通'명 암키와

---

6) 국립중앙박물관, 1999, 『특별전 백제』, 163쪽 사진 302 상단.

원내에 두 자가 상하로 양각되어 있다. 해서체로 공주 전 대통사지 출토 '大通'명 기와와 자체가 동일하다(사진 2).[7]

기와의 색조는 적갈색이며 내면에서는 통쪽와통을 사용한 흔적이 확인된다. 등 문양은 승석문으로서 7세기를 전후한 기와보다 고졸스러운 면을 보이고 있다.[8]

여기서의 '大通'은 양 무제의 연호로서 527~528년에 해당된다. 아울러 토성 안쪽 와적층에서 출토되었기 때문에 이 기와는 와건물에 사용되었음을 알 수 있다. 특히 부소산성의 축조시기와 관련하여 웅진기에 조성되었음을 시사하는 적극적인 자료로 활용되고 있다.[9]

2. 와당 출토 유적

1) 공주지역

(1) 대통사지

대통사는 성왕 5년(527)에 남조의 양 무제를 위하여 창건한 웅진기의

---

7) 국립중앙박물관, 1999, 『특별전 백제』, 163쪽 사진 302 하단.
8) 扶餘文化財研究所, 1995, 『扶蘇山城 發掘調査 中間報告』, 88~89쪽.
9) 扶餘文化財研究所, 1995, 『扶蘇山城 發掘調査 中間報告』, 264쪽.
　 成周鐸, 1993, 「百濟泗沘都城再齣 －發掘資料를 中心으로」, 『國史館論叢』45, 國史編纂委員會.
　 朴淳發, 2000, 「泗沘都城의 構造에 대하여」, 『百濟研究』31, 忠南大學校 百濟研究所.
　 沈正輔, 2000, 「百濟 泗沘都城의 築造時期에 대하여」, 『泗沘都城과 百濟의 城郭』, 國立扶餘文化財研究所.
　 徐程錫, 2002, 『百濟의 城郭』, 學研文化社.

사진 3 당간지주 주변의 전 대통사지

대표적 사찰이다.[10] 사지는 일제강점기 이후 공주시의 제민천 서쪽인
반죽동 일대에 조영된 것으로 추정되고 있다(사진 3).[11] 하지만 근래에
실시된 시굴조사에서 사역의 범위나 가람배치 등이 확인되지 않아 그 위
치가 의문시되고 있다.[12] 사지 내에 위치하였던 것으로 추정되는 당간지
주는 조선시대 이후 현재의 장소로 옮겨온 것으로 확인되었다.

전 대통사지 출토 와당은 필자가 분류컨대 크게 여섯 가지 형식[13]으

---

10) 『三國遺事』卷 第3 興法 第3 原宗興法條, "大通元年丁未 爲梁帝創寺於熊川州 名
大通寺".

11) 필자 사진.

12) 公州大學校博物館·忠淸南道 公州市, 2000, 『大通寺址』.
이에 반해 輕部慈恩의 경우는 대통사지가 현 제민천을 동쪽으로 두고 中門-塔-
金堂-講堂의 순으로 남에서 북으로 배치되었음을 추정한 바 있다(昭和 21年, 『百
濟美術』, 寶雲舍). 이는 다분히 현재 노출되어 있는 통일신라기의 당간지주를 고
려하여 가람배치를 설정한 것으로 생각된다.

13) 가장 일반적인 원형돌기식을 비롯해 삼각돌기식, 판구곡절식, 판단첨형식, 연화
돌대문식 등으로 분류할 수 있다. 여기에서의 와당 형식명은 기본적으로 김성구

사진 4　전 대통사지 출토 와당

로 구분되며, 이 중 원형돌기식은 연판 및 자방의 형태 등에 다시 세분되고 있다.[14) 여기에서는 창건 와당(사진 4)[15) 만을 대상으로 살펴보고자 한다.

와당은 8엽에 1+6과의 연자 배치를 가지고 있으며 연판의 최대 경은 중상단부에 위치하고 있다. 판단의 소주문을 중심으로 판단선이 약하게 꺾여있으며 판근과 판단 사이는 직선처리 되어 있다. 무령왕릉 출토 연화문전이나 정지산유적 출토 와당과 비교해 연판의 길이가 자방의 직경보다 길어졌음을 볼 수 있다.

와당 직경 13.7cm, 자방 직경 3cm, 연판수 8엽, 연자 배치 1+6과, 주연 높이 0.9cm, 주연 폭 1cm, 간판 형태 'T' 자형이다.

2) 부여지역

(1) 용정리사지

이 사지는 충청남도 부여군 부여읍 용정리 용전마을에 위치하고 있으며, 1991년과 1992년 2회에 걸친 발굴조사 결과 백제시대 사지로 알려

의 안을 따랐다(1992, 「百濟의 瓦塼」, 『百濟의 彫刻과 美術』, 公州大學校博物館·忠淸南道).

14) 이들 와당에 대한 세부적인 형식 분류는 일찍이 朴容塡에 의해 이루어진 바 있다(1976, 「百濟瓦當의 體系的 分類」, 『百濟文化』9, 公州師範大學 百濟文化硏究所).

15) 國立公州博物館, 1988, 『百濟瓦當特別展』, 사진 14.

졌다.[16] 금당지는 상·하층으로 겹쳐 나타났으며,[17] 목탑지는 축기부 굴광판축공법으로 조영되었다(도면 1).[18] 그러나 금당과 목탑을 제외한 기타의 부속건물은 확인하지 못하였다.

와당은 판단첨형식으로 하층 금당지를 정지하고 조성된 상층 금당지의 기단토에서 출토되었다. 연자 배치 및 판단부의 길이 등에 의해 2가지 형식으로 구분된다. A형(사진 5)[19]은 단판 8

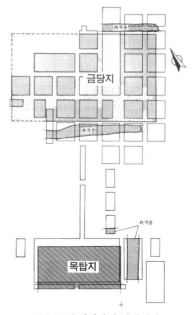

도면 1   용·정리사지 당탑배치

---

16) 扶餘文化財研究所·扶餘郡, 1993,『龍井里寺址』.
趙源昌, 2003,「百濟 熊津期 扶餘 龍井里 下層 寺院의 性格」,『韓國上古史學報』 42, 韓國上古史學會.
반면, 박순발의 경우는 이 유적의 성격에 대해 고식 고구려계 와당을 근거로 社廟로 추정한 바 있다(朴淳發, 2004,「泗沘都城의 景觀에 對하여」,『고대 도시와 왕권』, 忠南大學校 百濟研究所). 그러나 사역 내에서 검출되는 목탑지의 존재 등을 고려하여 볼 때 사묘와 당탑 사원의 성격 구분이 모호해 진다. 따라서 본고에서는 사묘가 아닌 사지로 이해하고자 한다.

17) 보고자의 경우 상층 건물지의 조성 시기를 출토 와당으로 보아 사비천도 후로 편년하였다. 아울러 하층 금당지는 상층 금당지와 상대 비교하여 사비천도 이전으로 보았다(扶餘文化財研究所·扶餘郡, 1993,『龍井里寺址』).
아울러 필자의 경우는 하층 금당지에서 출토된 판단 첨형 와당을 북조의 석굴사원 및 고구려의 벽화고분에 그려진 연화문과 비교하여 5세기 말~6세기 초로 편년한 바 있다(趙源昌, 2001,「熊津遷都後 百濟瓦當의 中國 南北朝要素 檢討」, 『百濟文化』30, 公州大學校 百濟文化研究所 ; 2003,「百濟 熊津期 扶餘 龍井里 下層寺院의 性格」,『韓國上古史學報』42, 韓國上古史學會).

18) 扶餘文化財研究所·扶餘郡, 1993,『龍井里寺址』, 65쪽 삽도 31.

19) 國立扶餘博物館, 2010,『百濟瓦塼』, 189쪽 사진 491. 이와 같은 형식의 와당은

엽으로 자방이 연판에 비해 훨씬 크며, 연자 배치는 1+7과로 연판수와 상이함을 보여주고 있다. 특히 연자의 구성은 웅진기에 해당하는 무령왕릉 출토 전이나 정지산유적·공산성·대통사지 출토 와당과 이형적인 배치를 보이고 있다.[20] 연판은 평면이 오각형이나 일부 角이 말각처리되어 보주형에 가깝다. 판단선은 중앙의 첨형을 중심으로 하여 좌우로 약하게 꺾여 있다. 자방은 연판에 비해 약 1.5배 가량 크게 조각되었으나 연판과 주연 사이에서는 구상권대(원권대)가 표현되지 않았다.

B형(사진 6)[21]은 A형과 비교하여 연판 수는 같으나 연자 배치에 있어

사진 5 용정리사지 출토 A형 와당   사진 6 용정리사지 출토 B형 와당

국립부여박물관과 경희대학교 박물관에도 소장되어 있는데 모두 출토지가 龍井里로 표기되어 있다(百濟文化開發研究院, 1983, 『百濟瓦塼圖錄』, 사진 76·77). 출토유물과 주변 유적과의 상관관계를 통해 볼 때 용정리사지에서 출토되었음을 알게 한다.

20) 웅진기 공주지역에서 출토된 와전의 연자 배치는 1+6과나 1+8과 등 외곽이 짝수 배치만을 보이고 있다.

21) 國立扶餘博物館, 2010, 『百濟瓦塼』, 189쪽 사진 490. 국립부여박물관에도 소장되어 있으며 역시 용정리사지 출토품이다(國立公州博物館, 1988, 『百濟瓦當特別展』, 사진 121). 와당 지름이 10.6cm, 자방 지름 3.3cm, 화판 길이 2.5cm, 주연 너비 1.1cm, 주연 높이 0.9cm, 두께 2.2cm이다.

차이가 있다. 즉 A형이 1+7과인 반면, B형은 1+6과를 보이고 있다. 아울러 B형은 A형에 비해 두께만 두꺼울 뿐, 와당의 직경, 자방·화판·주연의 너비 등에서 A형 보다 작다. 아울러 B형은 판단이 좀 더 세장하여 주연부에 까지 이어진 반면, A형의 판단은 B형에 비해 짧게 표현되어 있다. 아울러 자방에 표현된 연자의 크기도 B형이 A형에 비해 크게 조각되어 있다. 특히 B형에서 볼 수 있는 자방 외연의 원권대는 A형에서 볼 수 없는 전연 새로운 요소로서 이후 사비기 와당의 한 특징을 제시하고 있다.

(2) 관북리 백제유적

2004년도 및 2005년도 발굴조사 지역에서 여러 점이 출토되었다. 와당 출토 유적은 현 국립부여문화재연구소의 남서방향으로 약 100여 m 정도 떨어진 지점에 위치하고 있다. 이 지역은 목곽고 및 기와 건물유적이 검출된 지역으로 백제 사비기 및 통일신라기[22]의 유적이 확인된 곳이다.

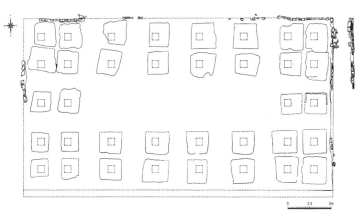

도면 2 관북리 백제유적 내 대형 건물지

---

22) 통일기의 유적으로는 청동제의 그릇제품이 검출된 수혈유구 등을 통해 살필 수 있다. 이들 청동 그릇은 관북리 기와 건물 유적 주변에서 출토되었다.

와당은 사비기 대형 건물지(도면 2)[23]의 기단토에서 출토되었다. 기단은 와적 및 석축이 혼합된 혼축기단으로 내부의 기단토는 판축되었다. 와당은 전 대통사지에서 출토된 단판 8엽 연화문 와당과 동범 제작으로 판단부는 원형돌기식이다(사진 7).[24]

사진 7 관북리 백제유적 출토 와당

(3) 구아리유적

구아리유적은 해방 전 부여경찰서를 건축하는 과정에서 연화문 와당이 출토되어 수습조사가 실시된 바 있다. 출토된 유물로는 소조불, 토제나한상, 석제보살입상, 토제 동물상(사진 8),[25] 청동제 귀면(사진 9),[26]

사진 8 구아리유적 출토 토제 동물상

사진 9 구아리유적 출토 청동제 귀면

23) 국립부여문화재연구소, 2009,『扶餘 官北里百濟遺蹟 發掘報告Ⅲ』, 149쪽 도면 47.
24) 國立扶餘博物館, 2010,『百濟瓦塼』, 92쪽 사진 159.
25) 국립부여박물관, 2009,『백제가람에 담긴 불교문화』, 113쪽 하단 사진.
26) 百濟文化開發研究院, 1992,『百濟彫刻·工藝圖錄』, 299쪽 사진 382.

사진 10 구아리유적 출토 심초석

사진 11 구아리유적 출토 와당

청동제 연화대좌, 도용, 인각와('辰', '丁巳', '巳', '刀' 등), '天王'명 기와, 철제 초두 등이 있으며[27] 인근에서 목탑 심초석(사진 10)[28]이 확인되어 현재 국립부여박물관에서 전시하고 있다.[29]

와당[30]은 발굴조사가 아닌 지표조사에서 채집되었으며, 전 대통사지 창건 와당과 형식 및 제원 등에서 동범와로 판단된다(사진 11).[31] 즉, 와당 직경 13.5cm, 자방 직경 3cm, 연판수 8엽, 연판 길이 3.8cm, 연자 배치 1+6과, 주연 높이 1cm, 주연 폭 1.1cm, 간판 형태 'T'자형 등으로 와당 직경, 주연 높이, 주연 폭 등에서 0.1~0.2cm의 차이가 있지만 큰 의미는 없는 수치라 생각된다.

---

27) 國立扶餘博物館, 1988, 『特別展 百濟寺址 出土遺物』, 30~33쪽.

28) 필자 사진.

29) 박물관의 후원에 불상 및 초석, 비석 등과 함께 야외 전시되어 있다. 심초석과 관련된 출토지, 시기, 제원 등을 적어 놓은 표지판이 없어 확인 작업이 어렵다.

30) 百濟文化開發研究院, 1983, 『百濟瓦塼圖錄』, 사진 129.

31) 國立公州博物館, 1988, 『百濟瓦當特別展』, 사진 80.

(4) 동남리유적

일제강점기 石田茂作의 부분 조사에 의거 탑이 없는 사지로 알려져 있다. 당시 조사에 의하면 가람은 평면 방형으로 금당지 및 강당지가 회랑에 둘러싸여 있고, 두 건물유적 앞에는 동·서쪽으로 석조 하나씩이 각각 위치하였다고 전하고 있다(도면 3).[32]

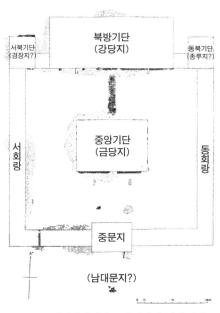

도면 3 일제강점기의 동남리사지 가람배치

그러나 1993년과 1994년 2차에 걸친 충남대학교 박물관의 발굴조사 결과 남문지, 중문지, 강당지, 회랑지 등은 확인되지 않았고, 대신 굴립주건물지 3동과 적심토 시설 중앙 건물지(도면 4),[33] 석렬유구, 부석유구, 추정 석조 등이 검출되었다.[34] 출토유물은 연화문 와당(사진 12)[35]을 비롯해 불상편 3구(사진 13),[36] 와제광배

---

32) 朝鮮古蹟研究會, 1940, 「扶餘に於ける百濟寺址の調査(概報)」, 『昭和十三年度朝鮮古蹟調査報告』.

33) 충남대학교박물관·부여군, 2013, 『扶餘 東南里遺蹟』, 29쪽 도면 7.

34) 忠南大學校博物館, 1993·1994, 「扶餘 東南理遺蹟 發掘調査 略報告書」. 충남대학교박물관·부여군, 2013, 『扶餘 東南理遺蹟』.

35) 國立扶餘博物館, 2010, 『百濟瓦塼』, 163쪽 사진 418.

36) 朝鮮古蹟研究會, 1940, 「扶餘に於ける百濟寺址の調査(概報)」, 『昭和十三年度朝鮮古蹟調査報告』, 도판 제 45-1.

사진 12 동남리유적 출토 와당

사진 14 동남리유적 출토 인화문토기

사진 13 동남리유적 출토 보살상편

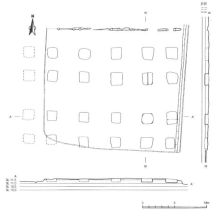

도면 4 동남리유적 내 적심토 건물지

편, 기대, 삼족토기, 개배, 토제등잔, 인화문토기(사진 14)[37] 등이다. 와
당은 대통사지 창건 와당과 동범와이다.

37) 朝鮮古蹟硏究會, 1940, 「扶餘に於ける百濟寺址の調査(槪報)」, 『昭和十三年度朝
鮮古蹟調査報告』, 도판 제 45-6.

Ⅲ. 백제 웅진기 부여지역 출토 와당 형식 및 편년

백제 웅진기에 해당되는 부여 출토 기와는 앞장에서 살핀 바와 같이 사비나성의 내외에서 모두 출토되었다. 그 중 와당만을 한정하여 볼 때는 지금의 관북리, 구아리, 동남리, 용정리 등에서 출토된 것이 거의 대부분이다. 특히 관북리의 경우는 다른 두 지역에 비해 압도적으로 많은 와당이 건물지의 기단토 및 제토 과정에서 수습되어 그 사용범위가 폭넓었음을 알 수 있다.

지금까지 알려진 백제 웅진기의 사비 출토 와당은 연판 형식이 매우 제한적임을 알 수 있다. 즉, 관북리·구아리·동남리유적 출토 와당의 경우는 연판의 형식이 원형돌기식이고, 용정리사지 출토 와당은 계통이 전혀 다른 판단첨형식임을 알 수 있다. 따라서 웅진기의 사비지역 출토 와당을 객관적으로 검토하기 위해선 이들 형식부터 우선적으로 파악하는 것이 필요하다.

1. 원형돌기식

원형돌기식이란 연판의 판단 중심부에 작은 소주문(돌기)이 솟아있는 형식을 의미한다.[38] 이러한 형식의 와당은 지금까지 한성기의 유적에서는 출토된 바 없어 웅진천도 후 새로운 문화의 유입으로 등장하였던 와당 형식으로 이해된다.

---

38) 金誠龜, 1992, 「百濟의 瓦塼」, 『百濟의 彫刻과 美術』, 公州大學校博物館, 313쪽.

그렇다면 이 와당 형식의 기원은 과연 어느 나라이고 또 백제에서는 언제부터 제작되었을까? 그리고 와공(혹은 와박사)에 의해 제작된 원형 돌기식 와당은 웅진기의 어느 기와건물에 주로 사용되었을까? 아울러 웅진기의 부여지역에서 검출되는 원형돌기식 와당과 관련된 기와건물의 성격은 과연 무엇이었을까?

이러한 여러 의문점은 웅진기의 사비경영을 와당으로 살펴볼 수 있다는 점에서 큰 의의가 있겠으며, 한편으로 사비천도에 앞서 어떠한 건물들을 어느 위치에 우선적으로 조영하였는지도 확인할 수 있다는 점에서 중요성이 있다.

와당은 건물의 지붕 끝에 놓인 막새기와로 백제의 경우 수막새가 주류를 이루고 있다. 한성기[39]와 달리 웅진천도 후에는 중국 남북조의 영향을 받아 연화문이 와당 문양의 주류를 이루게 되었다.[40]

당시 웅진기의 공주지역에는 무령왕릉을 비롯한 정지산유적, 공산성, 대통사지, 흥륜사지 등이 위치하고 있었다. 특히 송산리 6호분 및 무령왕릉에서는 6엽, 8엽의 연화문전과 더불어 '梁官瓦爲師矣', '士 壬辰年作' 등의 명문전이 확인되어 연화문 형식의 계통과 제작 시기 등이 어느 정도 밝혀지게 되었다.

여기서 '양관와위사의'란 중국 남조 양나라의 관리가 백제의 와사가 되었음을 의미하는 것이고, '사 임진년작'이란 무령왕의 생애를 기초로 하여 볼 때 512년[41]에 제작되었음을 판단해 볼 수 있다.

---

39) 백제 한성기의 와당은 풍납토성을 비롯해 몽촌토성, 석촌동 고분군 등에서 수습된 바 있다. 와당에 시문된 문양은 오수전문 및 기하학문이 주류를 이루고 있어 웅진기 및 사비기의 와당 문양과 큰 차이를 보이고 있다.

40) 趙源昌, 2001,「熊津遷都後 百濟瓦當의 中國 南北朝 要素 檢討」,『百濟文化』30, 公州大學校 百濟文化研究所.

41) 이와 관련하여『三國史記』무령왕 12년 4월조가 주목된다.

사진 15 무령왕릉 출토 연화문전   사진 16 무령왕릉 출토 연화인동문전

무령왕릉 축조 연화문전에 시문된 연화문은 형식상 원형돌기식으로 보이는 소주문을 갖추고 있다. 연화문은 두 개의 벽돌이 한 조가 되어 8엽을 이루고 있는데 연자는 1+6과(사진 15)[42] 및 1+8과(사진 16)[43] 두 종류이다. 연판에 비해 자방이 크게 조각되어 선행 형식인 판단융기식과 친연성을 보인다. 이처럼 백제에서의 원형돌기식 연화문은 그 시초가 무령왕릉의 연화문전임을 알 수 있고 이의 기원은 중국 남조와 직접적으로 연결되어 있다.

무령왕릉 출토 연화문과 가장 친연성이 있는 와당은 정지산유적에서

"十二年 夏四月 遣使入梁朝貢".
여기서 무령왕 12년은 서기 512년을 의미하는 것으로 간지로 보면 '壬辰'년이다. 즉, '壬辰'년에 무령왕은 梁에 조공을 하였고, 같은 해에 무령왕릉의 축조가 이루어졌음을 파악할 수 있다. 그러나 무령왕의 조공 목적이 구체적으로 무엇이었는지는 자세한 내용이 없어 살필 수 없다. 다만, 「梁官瓦爲師矣」란 명문전을 통해 '瓦師'(瓦工)나 전축분의 조영과 관련된 造墓工들의 초청이 포함되었을 것으로 생각된다.

42) 百濟文化開發硏究院, 1983, 『百濟瓦塼圖錄』, 295쪽 사진 564.
43) 百濟文化開發硏究院, 1983, 『百濟瓦塼圖錄』, 294쪽 사진 563.

찾아볼 수 있다(사진 17).[44)]
이 와당은 단판 연화문 와당편
으로 와건물지에서 출토되었다.
현재 5엽만 남아 있으나 8엽으
로 추정된다. 연자 배치는 1+6
과이며, 판근과 판단 사이를 곡
선화 시킨 점(혹은 살짝 각이

사진 17   정지산유적 출토 와당

지게 꺾은 점), 화판의 최대경이 판단의 중간부에 위치한 점, 소주문을
중심으로 판단선이 좌우로 약하게 곡선 처리된 점, 자방이 연판에 비해
상대적으로 크면서 연자 또한 도드라지게 표현한 점 등에서 무령왕릉 출
토 연화문전과의 친연성이 살펴진다. 그러나 간판의 판근이 자방에 까지
이어진 점은 무령왕릉 출토 연화문전과 차이를 보인다. 제작 시기는 무
령왕릉 출토 연화문전과 비교하여 510년대로 추정된다.[45)]

정지산 기와건물지 출토 와당 이후 원형돌기식 와당은 공산성을 비롯
한 전 대통사지, 중동유적, 반죽동유적 등에서 폭넓게 수습되고 있다.
특히 대통사의 경우는 그 창건연대가『삼국유사』에 확실하게 기록되어
있어 와당의 편년설정에도 절대적인 영향을 미치고 있다.

전 대통사지 출토 백제와당은 필자가 전술한 바와 같이 여섯 가지 형
식으로 분류된다. 이 중 창건 와당은 전술한 와례(사진 4)를 들 수 있으
며 이에 대해선 다른 연구자의 경우도 마찬가지이다.[46)]

---

44) 국립공주박물관, 2004,『국립공주박물관』, 86쪽 하단 사진.

45) 趙源昌, 1999,「熊津遷都後 百濟瓦當의 變遷과 飛鳥寺 創建瓦에 대한 檢討」,『嶺
南考古學』27, 嶺南考古學會. 이는 한편으로 와당이 검출된 기와 건물지(빈전 추
정)의 편년이 웅진 Ⅱ기(520년 전후)로 설정된 것과도 큰 차이가 없다(국립공주박
물관, 1999,『艇止山』, 218쪽).

46) 전 대통사지 출토 창건 와당은 백제 원형돌기식 와당의 표지적 유물로서 우리나

와당은 8엽에 1+6과의 연자 배치를 보이고 있으며 자방에 비해 연판의 크기가 월등하게 세장함을 살필 수 있다. 아울러 연판의 최대경 또한 중상단부에 위치하고 있어 정지산 출토 와당과 세부적 차이를 보이고 있다. 이 와당은 대통사의 창건 기사를 검토해 볼 때 527년경에 제작되었던 것으로 이해된다.

한편, 전 대통사지 출토 와당과 동일계의 원형돌기식 와당이 부여지역의 관북리·구아리·동남리유적 등에서도 파악되고 있는데 이는 와공(혹은 와박사)의 분화나 와범의 이동으로 이해할 수 있는 것으로서 당시 백제 웅진기의 사비경영을 단적으로 보여주는 고고학적 자료라 할 수 있다. 이에 대해선 제IV장에서 상술하고자 한다.

이상에서와 같이 무령왕릉 연화문전과 친연성이 있는 정지산유적 출토 와당과 전 대통사지·관북리·구아리·동남리유적 출토 와당과는 약 10~20여 년 정도의 시기차가 있음을 유추해 볼 수 있다. 이러한 시기차는 한편으로 와당에 시문된 연화문의 변화를 통해서도 확연하게 살필 수 있다. 이러한 형식상의 차이를 표로 살피면 아래와 같다.

표 1 백제 웅진기 공주·부여지역의 원형돌기식 와당

구분	정지산유적	전 대통사지, 구아리 전 천왕사지, 동남리유적
연자 배치	1+6과	1+6과
연판과 자방의 크기	연판<자방	연판>자방
연판의 최대경	중간부	중상부
판근과 판단의 선처리	곡선처리	직선처리
소주문 좌우의 판단선	곡선처리	각이 지게 꺾임

라뿐만 아니라 일본의 기와학자들도 공감하고 있다(龜田修一, 1981, 「百濟古瓦考」, 『百濟研究』 제12집, 忠南大學校百濟研究所).

이렇게 볼 때 정지산유적 출토 와당과 대통사지 및 관북리·구아리·동남리유적 출토 와당은 1+6과의 연자 배치에 원형돌기(소주문)가 솟아있다는 공통성 이외에는 대부분 이질적임을 알 수 있다.

아울러 공주 전 대통사지를 비롯한 부여 관북리·구아리·동남리유적 출토 와당 등은 거리상으로 멀리 떨어져 있음에도 불구하고 폭넓게 제작·사용되었다는 점, 그리고 정지산유적 출토 와당과 제작시기 폭이 약 10~20년 정도의 간극이 발생하는 점 등에서 백제 와공(혹은 와박사)들의 지역적 분화와 공적인 파견을 판단케 한다.

따라서 정지산유적 출토 와당은 중국 남조 양나라 출신의 와사에 의해 제작된 연화문전[47]을 모방하여 제작한 최초의 원형돌기식 와당임을 유추해 볼 수 있다. 아울러 대통사지 출토 와당은 이제 바야흐로 백제의 와공(혹은 와박사)에 의해 독창적인 제와술로 제작된 와당임을 판단해 볼 수 있겠다.

2. 판단첨형식

용정리사지 출토 와당은 판단이 첨형일 뿐만 아니라 자방이 연판에 비

---

[47] '梁官瓦爲師矣'명 塼 이외에 무령왕릉 전을 중국 남조와 연계시켜 보는 이유는 그동안 중국 남경 일대에서 발굴조사된 전축분 출토 전에 기인된 바 크다. 예컨대 중국 남경시 유방촌 南朝大墓를 비롯해 燕子磯墓, 對門山墓, 板橋墓, 仙鶴門墓, 花神墓, 蕭偉墓 출토 전 등을 비교자료로 들 수 있다.
小田富士雄, 1988, 「新羅·百濟系の古瓦塼」, 『大宰府と新羅·百濟の文化』, 學生社.
周裕興, 1999, 「南京的南朝墓制研究」, 『魏晋南北朝時代 墓制制度와 百濟』, 忠南大學校 百濟研究所.
齊東方, 2001, 「百濟武寧王墓與南朝梁墓」, 『武寧王陵과 東亞細亞文化』, 국립부여문화재연구소·국립공주박물관.

해 월등히 크다는 점에서도 하나의 특징을 보인다. 이러한 와당 형식은 그 동안 백제의 고토에서 출토 예가 없었기 때문에 필자는 문양의 기원을 북조 석굴사원 및 고구려 고분 벽화에 둔 바 있다.[48]

물론 이들 석굴사원이나 벽화고분에 그려진 연화문과 와당에 표현된 연화문을 직접적으로 연결시켜 보기에는 다소 어려움이 있지만, 그 동안 유물 상호간에 비쳐진 문양의 호환성을 검토하여 볼 때 디자인의 상호교류 또한 분명 존재하였던 것으로 생각된다. 예컨대 무령왕릉 탁잔에 표현된 판단첨형 연화문과 왕비 두침에 표현된 연화문은 좋은 예라 할 수 있다.[49]

전술하였듯이 용정리 하층사원 출토 판단첨형 와당은 연판이나 연자 배치의 형태에 따라 크게 두 형식(A·B)으로 분류되었다. 그런데 이 중 A 형식은 공현석굴사 제3호굴 平棋(북위) 및 제4호굴 굴정에 장식된 연화문(동위)과 흡사함을 살필 수 있으며, B형식은 운강석굴 제9호굴 전실 동벽에 장식된 연화문(북위)과 친연성을 찾을 수 있다.

아울러 북조의 영향을 받아 제작된 고구려의 벽화고분에서도 판단첨형의 연화문이 확인되는데 안악 3호분의 예로 보아 대략 4세기 중엽 이후로 판단된다. 기타 5세기 초 무렵의 연화총을 비롯한 5세기 중엽~6세기 전반의 장천 1호분, 수산리고분, 쌍영총(사진 18),[50] 안악 2호분, 덕화리 제1호분(사진 19),[51] 진파리 1·4호분 등에서도 동일계 연화문을

48) 趙源昌, 2001, 「熊津遷都後 百濟瓦當의 中國 南北朝 要素 檢討」, 『百濟文化』30, 公州大學校 百濟文化研究所.

49) 이외에 신라의 유물이지만 원주 법천리 4호분 출토 靑銅蓋와 황룡사지에서 출토된 연화돌대문 와당 역시 유물의 종류는 다르지만 문양은 동일하다.

50) 서울대학교출판부, 2000, 『북한의 문화재와 문화유적 Ⅰ(고구려편)』, 도 94.

51) 서울대학교출판부, 2000, 『북한의 문화재와 문화유적 Ⅰ(고구려편)』, 도 114.

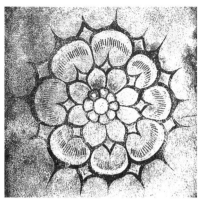

사진 18 쌍영총 연화문

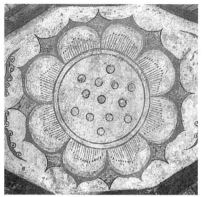

사진 19 덕화리 제1호분 연화문

살필 수 있다.

한편, 501~526년의 절대연
대를 가지고 있는 무령왕릉 출
토 유물에서도 판단첨형 연화문
을 살필 수 있다. 즉, 보상화문
인 연화문, 연판 보다 큰 자방,
연판의 판단부가 첨형으로 길게
이어지는 문양의 특징들은 무
령왕릉 출토 왕비의 두침[52]이
나 청동탁은잔(도면 5)[53] 등에

도면 5　무령왕릉 출토 청동탁은잔 연화문

---

52) 두침에서 보이는 연화문은 모두 5개소에 그려져 있다. 연판에 비해 자방이 크게
　　그려졌고 판단 중심의 연화문은 짧게 표현되었다. 연판의 가로 비와 세로 비의 길
　　이가 비슷하며, 판단−판근의 선이 곡선화 되었다. 5세기 후반~6세기 초로 편년
　　된 고구려의 수산리고분, 안악 제2호분, 쌍영총 등에 그려진 연화문과 친연성이
　　찾아진다.

53) 忠淸南道·公州大學校 百濟文化硏究所, 1991, 『百濟武寧王陵』, 287쪽 그림

서도 살펴지고 있다. 한성기 및 웅진도읍기 내내 어디에서도 볼 수 없었던 이러한 문양의 등장은 결국 6세기 초반 무렵에 북위나 고구려를 통해 백제에 유입되었음을 판단케 하는 내용이다. 특히 5세기 후반의 수산리 고분, 그리고 5세기 말의 쌍영총에서 보이는 연화문의 제 특징은 용정리 하층 사원 출토 판단첨형 와당에 그대로 전이되어 있다. 아울러 삼국시대의 경우 정치상황과는 달리 각국의 문화교류가 상호 밀접하게 전개되었음을 판단하여 볼 때 백제에서의 판단첨형 연화문 등장 시기는 적어도 5세기 말~6세기 초반 무렵에는 가능하였을 것으로 생각된다.

고구려와 백제의 문화교류 상황을 유추해 볼 수 있는 기록이 『三國史記』 및 『梁書』에 표기되어 있어 기술해 보고자 한다.

> 가)-① 十一月 遣使入梁朝貢 先是 爲高句麗所破 衰弱累年 至是 上表
> 稱累破高 句麗 是與通好.
> ② 普通二年 王餘隆始復遣使奉表 稱累破句麗 今始與通好.

이들 내용에 따르면 백제 무령왕은 521년 梁에 사신과 함께 표를 올리면서 고구려와 우호관계에 있음을 알리고 있다. 무령왕 원년(501)부터 12년(512)에 이르기까지 4회에 걸친 고구려와의 전쟁기사와 비교해 볼 때 반전되는 내용이 아닐 수 없다. 아울러 同王 12년부터 임종 시(523)까지도 고구려와의 전쟁기사는 거의 살필 수 없다.

이러한 『삼국사기』와 『양서』의 기록은 한마디로 무령왕이 즉위년부터 12년까지는 고구려와 적대관계를 이뤘으나, 그 후 21년(521)까지 진정국

6-8. 盞의 하단부에 단판 8엽의 연화문이 음각되어 있다. 연판과 자방의 크기가 비슷하며, 판단 중앙의 첨형 장식은 짧게 표현되었다. 판단-판근의 선은 직선에 가까우며 연판 사이의 간판은 마름모형을 이루고 있다. 자방 내의 연자 배치는 확인할 수 없다.

면을 이루다 그 해 11월 우호관계를 맺었음을 보여준다. 이러한 백제와 고구려의 일련의 정치상황(평화 정착)은 결국 고구려의 문화가 백제에 유입되는 결정적인 계기가 되었을 것으로 사료된다.

따라서 용정리 하층 사원에서 출토된 판단첨형 연화문 와당은 고구려 고분 벽화의 판단 첨형 연화문과 무령왕릉 출토 판단첨형 연화문 등을 편년적으로 비교해 볼 때 늦어도 6세기 초반 무렵에는 제작되었을 것으로 판단된다.

IV. 부여지역 웅진기 기와 출토 유적의 성격과 의미

앞에서 살핀 바와 같이 웅진기 기와가 출토된 사비지역의 유적은 용정리사지를 제외하고는 대부분 그 성격이 분명치 않다. 따라서 본고에서는 부소산성 내 와적층, 관북리 백제유적, 구아리유적, 동남리유적 등을 공반 유물 및 입지를 고려하여 그 성격과 의미를 파악해 보고자 한다.

웅진기 사비(부여)지역에서 검출된 기와는 암키와와 와당들로 암키와의 경우 부소산성 백제 동문지 토성 내부 와적층에서 확인되었다.[54] 암키와의 배면에는 '大通'이라는 양 무제의 연호가 인각되어 있어 부소산성의 축조가 늦어도 527~528년에는 실시되고 있었음을 시사하고 있다.

그런데 한 가지 중요한 사실은 이 인각와가 와적층에서 출토되었다는

---

54) 와적층에서 파악할 수 있는 웅진기의 기와는 '대통'명 인각와 뿐이다. 다른 평기와도 물론 웅진기에 제작되었을 가능성이 적지 않지만 아직까지 사비천도 전후의 웅진기 및 사비기 기와를 구분할 수 있는 명확한 기준은 모호한 편이다.

점이다. 여기서의 와적층은 일종의 기와무지로써 해당 부지에 와건물이 존재하였거나 혹은 이곳으로부터 멀지 않은 인접 지역에 기와건물이 입지하였음을 암시하는 중요 자료이다.[55]

그렇다면 사비천도 전인 웅진기에 이와 같은 기와건물이 부소산 속에 입지하였던 이유는 무엇이었을까? 주지하듯 기와는 당시 사회로 판단컨대 지배계층의 전유물이었음을 부인하기 어렵다.[56] 아울러 이와 같은 권위적 산물이 특정한 목적 없이 독자적으로 산속에 조영되었을 것이라는 전제 또한 납득하기 어렵다. 그렇다면 이 기와건물은 부소산성의 축조와 관련된 최고 사령부였거나 산성 축조와 관련하여 내방한 왕이나 귀족들의 임시 거처였을 가능성이 적지 않겠다.

평기와에 비해 와당은 비교적 넓은 지역에 걸쳐 분포하고 있다. 지금까지 웅진기의 와당은 관북리, 구아리, 동남리, 용정리 등 나성 내외에서 고루 검출되고 있다. 대체로 용정리를 제외하고는 나성 내부에 위치하고

---

55) 지금까지의 고고학적 발굴조사를 검토해 볼 때 와적층은 버려진 기와를 폐기한 곳이거나 기와건물이 붕괴되어 형성된 경우로 나누어 볼 수 있다. 그런데 '대통'명 인각와가 검출된 백제 동문지 내부는 전자나 후자 어떤 것을 취하더라도 기와건물의 존재를 부인하기 어렵다. 왜냐하면 전자의 경우 웅진기의 기와가 보이는 관북리나 구아리, 혹은 동남리와 같은 부소산 아래 지역에서 이곳까지 노동력을 투입하여 기와를 버릴 필요성이 전혀 없기 때문이다.

56) 고구려의 경우 『舊唐書』에 "…주거는 반드시 산골짜기에 있으며, 대개 모초로 이엉을 엮어 지붕을 잇고, 오직 불사·신묘·왕궁·관부만이 기와를 사용한다…(居所居必依山谷皆以茅草葺舍惟佛寺神廟及王宮官府乃用瓦)"라고 기록되어 있다(『舊唐書』卷 一百九十九 上, 列傳第 一百九十九上 東夷高麗條). 이는 『新唐書』의 기록과도 합치된다(『新唐書』卷二百二十 列傳 第一百四十五 東夷 高麗條). 이렇게 볼 때 일반 서민 계층은 그 거주지가 王城과 떨어진 외곽에 있었을 가능성이 높고 주거 양식 또한 온돌이 시설된 수혈 주거지였을 가능성이 적지 않다. 반면, 왕궁을 비롯한 지배계층의 건물은 지붕에 기와를 사용하여 피지계층의 주거와는 근본적으로 달랐음을 보여주고 있다. 이러한 지배계층과 피지배계층 간의 주거 양식 차이는 비단 고구려뿐만 아니라 백제 및 신라도 큰 차이가 없었을 것으로 사료된다.

있음을 알 수 있다. 아울러 부소산성을 중심으로 하여 남쪽 정면과 서쪽의 낮은 구릉상에 치우쳐 있음도 확인된다.

이는 지금까지 부소산성의 남동쪽에 해당되는 화지산 및 그 너머 금성산에 대한 발굴조사 결과 웅진기의 기와가 검출되지 않은 것으로도 유추해 볼 수 있다. 물론 이들 지역에서 웅진기의 유구나 토기 등의 유물이 검출될 가능성은 얼마든지 있다.

그러나 논제로 제시된 '泗沘經營'이란 천도와 관련해 왕이나 귀족들의 의지가 담겨 있는 대 국가사업이기 때문에 이를 대변할 수 있는 표지적인 유구나 유물이 반드시 수반되어야 한다. 이런 차원에서 지배계층의 전유물로 파악되는 기와건물의 존재는 사비경영의 과정을 살피게 하는 좋은 고고학적 자료라 생각된다.[57]

한편, 부여지역에서 검출된 웅진기의 와당은 전 대통사지 와당과 동범와로 관북리, 구아리, 동남리 등에서 수습되었다. 모두 6세기 초반의 와당으로 편년되며 공반 유물들과 더불어 건물의 성격 규명에 적지 않은 영향을 미치고 있다.

관북리는 부소산성의 정면 남쪽으로 왕궁지가 위치하였던 것으로 알려져 있다. 이는 1980년대 초반부터 현재에 이르기까지 계속적인 발굴조사로 확인된 연지, 기와건물, 하수도, 도로유적(남북대로 및 동서소로), 공방지, 목곽고 등의 존재를 통해 가능하게 되었다.

특히 여러 기와건물이 남북대로 및 동서소로 등과 연계되어 도시계획

---

57) 이러한 와당의 중요성은 중국 남조에서도 마찬가지로 그 매장지점이 곧 도성의 공간 범위와 도시 배치를 파악케 하는 자료로 활용되고 있다. 중국 남조에서의 와당은 궁전, 예제건축, 사묘, 府第, 陵墓 등의 중요 건축에 사용되었다(賀云翱, 2004, 「南朝時代 建康地域 蓮花紋瓦當의 變遷 과정 및 관련 문제의 研究」, 『漢城期 百濟의 물류시스템과 對外交涉』, 학연문화사, 154쪽).

하에 조성된 점, 중국과 같은 남북대로의 북단에 유적이 위치한 점, 그리고 유적의 주변으로 조경용의 방형 연지 및 누각건축 등이 도로의 방향과 축을 이루면서 배치된 점 등으로 말미암아 왕궁지로서의 가능성을 피력하기도 하였다.[58]

필자 또한 전 대통사지와 동범와인 고식 와당의 집중 분포, 가구기단의 부재로 파악되는 판석재, '北舍'명 옹기편 등으로 말미암아 관북리 지역을 왕궁지의 일부로 판단하고 있다.

구아리유적은 관북리유적과 인접한 곳으로 현 부여 소방서 자리로 파악된다. 여기에서는 해방 전의 수습조사를 통해 대통사지 동범 와당, 소조불, 토제 나한상, 석제보살입상, 토제 동물상, 청동제 귀면, 청동제 연화대좌, 도용, 인각와('辰', '丁巳', '巳', '刀' 등), '天王'명 기와, 철제 초두 등이 발견된 바 있다. 특히 이 유적의 인근에서 상면이 정교하게 치석된 채 중앙에 2중의 구멍이 있는 목탑 심초석이 확인되어 동일 유구의 유물로 파악되고 있다.

따라서 구아리유적은 이와 같은 출토유물을 고려해 볼 때 사지였을 가능성이 적지 않다. 이는 출토유물의 대부분을 차지하는 불상과 도용, 그리고 목탑 심초석을 통해 충분히 파악할 수 있다. 특히 '천왕'명 수키와가 출토되어 그 동안 전 천왕사지로 불려온 사실과도 무관치 않을 것으로 생각된다.

동남리유적은 1990년대 초반까지 탑이 없는 사지로 알려져 왔다.[59] 그러나 1993~1994년에 걸친 발굴조사 결과 가람을 형성하는 주요 건물

---

58) 忠南大學校博物館·忠淸南道, 1999, 『扶餘 官北里 百濟遺蹟 發掘報告(Ⅱ)』.

59) 이는 일제강점기인 1938년도의 조사에 의해 추정되었다(朝鮮古蹟研究會, 1940, 「扶餘に於ける百濟寺址の調査(槪報)」, 『昭和十三年度朝鮮古蹟調査報告』).

인 중문지, 탑지, 강당지, 회랑지 등이 확인되지 않는 것으로 말미암아 사찰이 아닐 가능성도 개진되고 있다.

여기서 검출된 주요 유구는 적심토를 공반한 대형 건물지와 석렬유구, 굴립주건물지 등으로 유적의 성격을 파악하기에는 다소 무리가 있다. 다만, 출토유물 중 사비기에 해당되는 불상편 3구와 와제광배편, 기대, 삼족토기, 개배, 토제등잔 등이 있어 이의 성격을 다소나마 추론해 보고자한다.

출토유물은 성격상 크기 두 가지로 분류할 수 있는데 하나는 불상편과 광배편이며, 다른 하나는 토제류인 기대, 삼족토기, 개배, 토제등잔 등이다. 먼저 전자부터 살피면 불상은 예배용이었을 가능성이 매우 높다. 물론 소형 상이기 때문에 호신용의 호지불일 가능성도 없진 않지만 건물지에서 출토되었기 때문에 예배용으로 봄이 자연스럽다. 아울러 후자의 경우는 대부분 무덤이나 제사유적 등에서 출토되었음을 전제할 때 사자나 제의에 관련된 유물임을 유추할 수 있다.

따라서 두 종류의 유물을 함께 검토해 보면 동남리유적은 제사나 제의와 관련된 유적일 가능성이 높다.[60] 물론 동남리유적에서 와당을 제외한 나머지 유물 중 사비기의 것도 존재할 수 있어 이의 성격을 유적의 초창까지 소급시키기는 다소 무리가 있지만 그 시기차가 크지 않다는 점에서 언급해 보았다.

이상의 내용을 검토해 볼 때 기와가 출토된 웅진기 부여지역의 유적은 왕궁지, 사지, 제의유적, 부소산성 등으로 파악되고 있다. 그리고 그 입지 또한 정림사지 서쪽으로 난 남북대로를 중심으로 하여 북단과 서쪽에

---

60) 이러한 필자의 판단은 최근에 발간된 동남리유적 보고서를 통해서도 엿볼 수 있다(충남대학교박물관·부여군, 2013, 『扶餘 東南里遺蹟』, 242쪽).

치우쳐 있음도 확인된다.

특히 이들 유적 대부분에서 성왕 대에 해당되는 '대통'명 기와나 전 대통사지 동범 와당이 공히 출토되고 있어 사비천도를 위한 성왕의 대 역사가 본격화되었음을 보여주고 있다. 시기적으로도 527~528년으로 성왕 즉위 5~6년에 해당된다.

성왕은 '대통'명 기와로 보아 적어도 10년 이상을 사비천도에 집중하였다고 여겨진다. 이러한 천도에 대한 성왕의 집념은 결국 천도 후 '남부여'라는 새로운 국명을 탄생케 한 계기로도 작용하였을 것이다.

물론 무령왕 대에도 사비천도를 위한 준비 작업이 실시되었다고 판단되나 이 시기에 해당되는 전[61]이나 와당 등이 표지적인 건물 유적(왕궁, 관아, 사원 등)에서 검출된 바 없어 성왕과 같은 의도적인 사비경영의 노력은 찾아보기 어렵다.

한편, 용정리사지의 경우는 하층 사원에서 출토된 판단 첨형 와당으로 보아 늦어도 6세기 초반 경에는 창건되었던 것으로 추정된다.[62] 이의 창건 목적에 대해 필자는 일찍이 사비천도의 정당성 홍보, 그리고 나성이나 신도시 개발과 관련되어 발생되는 대민정책을 효과적으로 처리하기 위해 조영되었다고 피력하였다.[63] 따라서 사원의 조성 목적 또한 순

---

61) 부여 정동리요지 출토 무령왕릉 塼을 의미한다. 이러한 塼은 문양이 사격자문 혹은 연화사격자문으로써 공주지역의 경우 금학동, 정지산유적 등에서 검출된 바 있다.
   조원창, 1998, 「공주 교동 대우아파트부지조사」, 『各地試掘調査報告書』, 公州大學校博物館.
   국립공주박물관, 1999, 『艇止山』.

62) 趙源昌, 2001, 「熊津遷都後 百濟瓦當의 中國 南北朝要素 檢討」, 『百濟文化』 30, 公州大學校 百濟文化研究所.

63) 趙源昌, 2003, 「百濟 熊津期 扶餘 龍井里 下層寺院의 性格」, 『韓國上古史學報』 42, 韓國上古史學會.

수한 신앙행위 측면보다는 정치적인 의도가 적지 않게 내포되었던 것으로 이해할 수 있다.

이상에서와 같이 백제 웅진기의 부여지역 유적은 동나성 외부의 용정리, 나성 내부의 부소산성, 관북리, 구아리, 동남리 등에서 확인되었다. 지리상으로 보아 한쪽 지역에만 집중되지 않고 일정한 간격을 유지하면서 부소산의 남쪽 및 남서쪽에 입지하였음이 확인된다. 이는 결과적으로 이들 지역이 천도와 관련된 거점지역의 중심지로 활용되었음을 의미한다.

아울러 웅진기의 표지적인 기와(와당 포함)가 출토되지 않은 궁남지 주변의 화지산 일대와 가탑리사지 등이 입지하고 있는 금성산 일원은 전술한 지역과 비교해 사비천도의 중심지에서 일단은 제외되었던 것으로 생각된다. 이는 현재까지 이들 지역에서 검출된 6세기 중엽 이후의 기와유적인 화지산유적, 금성산 와적기단 건물지, 가탑리사지 등을 통해서도 쉽게 이해할 수 있다.

V. 맺음말

백제 성왕은 538년 웅진에서 사비로 천도하면서 국호를 남부여라 칭하였다. 요즈음도 그러하듯 한 나라의 수도를 옮긴다는 것은 결코 쉬운 일이 아니다. 정치적인 이해관계를 예외로 한다해도 천도 전에 갖추어야 할 왕성이나 나성, 그리고 왕궁 및 관서 등의 존재는 많은 백성들의 토목사업과 對 국민 홍보를 요구하였을 것이다.

현재까지 발굴조사 된 고고학 자료, 즉 기와(와당 포함)들을 검토해 볼 때 웅진기의 사비경영은 대체로 5세기 말~6세기 초경부터 시작되었을 것으로 판단된다. 이는 부여의 용정리사지에서 검출된 북위 계통의 와당을 통해서 유추해 볼 수 있다.

그러나 대부분의 유적인 부소산성, 관북리 추정왕궁지, 동남리유적, 구아리 전 천왕사지 등에서 출토된 '대통'명 인각와와 전 대통사지 동범 와당으로 보아 본격적인 천도 작업은 성왕 초기였을 것으로 생각된다.

그리고 그 입지는 현 부소산성을 비롯한 남쪽 구릉 일대와 서쪽으로 펼쳐진 구아리 및 동남리지역으로 살필 수 있다. 한편, 최근까지 조사가 이루어진 화지산 및 금성산 일대는 출토된 유물로 판단컨대 초기의 천도 중심지에서 제외되었던 것으로 파악된다.

웅진기의 사비경영과 관련된 건물 유적의 성격은 유적의 입지와 출토 유물 등을 검토해 볼 때 추정 왕궁지, 사지, 산성(혹은 나성), 제의유적 등으로 이해할 수 있다. 이들은 모두 기와라는 건축 부재와 밀접한 연관성이 있는 것으로서 전술한 『구당서』, 『신당서』의 기록과도 무관치 않음을 엿볼 수 있다.

앞으로 토기 및 평와에 대한 연구 성과에 따라 웅진기의 사비경영은 좀 더 명백하게 밝혀질 수 있으리라 생각된다. 향후 이들 자료의 축적을 기대해 보고자 한다.64)

---

64) 조원창, 2005, 「기와로 본 백제 웅진기의 사비경영」, 『선사와 고대』 23호에 게재된 논문을 일부 수정하여 옮겨놓은 것이다.

蓮花文으로 본 百濟
金銅大香爐의 製作時期 檢討

I. 머리말

부여 능산리지역에서 발굴 조사된 백제 능사는 성왕에 대한 위덕왕의 기원사찰인 동시에 즉위 초기 나약하였던 위덕왕의 왕권이 마침내 신장되었음을 만천하에 알리는 표지적인 사원 건축이었다.[1] 이곳에서는 국보 287호로 지정된 백제 금동대향로 및 288호 '昌王'명 사리감[2] 등 백제 최고의 금속·석조 공예품이 다수 출토되었다.

향로는 공방지I이라 불리는 제 3건물지 중앙실 기단토 내의 목곽 수조 내에서 수습되었다(사진 1·2).[3] 일반적으로 향로가 사자의 혼을 달

---

1) 김수태, 1998, 「백제 위덕왕대 부여 능산리 사원의 창건」, 『百濟文化』 27, 公州大學校 百濟文化硏究所.

2) 이는 목탑지 심초석 위에서 뚜껑이 유실된 채 발견되었다. 물론 사리감 내에 봉안되었던 사리의 존재도 알 수 없다. 백제 멸망에 따른 역사적 비극의 한 단면으로 볼 수 있다.

3) 능사와 공방지와의 관계는 필자의 논고(2006, 「扶餘 陵寺 第3建物址(일명 工房址

사진 1 금동대향로 출토 모습　　　　사진 2 보존처리 후 금동대향로

래기 위한 佛具로 사용되었음을 볼 때 출토 위치와 향로의 사용처가 일
맥 상통되지 않음을 살필 수 있다. 이는 아마도 나당연합군의 침공에 의
한 풍전등화의 시점에서 이들에게 전리품으로 안기고 싶지 않은 백제 승
려들의 애국심 및 불심의 결과라 생각된다.

　　향로에 대한 연구는 그 동안 향로에 표현된 도상, 국적,4) 제작기법 등

---

　　1)의 建築考古學的 檢討」, 『先史와 古代』 24, 韓國古代學會)를 참조하기 바람.
　　국립광주박물관, 1996, 『백제금동향로와 사리감』, 9쪽 사진.
　　國立扶餘博物館, 1997, 『국립부여박물관』, 72쪽 사진.
　4) 중국 및 일본 학자의 경우 능사 출토 향로를 중국에서의 수입품으로 보고 있는데
　　반해, 우리 학자들의 경우는 국내산으로 판단하고 있다. 예컨대 6세기 초반의 무
　　령왕릉에서 출토된 각종 금속공예품(귀걸이, 목걸이, 관식 등)의 조각솜씨로 보
　　아 당시 백제 장인의 공예술이 매우 우수하였음을 확인할 수 있다. 향로를 제작할

을 중심으로 진행되어 왔다.[5] 그러나 향로의 제작 시기에 대한 검토는 전술한 내용들에 비해 상대적으로 미진한 상태에 머물러 있다. 이는 능사 출토 향로와 비교할 수 있는 유물이 백제 내에서, 혹은 중국이나 일본 등지에서 더 이상 검출되지 않았던 사실과도 무관치가 않다. 이러한 비교 자료의 부재는 결과적으로 능사 향로가 고대 동북아에서 희귀한 사례에 해당되고 있음을 반증하는 것이라 할 수 있다.

향로의 제작 시기는 대체로 6세기 말~7세기대로 비정되고 있으며 이는 무왕의 즉위기와 대체로 일치하고 있다. 이는 향로에 표현된 신선, 자연 등 도교적 사상에 기반을 둔 결과이기도 하다. 그러나 이는 비교자료 없이 당시의 시대 상황을 고려하여 내린 편년이기 때문에 언뜻 신빙하기가 쉽지 않다.

향로에는 이들 도교적 내용뿐만 아니라 연화하생이라는 불교적 내용도 적지 않다. 특히 향로 받침에 전체적으로 표현된 연화문은 웅진천도 후 백제에서 가장 일반적으로 살필 수 있는 전통문양에 해당되고 있다. 이러한 연화문은 시기에 따라 각기 달리 표현되었고 이러한 표현적 차이는 연화문의 제작시기 검토에 많은 영향을 미치고 있다.

따라서 본고에서는 향로 받침 하단에 표현된 중판[6]의 연화문과 백제

수 있는 백제의 내재적 기술은 이미 충분히 갖추었다고 판단해도 과언은 아닐 듯 싶다.

5) 능사 출토 향로와 관련된 자료로는 다음의 것을 들 수 있다.
   노중국, 2003, 「사비 도읍기 백제의 山川祭儀와 百濟金銅大香爐」, 『啓明史學』 14.
   국립부여박물관, 2003, 『百濟金銅大香爐와 古代東亞世亞』.
   국립부여박물관·부여군, 2003, 『百濟金銅大香爐』.
   서정록, 2001, 『백제금동대향로-고대 동북아의 정신세계를 찾아서』, 학고재.
   최병헌, 1998, 「백제금동대향로」, 『한국사시민강좌』 23, 일조각.
6) 연화문은 外葉 내의 꽃잎 수에 따라 單瓣과 複瓣으로 나눌 수 있다. 여기서 단판은 연꽃잎이 하나이고 복판은 두 개로 이루어져 있다. 그리고 외엽 내에 내엽이 있

의 고토에서 그 동안 발굴된 탁잔, 불상 대좌, 금동광배 등의 중판 연화
문을 상호 비교 검토하여 이의 편년을 살펴보는데 목적이 있다.

II. 백제 금동대향로의 문양 구성

향로는 뚜껑, 몸체, 받침 등 세 부분으로 구성되어 있다.[7] 이들 각 부
에는 봉황과 용을 사이에 두고 각종 동·식물과 선인 등이 산악을 배경
으로 조각되어 있다.

뚜껑의 정상에는 턱과 가슴 사이에 여의주를 끼고 있는 봉황이 조각

사진 3　향로 뚜껑에 조각된 오악사, 새, 수목 등

────────────────────

으면 이를 重瓣이라 부르고 있다.
7) 향로에 표현된 문양은 다음의 책자를 참조하였다.
　　국립부여박물관·부여군, 2003, 『百濟金銅大香爐』.

되어 있고, 그 아래로는 5악사[8]와 봉황, 호랑이, 코끼리, 원숭이, 멧돼지, 사자, 사슴, 새 등의 동물들이 표현되어 있다(사진 3).[9] 아울러 10여 명 이상의 인물[10]과 인면조신, 인면수신, 수목들이 산악을 중심으로 배치되어 있다. 이 외에도 6종류 이상의 식물(소나무 등), 20군데의 바위, 산길, 시냇물, 폭포 등이 입체적으로 조각되어 있다.

몸체는 混瓣으로 구성된 3단의 연화문으로 표현되어 있는데 각각의 연화문내에는 27마리의 짐승과 2명의 사람이 조각되어 있다(사진 4·5).[11] 연화문 외연에는 단선문이 시문되어 있으나 상부에서 하부로 갈수록 그 길이가 짧아져 음영처리를 시도한 것처럼 보인다. 사람은 상협하광의 관을 쓰고 있으며 역동적인 모습으로 표현되어 있다. 동물들은

사진 4 향로 몸체에 조각된 인물과 동물   사진 5 향로 몸체에 조각된 수중·육생동물

8) 완함(현악기), 종적(관악기), 배소(관악기), 거문고(현악기), 북(타악기) 등의 악기를 연주하고 있다. 이들 주악상은통견의에 스님머리인 민머리를 하고 있다.

9) 국립부여박물관·부여군, 2003, 『百濟 金銅大香爐』, 16쪽.

10) 기마인물 2인을 비롯해, 폭포에서 머리감는 사람, 바위에 앉아 낚시하는 사람, 바위 위에 앉아 명상하는 사람, 지팡이를 짚고 산책하는 사람, 코끼리를 탄 사람 등 다양하다. 이들은 신선들이 사는 선계의 선인들을 표현한 것으로 알려져 있다.

11) 국립부여박물관·부여군, 2003, 『百濟 金銅大香爐』, 62쪽.

긴 꼬리동물을 비롯해 날개 달린 것, 악어, 황새, 물고기 등 수중·육생동물을 모두 조각해 놓았다.

받침은 승천하는 모습의 용(사진 6)[12]으로 조각되어 있으며 입은 몸체와 연결된 기둥을 물고 있다. 정수리에 조각된 뿔은 두 갈래로 나뉘어져 목 뒤까지 길게 이어져

사진 6 향로 받침에 조각된 용

있다. 전체적으로 비늘, 이빨, 발톱 등 세밀하게 묘사되어 있다.

Ⅲ. 백제 금동대향로의 중판 연화문과 기타 사례 검토

능사 출토 향로에서 보이는 중판의 연화문은 몸체 하부 하단에서 살필 수 있다(사진 7).[13] 하부의 연화문은 상하 3단으로 엇갈

사진 7 향로 하단 중판 연화문

---

12) 국립부여박물관·부여군, 2003,『百濟 金銅大香爐』, 64쪽.
13) 국립부여박물관·부여군, 2003,『百濟 金銅大香爐』, 63쪽 상단 그림.

리게 배치되어 있는데[14] 이 중 위의 두 단은 단판 연화문으로 조각되어 있고 최하단이 중판 연화문이다.

중판 연화문은 전체적으로 하트형을 취하고 있으며 외엽의 상단에는 단선문이 짧게 음각되어 있다. 아울러 내엽은 2조의 음각선으로 세장하게 표현되어 있고 내부는 무문으로 처리되어 있다.

이처럼 백제의 연화문 중 평면형이 하트형을 이루는 것은 부여지역의 쌍북리유적(사진 8)[15]을 비롯해 금성산 와적기단 건물지(사진 9),[16] 용정리사지 출토 와례(사진 10)[17] 등에서 확인할 수 있다.

사진 8   쌍북리유적 출토 와당

사진 9   금성산 와적기단 건물지 출토 와당

사진 10   용정리사지 출토 와당

14) 이처럼 상하 엇갈리는 연화문을 '混瓣'이라 부른다.
15) 國立公州博物館, 1988, 『百濟瓦當特別展』, 사진 136.
16) 百濟文化開發研究院, 1983, 『百濟瓦塼圖錄』, 159쪽 사진 314.
17) 百濟文化開發研究院, 1983, 『百濟瓦塼圖錄』, 141쪽 사진 259.

사진 11 공주 대통사지 출토 와당   사진 12 부여 정암리요지 출토 와당

　이러한 하트 형태를 보이는 연화문[18]은 적어도 사비의 경우 웅진기에서 유행을 보였던 원형돌기식[19]이나 사비천도 후 남조의 영향을 받아 제작되었던 정암리요지의 판단삼각돌기식(사진 12)[20] 와당에 비해서는 후행하는 것으로 알려져 있다. 특히 小子房, 大연판으로 대표되는 와당의 특징은 588년 백제에서 일본으로 파견된 와박사에 의해 제작된 비조사의 와례와 거의 동일하다. 아울러 위에서 제시한 부여지역 출토 3점의 와례는 일본 비조사 출토 원형돌기식 및 삼각돌기식 와당과 상대 비교해 6세기 4/4분기 무렵으로 편년되고 있다.[21]

---

18) 이러한 형식의 연화문 역시 넓은 범주에서는 삼각돌기식에 포함시킬 수 있으나 판단부의 삼각돌기 표현에서 큰 차이를 보이고 있다.

19) 공주지역의 정지산유적, 공산성 추정왕궁지, 대통사지(사진 11, 國立公州博物館, 1988,『百濟瓦當特別展』, 사진 14) 및 부여지역의 구아리 전 천왕사지, 동남리유적, 관북리 추정왕궁지 등에서 살필 수 있다. 등장 시기는 정지산유적의 와례와 무령왕릉 출토 연화문전과의 비교를 통해 6세기 1/4분기로 편년되었다(趙源昌, 2000,「熊津遷都後 百濟瓦當의 變遷과 飛鳥寺 創建瓦에 대한 檢討」,『嶺南考古學』 27, 영남고고학회).

20) 國立扶餘博物館, 1997,『국립부여박물관』, 112쪽 하단 사진 우측.

21) 조원창, 2002,「백제 건축기술의 대일전파」, 상명대학교 대학원 박사학위논문.

그러나 이러한 문양 검토는 전체 연화문 중 판단부에만 국한된 것이기 때문에 금동대향로 전체에서 볼 수 있는 연화문의 특징을 대변할 수 없다. 따라서 여기에서는 금동대향로에서 관찰되는 중판의 연화문을 백제의 여타 공예품에서 그 사례를 살펴보고, 아울러 동 시기의 瓦塼과 상호 비교 검토하여 그 특징을 살펴보는 데 목적이 있다. 아울러 이러한 작업을 통해 해당 자료의 편년뿐만 아니라 궁극적으로는 금동대향로의 편년 설정에 중요한 토대를 마련코자 한다.

1. 공주 무령왕릉 출토 동탁은잔(사진 13 · 14)[22]

중판의 연화문은 뚜껑 손잡이 및 정상부에서 살필 수 있다. 연화문 아래로는 산악과 운문 그리고 날개를 펴고 날아다니는 수금을 음각해 놓았다. 연화문은 모두 8엽이며 판단부는 완만한 부채꼴을 이루며 곡형으로 돌아가고 있다. 판단에서의 돌기나 문양은 전혀 살필 수 없다.

연화문 중 외엽에서 볼 수 있는 횡선과 종선의 길이는 횡선의 길이가 약간 길게 표현되었다.[23] 이와 같은 연화문의 크기 비교는 5세기 말~6세기 초에 창건된 것으로 추정되는 부여 용정리사지 하층 금당지 출토 와당(사진 15)[24]에서도 살필 수 있다. 그러나 후자의 경우 연화문의 판

---

22) 탁잔은 동제잔대, 은제잔, 은제개 등 세 부분으로 나누어져 있다. 개 높이 5.2cm, 개 지름 8.6cm, 잔 높이 5.6cm, 잔 두께 0.2cm, 탁 높이 2.7cm, 탁 두께 0.3cm이다.
국립부여박물관·부여군, 2003, 『百濟 金銅大香爐』, 94쪽.
국립부여박물관·부여군, 2003, 『百濟 金銅大香爐』, 96쪽 상단 사진.

23) 이는 탁잔과 비교해 비슷한 시기에 제작된 것으로 추정되는 판단융기형이나 원형 돌기식의 와당에서 보이는 연화문의 길이 差와는 정 반대되는 것이다.

24) 경희대학교 중앙박물관, 2005, 『고구려와당』, 122쪽 사진 96.

사진 13　무령왕릉 출토 동탁은잔

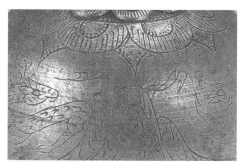

사진 14　무령왕릉 출토 탁잔 중 연화문 세부

사진 15　용정리사지 하층 금당지 출토 와당

사진 16　무령왕릉 출토 연화문전

단이 첨형이라는 점에서 원형인 탁잔과는 차이가 있다. 연화문 사이의
간판은 마름모꼴로 무령왕릉 출토 연화문전(사진 16)[25])에서도 그 예를
살필 수 있어 이른 시기의 간판 문양임을 알 수 있다.[26])

---

25)　百濟文化開發硏究院, 1983, 『百濟瓦塼圖錄』, 295쪽 사진 564.

26)　웅진천도 이후 백제와당에서 살필 수 있는 일반적인 간판 문양은 'T'자형이다.

2. 부여 왕흥사지 목탑지 출토 사리병

(사진 17 · 18)[27]

2007년도 국립부여문화재연구소에 의해 발굴된 왕흥사지 목탑지내 은제 사리병(외병)[28]과 금제 사리병(내병)[29] 뚜껑에서 중판 연화문을 살필 수 있다. 연화문은 보주형의 손잡이를 중심으로 음각으로 새겨져 있다.

은제 사리병 뚜껑에는 8엽의 연화문이 시문되어 있는 반면, 금제 사리병에는 6엽의 연화문이 장식되어 있어 연판수의 차이를 보인다. 그러나 두 점 모두 연화문의 판단부가 첨형을 이루고 있다는 점에서 동일 형식

사진 17　은제 사리병(외병) 뚜껑　　　사진 18　금제 사리병(내병) 뚜껑

---

27) 국립부여박물관·국립부여문화재연구소, 2008, 『百濟王興寺』, 20쪽 및 22쪽 사진.

28) 크기 6.8×4.4cm로 굽이 부착된 구형 동체에 보주형 손잡이가 달린 뚜껑이 덮여 있다. 동체 내부에는 금제 사리병을 안치하기 위한 받침대가 구비되어 있다.

29) 크기 4.6×1.5cm로 저부에 굽이 마련되어 있으며 동체 하부가 볼록한 형태를 띠고 있다. 뚜껑 가운데에는 보주형의 손잡이가 부착되어 있다. 내부에서 사리는 확인되지 않았다.

임을 알 수 있다.

이러한 판단 첨형의 연화문은 일찍이 웅진기에 창건된 용정리사지 와당(수막새)을 비롯해 서혈사지 출토 와당, 그리고 능산리왕릉 동하총 벽화고분 등에서 살필 수 있다. 무령왕릉 출토 탁잔에서 볼 수 있는 연화문 사이의 간판은 표현되지 않았다. 연화문의 종선 길이가 짧고 판단부가 하트형이 아닌 첨형이라는 점에서 향로 출토 연화문과 차이가 있다.

3. 부여 부소산성 출토 금동광배(사진 19)[30]

중판의 연화문은 광배 정 중앙에서 살필 수 있다. 연화문은 6엽이며, 내엽과 외엽의 중앙부에는 일자의 종선을 그어 놓아 연화돌대문[31]으로 시문하였다. 내·외엽 모두 연화문이 세장하게 표현되어 무령왕릉 출토 탁잔과는 차이가 있다.

사진 19 부소산성 출토 금동광배

판단선은 판단 중앙에서 부드럽게 꺾여 호상을 그리고 있다. 연화문과 연화문 사이에는 葉狀의 간판이 길게 조각되어 있고, 판구 외곽에는 소형의 원주문이 연주문대로 시문되어 있다. 지름은 12.6cm이다.

이 광배에서 보이는 6엽의

---

30) 국립중앙박물관, 1999, 『특별전 백제』, 199쪽 사진 370.
31) 와당에서 볼 수 있는 엄밀한 의미에서의 연화돌대문으로는 살필 수 없으나 문양의 형식 분류라는 차원에서 포함시킨 것이다.

사진 20　용정리사지 출토 와당　　　　사진 21　평양 청암리 주암동 출토 와당

사진 22　평양 평천리 출토 와당　　　　사진 23　평양 토성리 출토 와당

연화돌대 중판 연화문, 엽상의 간판, 소주문의 원주문대 등과 같은 조
합문은 와당을 비롯한 기타 공예품에서도 쉽게 살필 수 없는 문양요소
이다. 백제에서 6엽의 연화문은 부여 용정리사지(사진 20)[32] 및 익산

---

32) 경희대학교 중앙박물관, 2005, 『고구려와당』, 120쪽 사진 94.

사진 24 전 평양 출토 와당   사진 25 왕흥사지 출토 와당

미륵사지 출토 와례 등 그 사례가 많지 않고[33] 특히 중판으로 제작된 연화문은 왕흥사지 목탑지 출토 금제 사리병(내병) 외에는 찾아보기 어렵다.

아울러 자방 근처에까지 길게 이어진 엽상의 간판[34] 또한 비교자료를 거의 찾아볼 수 없다. 다만, 주연부로 판단되는 부분에서의 연주문대는 부여 왕흥사지 출토 와당(사진 25)[35]이나 규암면 외리유적 출토 전에서 살펴지고 있어 참고 자료가 되고 있다.

---

33) 반면, 고구려의 경우는 안학궁지를 비롯한 평양지역의 여러 유적(사진 21·22, 井內古文化硏究室, 昭和 51年,『朝鮮瓦塼圖譜Ⅱ 高句麗』, PL.17-57 및 PL.14-40)에서 이러한 6엽의 연화문 와당을 살필 수 있다.

34) 이처럼 간판이 연판과 비교해 보조 문양이 아닌 정식 문양으로 표현된 사례는 고구려 와당(사진 23·24, 井內古文化硏究室, 昭和 51年,『朝鮮瓦塼圖譜Ⅱ 高句麗』, PL.11-30 및 경희대학교 중앙박물관, 2005,『고구려와당』, 45쪽 사진 30)에서 흔히 살필 수 있다.

35) 百濟文化開發硏究院, 1983,『百濟瓦塼圖錄』, 194쪽 사진 383.

4. 부소산사지 주변 출토 연화문 와당(사진 26)[36]

부소산사지 인근의 성격 미
상 건물지에서 출토되었다. 내
엽은 복판으로 선명하게 음각
되어 있으나 자방, 주연, 외엽
에 비해 외소하게 표현되었다.
외엽의 판단은 삼각돌기식으로
볼륨감이 높고 완만한 곡면으
로 돌아가고 있다. 연화문 사
이의 간판은 역 이등변삼각형

사진 26 부소산사지 주변 출토 연화문 와당

으로 판근이 생략되어 있다. 자방 외곽으로는 원권문 1조가 두껍게 돌
려 있고 그 내부에는 1+8과의 연자가 배치되어 있다.

내엽에서 살펴지는 복판의 연화문은 익산 미륵사지에서 일부 확인할
수 있으나, 이와같은 중판의 연화문은 백제와당 중에서도 그 예가 매우
희귀하여 비교 대상이 없다.

5. 익산 미륵사지 출토 금동투조장식품(도면 1)[37]

중판의 연화문은 금동제 투조장식품의 한 가운데에 8엽으로 시문되
었다. 자방은 원형으로 투각되어 연자 배치를 살필 수 없고, 연판과 연판
사이에도 간판이 생략되어 있다.

36) 金誠龜, 1992,「百濟의 瓦塼」,『百濟의 彫刻과 美術』, 331쪽 도 68.
37) 文化財管理局 文化財研究所, 1989,『彌勒寺 1』, 464쪽 삽도 10-2.

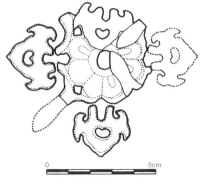

연화문은 點線條技法에 의한 타날점선문으로 시문되었다. 내엽은 좁고 길게 표현되었고, 외엽의 판단선은 무령왕릉 출토 탁잔과 같이 완만하게 호상을 그리며 돌아가고 있다. 내·외엽 모두 종선의 길이가 횡선보다 길게 표현되었다.

도면 1 미륵사지 출토 금동투조장식품

6. 부여 군수리사지 출토 상자형전(사진 27)[38]

중판의 연화문은 오른쪽 도상 중 인동문의 정 중앙에 4엽으로 조각되어 있다. 4엽의 연화문은 서로 대칭되어 있으며 연화문의 상단 좌우에는 원주문이 1조씩 배치되어 있다.[39] 연화문을 감싸고 있는 인동문은 5엽으로 왼쪽에서 4번째 잎사귀가 곡선으로 길게 처리되어 있다. 인동문의 외곽으로는 1조의 원권대가 돌려져 있고 이와 접해 거치문이 조각되어 있다.

내·외엽의 판단선은 판단 중앙에서 각이 져 사선에 가깝게 꺾이고 있다. 전체적으로 오각형의 평면을 보이고 있어 전술하였던 금동대향로나 무령왕릉 출토 탁잔, 부소산성 출토 광배, 미륵사지 출토품과 큰 차이를

---

38) 國立扶餘博物館, 1997, 『국립부여박물관』, 81쪽 하단 사진. 이와 동일한 상자형 전편이 정암리 가마터(국립부여박물관, 1992, 『부여 정암리 가마터(Ⅱ)』, 184쪽 도판 54-①)에서 검출되어 이의 생산-수급관계를 판단케 한다.

39) 연화문의 수는 다르지만 공주 무령왕릉 출토 연화문전에서도 연화문 외곽으로 1조의 원주문을 살필 수 있다(國立公州博物館, 1988, 『百濟瓦當特別展』, 도판 31).

사진 27　군수리사지 출토 상자형전

보인다. 내·외엽 모두 종선의 길이가 횡선의 길이보다 길게 표현되었다.

　이와 동일한 도상은 금성산 와적기단 건물지(전 천왕사지) 출토 상자형전[40]에서도 살필 수 있다.

7. 공주 의당면 송정리 출토 금동관음보살입상 대좌(사진 28)[41]

　보살상은 삼산보관에 화불이 조각되어 있으며, 머리 정상부와 양 어깨 위에는 보발이 표현되어 있다. 천의는 통견의이며 복부 아래에서 X자형 의문이 층단식으로 장식되어 있다.

　군의는 두 다리를 따라 바깥쪽으로 흘러내리면서 대좌를 덮고 있다. 영락대는 가슴부분에서 반원형이며 일자로 내려오다가 복부 부분에서

---

40)　國立公州博物館, 1988, 『百濟瓦當特別展』, 도판 93.

41)　국립공주박물관, 2004, 『국립공주박물관』, 163쪽 사진.

사진 28 송정리 출토
금동관음보살입상

'∧'모양으로 갈라지고 있다. 오른손은 가슴부 위까지 올려 연봉을 들었고 왼손은 아래로 내려 외장하며 정병을 쥐고 있다.

대좌는 원형 연화좌로 중판 9엽이며 판단은 약간 반전되어 있다. 연화문의 내엽과 외엽 모두 양각되어 볼륨감이 높으며 특히 외엽의 경우 판단 중앙부가 살짝 융기되어 있다. 조각기법에서 금동대향로의 외엽과 가장 유사한 면을 보이고 있다.

이처럼 불상의 대좌에 중판의 연화문이 조각된 예는 일본불상에서도 확인할 수 있다. 즉, 나라 법륭사 헌납보물 149호 금동여래입상(7세기 전반)과 목조건칠관음보살입상(7세기 말), 대분 장곡사 소장 금동관음보살입상(702년) 등에서 살펴볼 수 있다. 송정리 출토 상과 법륭사 헌납보물 149호 불상의 예로 보아 백제의 중판 연화문은 큰 시기차 없이 백제에서 일본 근기지역으로 전파되었음을 알 수 있다.

8. 계유명 아미타삼존불비상 대좌(사진 29)[42]

충남 연기군 비암사에서 1960년에 발견된 4면불 형식의 불비상이다. 계유년은 673년으로 파악되며 백제 멸망 이후 백제 유민의 발원으로 제

42) 國立中央博物館, 1990,『高句麗·百濟·新羅 三國時代佛教彫刻』, 80쪽 사진.

작되었음을 알 수 있다.

앞면은 가장자리에 테두리
를 두어 감실을 만들고 그 내
부에 본존불 및 협시보살, 2
천왕, 나한상 등을 배치하여
9존불의 배치형식을 따르고
있다. 본존불에서 보이는 상
현의 형식, 하단의 연판을 돌
린 방형대좌의 형식에서 계유
명 천불비상의 그것과 동일함
을 볼 수 있다.[43]

중판의 연화문은 대좌의 최
하단에서 관찰되며 내엽의 경

사진 29　계유명 아미타삼존불비상

우 일견 복판으로 살펴지기도 한다. 외엽의 연화문은 화염문처럼 세장하
게 표현하였고 이는 내엽도 마찬가지이다. 판단부가 뾰족하고 날렵하다
는 점에서 다른 중판 연화문의 외엽과 차이를 보이고 있다. 간판은 표현
되지 않았다.

9. 일본 산전사 창건와(사진 30)[44]

잔존 상태가 양호한 중판 8엽 연화문 와당이다. 연판은 외엽과 내엽

43) 郭東錫, 1992,「燕岐地方의 佛碑像」,『百濟의 彫刻과 美術』.
44) 奈良國立文化財硏究所, 1996,『飛鳥資料館 案內』, 80쪽 f사진.

으로 구성되어 있으며 내엽은 판단이 둥글고 세장하게 표현되었다.

외엽의 판단 중앙에는 삼각돌기가 희미하게 장식되어 내엽에까지 연결되어 있다. 외엽과 외엽 사이에는 'T' 자형의 간판이 장식되어 있으나 판근의 끝이 자방에까지는 이어져 있지 않다. 외엽의 판단부에서 시작된 돌대문은 내엽에까지 연결되어 능을 형성하고 있다.

자방은 연판에 비해 돌출되어 있으며, 그 내에는 1+6과의 연자가 배치되어 있다. 자방은 연판과 비교해 상대적으로 작게 표현되어 있다. 판구와 주연 사이에는 일정한 간격이 마련되어 있고 구상권대(원권대)는 시문되지 않았다. 산전사지에서 이러한 중판의 연화문은 와당 이외에 연목와(사진 31)[45] 및 귀면와(사진 32)[46] 등에서도 관찰되고 있다.

한편, 일본 최초의 사원이라 할 수 있는 비조지역의 飛鳥寺[47]에서 이

사진 30　산전사지 출토 와당

사진 31　산전사지 출토 연목와

45) 國立扶餘博物館, 2010, 『百濟瓦塼』, 324쪽 사진 852.

46) 飛鳥資料館, 1997, 『山田寺』, 32쪽 사진.

47) 와당은 판단 중앙에 소주문 및 삼각돌기가 장식된 원형돌기식과 삼각돌기식이 제작되었다.

러한 중판의 연화문이 전혀
검출되지 않은 점, 그리고 그
이후에 창건된 사천왕사 및
법륭사 약초가람의 창건와[48)
에서도 전혀 확인되지 않은
사실로 보아 이 와례는 적어
도 일본에서의 경우 7세기 초
반 이후에 제작되었음을 추
정케 한다.

사진 32   산전사지 출토 귀면와

특히 7세기 전반 무렵 고
구려 및 신라의 요업품이나 공예품 중에서 이러한 중판 연화문의 시문
사례는 쉽게 찾아보기 어렵다. 따라서 산전사 창건와에서 보이는 중판의
연화문은 7세기 전반 무렵 백제에서 전파된 제와술, 혹은 백제에서 파견
된 와공에 의해 제작되었음을 판단할 수 있다.

Ⅳ. 중판 연화문으로 본 금동대향로의 제작시기

백제에서 살필 수 있는 가장 이른 시기의 중판 연화문은 무령왕릉 출
토 동탁은잔을 들 수 있다. 탁잔의 제작 시기는 무령왕릉의 폐쇄와 관련
시켜 볼 때 대체로 6세기 1/4분기 무렵으로 추정되며, 이 문양의 모티브

---

48) 이들 사지에서는 주로 판단원형돌기식 와당이 출토되었다.

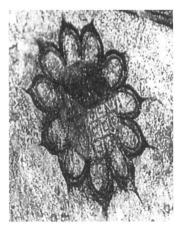

사진 33 안악 2호분(5세기 후반)
중판 연화문

사진 34 왕흥사지 목탑지 출토
명문 사리함

는 당시 백제와 통호관계를 맺고 있
었던 고구려(사진 33)[49]나 중국 북
조와 직접적인 관련성이 있을 것으
로 생각된다.[50]

부여 왕흥사지 목탑지에서 검출
된 은제 사리병(외병)과 금제 사리병
(내병)의 뚜껑에 시문된 연화문은
이들을 담고 있는 사리함의 명문을
통해 비교적 정확한 편년을 확인할
수 있다.

사리함(사진 34)[51]은 기단토에
서 약 50cm 깊이에 위치한 대석 남
쪽 중앙 끝단의 사리공(16×12×16
cm) 내부에서 확인되었다. 사리함
은 직경 7.5cm, 높이 8cm의 원통
형으로 보주형의 손잡이가 달린 뚜
껑이 덮여 있다.

동체 정면에는 도자로 쓰인 5자
6행의 명문이 있다. 즉「丁酉年二月
十五日百濟 王昌爲二王 子立刹本舍
利二枚葬(?)時 神化爲三」이라 하여

---

49) 서울대학교출판부, 2000,『북한의 문화재와 문화유적 I(고구려편)』, 도 268.

50) 이에 대해선 필자의 논고가 있기에 참조하기 바람(조원창, 2003,「百濟 熊津期 扶
餘 龍井里 下層 寺院의 性格」,『韓國上古史學報』42호).

51) 국립부여박물관·국립부여문화재연구소, 2008,『百濟王興寺』, 13쪽 사진.

이 사리함이 위덕왕대인 577년에 매납되었음을 알게 한다. 이는 확실한 절대연대를 내포하는 것이기 때문에 이 내부에 안치되었던 은제 사리병(외병)과 금제 사리병(내병) 역시도 비슷한 시기에 제작되었음을 이해할 수 있다. 따라서 이들 사리병에 시문된 6엽·8엽의 판단첨형 연화문 역시도 577년 무렵의 문양으로 판단할 수 있다.

부소산성 출토 금동광배는 간판에서 보이는 이질적 배치와 주연부에서의 연주문대로 보아 7세기 이후에 제작된 것으로 생각된다. 즉, 연화문과 연화문 사이의 간판은 백제 와전에서의 경우 대부분 'T'자형이나 '◇'형을 보이고 있다. 대개 전자의 경우 연화문 사이에서 판단부가 강조된 채 판근은 자방에까지 희미하게 이어지는 구획선 역할을 하는 것이 일반적이다. 물론 '◇'형처럼 판근이 자방에까지 이어지지 않고 생략된 와례도 살필 수 있으나 이는 일부에 국한되고 있다.

이러한 일반적인 사례에 비추어 볼 때 금동광배에서 보이는 葉形 간판의 배치는 백제 유물에서의 경우 초출 자료인 동시에, 연판이 완전 이격되고 그 사이에 간판이 배치되었다는 점에서도 매우 이형적인 예에 속하고 있다. 이는 흡사 고구려 와당에서 볼 수 있는 연화문과 간판의 배치를 연상시키고 있다(사진 35).[52] 따라서 금동광배에서 보이는 연화문과 연판의 배치는 현재까지의 자료를 검토해 볼 때 백제 전통의 문양 배치로는 판단하기 어렵

사진 35 　평양부내 출토 고구려 와당

52) 井內古文化硏究室, 昭和 51年, 『朝鮮瓦塼圖譜Ⅱ 高句麗』, PL.49-211.

다. 아울러 고신라의 와전이나 금속·토도 공예품에서도 이상의 연화문과 간판의 배치는 확인되지 않고 있다. 따라서 부소산성 출토 금동광배에서 보이는 연화문과 간판의 배치는 고구려 문화의 영향을 배제할 수 없겠고 아울러 그 제작 시기는 백제 문화의 다양성이 분출되는 7세기 무렵 내지는 그 이후로 생각된다.[53]

한편, 주연부에서의 연주문대는 백제 와전에서도 일부 관찰되고 있다. 즉 왕흥사지 출토 8엽 연화문 와당(사진 25) 및 규암면 외리유적 출토 연화문전(사진 36)[54]을 통해 살필 수 있다. 왕흥사지 와례의 경우 자방은 고구려 와당과 같은 귀목형태[55]로 제작되었고 판단 중앙에는 삼각돌기가 장식되어 있다. 이 와례는 왕흥사가 창건된 시기의 와당과 큰 차이가 있다는 점에서 창건와로는 파악되지 않으며,[56] 백

사진 36 외리유적 출토 연화문전

---

53) 백제 유물 중 연화문을 가장 손쉽게 볼 수 있는 것이 와당이다. 그런데 6세기대 와례의 경우 주로 판단부에서의 미묘한 변화나 자방 외곽의 원권대, 자방의 평면화, 小자방 大연판 등 제한된 부분에서의 속성 변화가 살펴지고 있다. 반면, 7세기대 이후가 되면 자방내의 연자 배치(3열 배치), 자방 외곽의 장식(연주문대), 연화문 내부의 장식(子葉), 複瓣의 출현, 주변부의 연주문대 등 이전 시기에 볼 수 없었던 세부적인 부분에서의 문양 변화가 나타나고 있다.

54) 國立扶餘博物館, 1997, 『국립부여박물관』, 110쪽 상단 사진.

55) 백제와당 중 자방이 귀목형태인 것은 왕흥사지 출토 와례가 유일하다. 이러한 예는 신라의 와당에서도 관찰되고 있는데 다분히 고구려 제와술의 영향으로 파악된다.

56) 왕흥사는 탑지에서 검출된 사리함의 기록으로 577년경에 창건되었음을 볼 수 있다. 이 시기의 백제와당은 대 연판과 소 자방, 평면화된 자방, 연자 배치의 다양성

제와당의 장식화가 살펴지는 7세기 이후의 것으로 생각된다. 아울러 외리유적 출토 연화문전의 경우도 연화문의 자엽과 자방 외곽의 장식, 그리고 공반 출토된 다른 전의 문양(반룡, 와운문 등)으로 보아 6세기대의 것으로는 판단되지 않는다. 왜냐하면 백제의 전은 한성기 풍납토성 및 몽촌토성 이후 사비기 정암리요에 이르기까지 주로 무문전이 많고 부분적으로 연화문전 및 명문전 등이 나타하고 있다. 따라서 반룡이나 와운문 등과 같은 새로운 소재의 문양은 당시 중국과 교류를 통해 7세기 이후에 등장한 것으로 생각된다.

이처럼 백제의 와전에서 관찰되는 주연부의 연주문대가 대체로 7세기 이후에 시문되었음을 볼 때 이러한 문양이 조각된 부소산성 출토 금동광배의 경우도 역시 7세기 이후에 제작되었음을 판단케 한다.

부소산성 출토 연화문 와당은 重瓣이나 내엽이 복판을 이루고 있다는 점에서 문양상의 큰 특징을 보여주고 있다. 따라서 여기에서는 복판에 초점을 맞추어 이의 문양이 백제의 어느 시기에 주로 시문되었는 지를 살펴보고자 한다.

백제와당은 복판 보다는 단판이 다수를 차지하고 있으며 복판의 와례는 그 수가 극히 적다. 백제와당 중 복판은 미륵사지 출토 와당(사진 37)[57]에서 일부 살필 수 있다. 이 와례는 연판이 작고 자방을 크게 표현하였으며 연자는 1+6과를

사진 37   미륵사지 출토 복판 와당

등을 특징으로 한다.

57) 國立扶餘博物館, 2010, 『百濟瓦塼』, 220쪽 사진 572.

배치하였다. 연판수는 6엽이며 연판 사이에는 'T'자형의 간판이 조각되어 있다. 판단 중앙에 삼각돌기가 표현되어 있으며 이를 중심으로 연화문이 2분화하여 복판이 되었다. 이처럼 복판의 연화문이 부소산성과 미륵사지 등에서 극히 일부만이 검출되고 있음을 볼 때 백제와당의 일반적인 형식으로는 파악되지 않는다. 아울러 미륵사지 창건의 절대 편년을 고려해 볼 때 복판의 연화문 와당은 적어도 7세기 이후에나 등장할 것으로 사료된다.

한편, 이러한 복판의 연화문은 부여 규암 출토 금동관음보살입상(보물 제195호)의 대좌(사진 38)[58] 및 청양군 목면 본의리 窯 출토 도제불상대좌(사진 39)[59] 등에서도 살필 수 있다. 이들 불상과 대좌는 모두 7세기대로 편년할 수 있다.

사진 38 부여 규암 출토 금동관음보살입상
복판 연화문

사진 39 청양 목면 본의리

익산 미륵사지 출토 금동투조장식품은 그 비교 유물이 없어 정확한 편년을 유추할 수 없으나 출토지와 관련시켜 볼 때 제작시기는 7세기 전반으로 추정할 수 있다.

---

58) 國立扶餘博物館, 1997, 『국립부여박물관』, 69쪽 사진 중 대좌 부분.

59) 國立扶餘博物館, 1997, 『국립부여박물관』, 105쪽 하단 사진.

사진 40 용정리사지 출토 와당

사진 41 부소산사지 출토 와당

군수리사지 출토 상자형 전돌
은 좌측에 시문된 연화문을 통해
그 제작 시기를 추정해 볼 수 있다.
즉, 이 연화문의 내부에는 여러 잎
을 갖춘 자엽[60]이 세부적으로 장
식되어 있다. 이러한 장식 연화문
은 지금까지 외리유적 출토 연화문
전이나 미륵사지 출토 녹유연목와

사진 42 미륵사지 출토 녹유연목와

(사진 42)[61] 등 극히 일부 유적에
서만 수습되어 비교 자료가 많지 않다. 주지하듯 미륵사는 백제 무왕대

---

60) 지금까지 백제와당에서 검출된 연판 내부의 자엽은 일자형이 다수를 차지하고 있
    다. 참고할 수 있는 와당은 용정리사지(사진 40, 百濟文化開發硏究院, 1983, 『百
    濟瓦塼圖錄』, 215쪽 사진 419), 정림사지, 관북리 백제유적, 부소산사지(사진 41,
    百濟文化開發硏究院, 1983, 『百濟瓦塼圖錄』, 220쪽 사진 426), 동남리유적, 부
    소산, 미륵사지 등에서 검출되었다.
61) 國立扶餘博物館, 2010, 『百濟瓦塼』, 221쪽 사진 577.

에 창건된 것으로 그 시기는 7세기 전반을 넘지 않는다.

따라서 여기에서 검출된 녹유연목와 역시도 7세기 전반 무렵에 제작되었음을 알게 한다. 이러한 편년 설정은 한편으로 연목와에 綠釉가 베풀어진 점, 측면에 거치문 및 원주문이 시문된 점, 그리고 자방 외곽의 원주문대 등을 통해서도 판단할 수 있다.

공주 의당면 송정리 출토 금동관음보살입상은 세장해진 신체, 배꼽 부근에서 교차된 영락 등으로 말미암아 중국의 북제말~수초의 보살상 영향을 받아 제작된 7세기 대의 상으로 추정되고 있다.62) 따라서 이 불상의 대좌에 표현된 중판의 연화문 역시 7세기 대에 시문되었음을 알 수 있다. 아울러 태안마애삼존불의 우협시여래 대좌에서도 이러한 중판의 연화문(사진 43)63)을 살필 수 있다. 이 마애불은 수 양식의 영향을 받아 제작된 것으로 그 시기는 7세기 전반으로 추정되고 있다.64)

사진 43 태안마애삼존불
(우협시여래 대좌 가운데 연화문이 중판)

---

62) 文明大, 1992,「百濟佛像의 形式과 內容」,『百濟의 彫刻과 美術』, 98·99쪽.
63) 강우방, 1995,『한국 불교조각의 흐름』, 대원사, 181쪽 사진.
64) 강우방, 1995,『한국 불교조각의 흐름』, 대원사, 180~182쪽.

일본 산전사지 출토 중판 연화문 기와(연목와·귀면와 포함)는 창건와
로 추정되고 있기 때문에 이의 편년은 창건 시기와 밀접한 관련이 있다.
따라서 여기에서는 산전사의 조성 과정을 통해 그 제작 시기를 유추해
보고자 한다.

비조시대 산전사의 발원자는 蘇我入鹿의 사촌인 蘇我倉山田石川麻呂
로서 641년에 사원 터를 정지하고 공사를 시작하였다. 643년에는 금당
의 조성공사가 시작되었으며, 648년에는 산전사에 처음으로 승이 머무
르게 되었다. 승이 주석한 것으로 보아 승방이 존재하였음을 알 수 있
다. 아울러 회랑의 경우도 초석에 시문된 연화문이 금당의 것과 동일하
여 동 시기에 조성된 것으로 추정되고 있다.[65] 하지만 649년 3월 24일
石川麻呂의 이모제인 蘇我日向이 石川麻呂에게 모반의 기미가 있음을 中
大兄皇子(天智天皇)에게 알리고, 이에 石川麻呂가 산전사로 들어가 3월
25일 자결하면서 산전사의 조성 사업은 한 동안 중지 상태에 놓이게 된다.

663년 다시 공사를 재개하여 조탑사업을 실시하고, 673년 12월 16일
에는 탑의 심초를 세우고 사리를 매납하였다. 그리고 676년 4월 8일에는
노반을 올려 5층 목탑을 완성하였다. 678년에는 강당에 안치될 장육불
상이 주조되었고 685년 3월 25일에는 불상의 개안법요식이 거행되었다.

위의 내용으로 보아 금당과 회랑을 동시에 착공하고 그 다음에 탑과
강당을 차례로 조성하였음을 볼 수 있다. 기록으로 보아 그 시기는 643
~678년에 해당됨을 알 수 있다. 특히 643년에 금당이 조성되는 것으로
보아 이 무렵에 중판의 연화문와도 같이 제작되었음을 추정할 수 있다.
이렇게 볼 때 일본에서의 중판 연화문은 적어도 7세기 2/4분기 무렵에
는 제작되었음을 알게 한다.

---

65) 奈良國立文化財研究所 飛鳥資料館, 平成 9年, 『山田寺』.

사진 44 궁남지 출토 벼루 脚

한편, 이러한 중판의 연화문은 또한 사비기의 여러 유적[궁남지(사진 44),[66] 정림사지, 군수리사지 등]에서 검출된 벼루(有足硯)를 통해서도 확인할 수 있다. 여기에서의 연화문은 양각된 것으로 벼루의 제작 시기는 대체로 7세기 전후 및 그 이후로 편년되었다.[67]

V. 맺음말

부여 능사는 백제의 재도약을 꿈꾸다 뜻을 이루지 못하고 패사한 위덕왕의 父인 성왕의 기원사찰이다. 사지 동쪽으로는 동하총을 비롯한 능산리왕릉이 자리하고 있고, 서쪽으로도 동나성이 지근거리에 위치하고 있다. 이곳에서는 사리감을 비롯한 금동대향로, 불상, 광배, 옥, 와당 등 다종다양한 유물이 다량 검출되었다. 사리감의 명문대로 능사가 567년경에 창건되었음을 볼 때 이들 유물들은 대부분 567~660년이라는 절대편년을 가지고 있다.

금동대향로는 금당지나 강당지가 아닌 서회랑 북단 건물지(일명 공방지Ⅰ) 구덩이 내부에서 수습되었다. 이로 보아 향로는 660년 백제의 멸망과 더불어 임의 폐기된 것으로 이해되고 있다. 향로에는 연화문을 비롯

---

66) 國立扶餘文化財硏究所, 2001, 『宮南池Ⅱ 圖版』, 170쪽 圖版 233-13.

67) 山本孝文, 2006, 『三國時代 律令의 考古學的 硏究』, 서경, 294쪽 도 49.

한 신수, 선인, 산악 등 다양한 문양이 시문되어 있다. 특히 연화문의 경우 일부 중판으로 제작되어 단판 문양을 보이는 와당과 큰 차이를 보이고 있다.

백제에서의 중판 문양은 금동대향로 외에 무령왕릉 출토 탁잔, 왕흥사지 목탑지 출토 은제(외병)·금제(내병) 사리병, 와전, 금동투조장식품, 불상 광배, 불상 대좌, 벼루 등 다양한 곳에 시문되어 있다. 이들 중 무령왕릉 출토 탁잔 및 왕흥사지 목탑지 사리병을 제외한 나지 유물들은 대부분 7세기대 이후에 제작되었다는 시기적 공통성을 가지고 있다. 이러한 편년은 결과적으로 백제의 중판 연화문이 웅진기에 그 시초를 보이지만 이것이 유행되었던 시기는 7세기 이후였음을 판단케 하는 것이다.

금동대향로에 시문된 연화문은 중판으로 그 외엽의 형태가 하트형(♡)에 가깝다. 이는 6세기 4/4분기에 유행한 판단삼각돌기식 와당의 단판 연화문 및 7세기 이후 불상 대좌의 중판 연화문과 친연성을 보인다. 반면, 6세기 중엽으로 추정되는 능산리 동하총의 단판 연화문(사진 45)[68]과 577년 무렵으로 편년되는 왕흥사지 목탑지 출토 사리병(외병과 내병)의 판단 첨형 중판 연화문과는 많은 문양상의 차이를 보이고 있다.

사진 45 능산리 동하총 천정 연화문 모사도

따라서 능사 출토 금동

68) 百濟文化開發研究院, 1992, 『百濟彫刻·工藝圖錄』, 321쪽.

대향로는 그 동안 백제의 고토에서 검출된 여러 중판 연화문의 유물들과 비교해 볼 때 창건기의 것으로는 파악되지 않는다. 아마도 6세기 말~7세기 이후에 제작되었던 금당의 의식구로 생각된다. 아울러 무령왕릉 및 왕흥사지 등에서 검출된 여러 공예품의 예로 보아 이의 제작자 역시 백제 장인이었음을 확인할 수 있다.

본고는 편년 설정의 여러 요소 중 연화문에만 국한하여 실시하였다. 따라서 이견 또한 적지 않으리라 생각된다. 이에 대해선 향후 보완해 나가도록 하겠다.[69]

---

69) 이 글은 조원창·박연서, 2007, 「연화문으로 본 백제 금동대향로의 제작시기」, 『충청학과 충청문화』 6호에 게재된 논문을 일부 수정하여 옮겨놓은 것이다.

백제 사원유적 탐색

제3부

寺刹建築으로 본 架構基壇의 變遷 研究

제3부

사찰은 거의 대부분 기와 건물로서 초가 건물에 비해 튼튼하고 화려한 건축기단을 겸비하고 있다. 기단석은 재료에 따라 석조기단, 와적기단, 전적기단, 혼축기단 등으로 나눌 수 있다.

가구기단은 지대석과 면석, 갑석 등으로 결구된 기단 형식으로 각각의 부재가 정교하게 치석되어 있다. 넓은 의미에서 석조기단에 포함시킬 수 있으나 치석된 판석이나 장대석을 사용하고 있다는 점에서 여느 할석기단과 큰 차이를 보이고 있다.

가구기단은 일찍이 중국 한대 유적에서 살필 수 있고, 이는 백제 사비기의 사지에서도 확인되고 있다. 주로 금당지나 목탑지 등에 조성되나 왕흥사지 및 미륵사지에서와 같이 일부 강당지에서도 찾아볼 수 있다.

백제의 가구기단은 현재까지의 발굴조사 결과 사비기 유적에서만 확인되었을 뿐, 한성기 및 웅진기의 기와 건물에서는 아직까지 검출된 바 없다. 사비기의 가구기단은 별석의 우주로 보아 중국 남북조의 영향으로 제작되었음을 알 수 있고, 이러한 가구기단 축조술은 백제 장인을 통해 신라 및 일본에까지도 전파되었다.

이후 삼국의 가구기단은 통일신라를 맞이하면서 좀 더 많은 사원건축에 조성되었다. 즉, 사천왕사를 비롯한 감은사, 불국사, 동화사, 통도사, 영암사, 실상사, 서혈사 등에 축조되었다. 역시 삼국시기와 마찬가지로 주요 불전지에서 만 가구기단을 살필 수 있다. 앞 시기와 비교해 다양한 위치에서의 모접이와 면석에서의 장식(사천왕상, 안상, 화문, 사자문 등)

등을 찾아볼 수 있다.

  고려시기의 가구기단은 통일신라시기의 제작기법을 그대로 답습하는
한편, 새로운 형식의 가구기단도 만들어지게 되었다. 즉, 면석을 상하 2
단의 횡판석(혹은 장대석)으로 조성하거나 지대석 아래에 별도의 지복석
을 깔아 놓고 있다. 이는 가구기단의 장엄성을 한층 더 돋보이게 하기 위
한 건축기법으로 이해되고, 특히 전자는 조선초기의 유교건축(종묘 등)
에도 영향을 미치고 있다.

寺刹建築으로 본
架構基壇의 變遷 研究

I. 머리말

건축은 사람이 생활하는 공간을 이루는 營造物로서 생활환경과 양상에 따라 인위적으로 형성되고 있다. 그래서 건축은 환경뿐만 아니라 그것을 영위하는 사람들의 속성과 성향을 가장 잘 대변해 주고 있다.[1]

우리나라 대부분의 전통건축은 화재에 심약한 목재로 이루어졌기 때문에 고대 삼국의 목조건축물은 현재 살필 수가 없다. 다만, 고분 벽화나 고고학적인 발굴조사를 통해 그 당시의 토목·건축기술과 이에 내재된 속성 등에 대해서만 대략적으로 파악해 볼 수 있다.

그러나 고분 벽화의 경우 대부분 고구려의 것이 압도적으로 많아 전반적인 삼국의 목조건축을 이해하기란 그리 쉽지 않다. 그러나 발굴조사를 통해 드러난 건물의 하부구조, 즉 기단은 삼국을 비롯해 통일신라 및 고려시대에 해당되는 유구가 계속적으로 검출되고 있어 당시의 사회 환

---

1) 장경호, 1992, 『한국의 전통건축』, 문예출판사.

경과 국가적인 분위기, 그리고 건축기술을 이해하는데 아주 중요한 자료가 되고 있다.

기단은 토대를 세우고 단을 쌓은 건물의 止沙施設[2]로, 이는 외장의 축조재료에 따라 土築基壇, 石築基壇, 瓦積基壇, 混築基壇 등으로 구분되고 있다.

토축기단은 그 내부토(기단토)의 축조 방법에 따라 판축기단과 성토(다짐토)기단으로 나눌 수 있으며, 석축기단은 돌 표면의 다듬음 정도에 따라 割石基壇과 治石基壇으로 구분할 수 있다. 그리고 이는 다시 축조방법에 따라 割石亂層基壇, 割石正層基壇, 治石亂層基壇, 治石正層基壇, 架構基壇[3] 등으로 세분할 수 있다.[4]

와적기단은 기와를 이용하여 기단을 쌓은 것으로 그 동안 백제의 고토에서만 주로 확인되었다. 이는 기와의 축조방법에 따라 평적식, 합장식, 수직횡렬식, 사적식, 복합식 등으로 구분할 수 있다.[5] 그리고 혼축기단[6]은 서로 다른 재질을 이용하여 기단을 축조한 것으로서 그 동안 塼土混築基壇, 塼石混築基壇 등이 발굴조사 과정에서 확인된 바 있다.

한편, 기단은 외관상의 층수에 따라 다시 단층기단과 이중기단[7]으로

---

2) 김동현, 1998, 『한국 목조건축의 기법』, 발언. 이 외에도 기단 형식에 대한 검토는 여러 연구자들에 의해 실시된 바 있다.

3) 달리 가구식기단으로도 부르고 있으나 본고에서는 가구기단으로 통칭하고자 한다.

4) 趙源昌, 2002, 「百濟 建築技術의 對日傳播」, 상명대학교 대학원 사학과 박사학위논문.

5) 趙源昌, 2000, 「百濟 瓦積基壇에 대한 一硏究」, 『韓國上古史學報』 33 ; 2006, 「新羅 瓦積基壇의 型式과 編年」, 『新羅文化』 28.

6) 趙源昌, 2006, 「百濟 混築基壇의 硏究」, 『건축역사연구』 46호.

7) 이중기단은 달리 二層基壇(上層·下層基壇), 重成基壇(上成·下成基壇) 등으로도 불리고 있으나 본고에서는 '이중기단'이란 용어를 사용하고자 한다.

나눌 수 있다. 전자는 단면상으로 볼 때 기단토가 1단, 즉 기단의 전면이 일직선상으로 나란하게 형성된 것을 의미하며, 후자는 기단토가 2단 즉, 계단형식으로 형성된 것을 말한다. 기단석은 대개 기단토의 형태에 따라 축석되기 때문에 기단토가 단면상 1단이면 단층기단의 형태로, 단면상 2단이면 이중기단의 형태로 조성되었다.[8] 가구기단은 단층기단 및 이중 기단 모두에 사용되었으며, 특히 이중기단에 조성될 경우에는 상층기단 에만 축조되는 특징을 가지고 있다.

이상에서와 살펴본 바와 같이 기단은 재료, 축조기법, 치석 정도에 따라 다양한 명칭으로 불리고 있다. 본고에서는 다양한 여러 기단 중 지대석, 면석, 갑석으로 결구된 가구기단[9]에 대해서만 세부적으로 살펴보고자 한다. 이는 지금까지 고고학적 발굴조사를 통해 많은 자료가 축적되었음에도 불구하고 세부 명칭이나 편년 등이 검토되지 않아 고고학에서의 주변인으로 전락하고 만 현실적인 문제를 해결해 보고자 시도하게 되었다.[10]

---

8) 趙源昌, 2002, 「百濟 二層基壇 築造術의 日本 飛鳥寺 傳播」, 『百濟研究』 35.

9) 이에 대해 김선기의 경우는 가구기단을 3가지 형식으로 분류하고 있으나(金善基, 2012, 「Ⅱ 金馬渚 百濟寺址의 構造와 編年」, 『益山 金馬渚의 百濟文化』, 서경문화사, 100쪽 도면 22) 본고에서는 지대석과 면석, 갑석 등이 모두 시설된 기단 만을 가구기단으로 부르고자 한다.

10) 가구기단에 대한 연구는 최근까지 건축학 분야에서 주로 실시되었다. 그러나 고고학 자료에 대한 전반적인 검토가 이루어지지 않아 가구기단을 이해함에 큰 장애가 되고 있음도 배제할 수 없다. 가구기단에 대한 논고는 아래와 같다.
박주달, 1995, 「7~9세기 신라 사찰의 기단에 관한 연구」, 명지대학교 대학원 건축공학과 석사학위논문.
전봉수, 2000, 「한국사찰건축의 가구식 기단에 관한 연구」, 경상대학교 대학원 석사학위논문.
조원창, 2003, 「사찰건축으로 본 가구기단의 변천 연구」, 『백제문화』 32.

본고를 진행함에 있어 제Ⅱ장에서는 삼국시대 이후 고려시대에 이르기까지 사찰건축에 조성된 가구기단의 사례에 대해 검토해 보고자 한다. 그리고 제Ⅲ장에서는 시대별로 지대석, 면석, 갑석 등의 변천을 세부적으로 살펴보도록 하겠다.

이러한 작업은 가구기단의 세부적 속성 파악뿐만 아니라 백제시기의 기단 축조술이 통일신라기에 어떠한 영향을 미쳤고, 통일신라기의 기단 축조술은 다시 고려시기에 어떻게 영향을 끼쳤는지에 대해서도 파악해 볼 수 있는 좋은 기회가 될 것이라 생각된다.

Ⅱ. 가구기단의 축조 사례 검토

여기에서는 지금까지 가구기단이 발굴된 여러 시기의 사지와 기존의 사원건축물을 통해 이들의 대략적인 축조기법을 살펴보는데 목적이 있다. 이를 위해 가구기단의 조성 시기를 삼국시기, 통일신라기, 고려시기로 구분하고, 일부 조성 시기가 분명한 유적에 대해서는 가구기단의 세부 편년도 함께 검토해 보고자 하였다.

이러한 과정은 가구기단의 세부 변화를 일견할 수 있다는 장점뿐만 아니라 국가별, 혹은 왕조별로 진행된 기술 전파를 파악해 보는 데에도 큰 도움이 될 것이라 판단된다.

김선기, 2011, 「백제 가람의 삼단계 위계를 갖는 가구식기단 연구」, 『선사와 고대』 34.

1. 삼국시기

1) 백제[11]

(1) 능산리사지[12]

위덕왕대에 세워진 부왕(성왕)의 능사로 가구기단은 이중기단으로 축조된 금당지 및 목탑지의 상층기단에서 확인되었다.

금당지(도면 1)[13]의 상층기단에는 현재 지대석 일부가 남아 있다. 화강암제 장대석으로 길이는 대략 120~180cm이다. 상면 안쪽으로 약

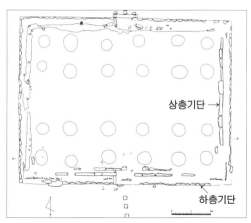

도면 1 능산리사지 금당지 평면도   도면 2 능산리사지 목탑지 평면도

---

11) 일부 연구자의 경우 공주 서혈사지 금당지의 가구기단을 백제시기의 것으로 편년하고 있으나(全奉秀, 2000, 「한국사찰건축의 가구식 기단에 관한 연구」, 경상대학교 대학원 석사학위논문, 42쪽) 이는 통일신라시기에 조성된 것이므로 본고에서는 제외하고자 한다.

12) 國立扶餘博物館·扶餘郡, 2000, 『陵寺』.

13) 國立扶餘博物館·扶餘郡, 2000, 『陵寺』, 13쪽 도면 9.

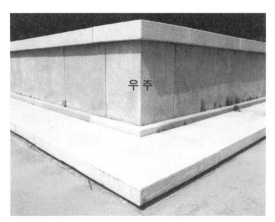

사진 1   능산리사지 내 복원 목탑지(모퉁이에 우주가 시설)

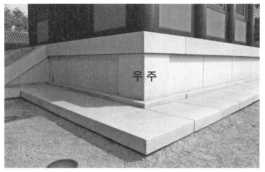

사진 2   백제문화단지 내 능사 목탑 기단
(상층의 가구기단 모서리에 우주 시설)

11cm 들여쌓기한 곳에 면석을 세우기 위한 턱이 'ㄴ'자 모양으로 조출되어 있다. 면석은 하층기단의 서쪽면에서 1매가 확인되었는데 정교하게 치석된 화강암의 판석으로 크기는 63×100×10cm이다. 면석에서 문양이나 우주, 탱주 등은 확인되지 않았다. 갑석은 모두 결실되어 살필 수 없다.

목탑지(도면 2)[14])의 기단도 금당지와 마찬가지로 지대석 일부만이 남아 있다. 상면에는 면석을 올리기 위한 턱이 마련되어 있다. 북동쪽에 남아 있는 지대석의 경우 우석으로 판단되며 상면에서의 우주홈 등은 관찰되지 않았다. 이로 보아 능사의 금당과 목탑에는 우주가 시설되지 않았음을 추정할 수 있다.[15])

14) 國立扶餘博物館·扶餘郡, 2000, 『陵寺』, 11쪽 도면 8.
15) 이는 발굴자료(목탑지 평면도)를 검토한 것이다. 그런데 부여 능산리사지를 가보

(2) 왕흥사지 강당지[16]

왕흥사지의 여러 전각지 중 강당지에서 만 가구기단(사진 3)[17]이 확인되었다. 전면인 남면에만 시설되었고 동·서·북면기단은 할석으로 조성되었다. 조사 당시 지대석 만 남아 있었고 우주를 받치기 위한 우석에서의 홈은 관찰되지 않았다(사진 4).[18] 면석이 1매 확인되었으나 원위치에서 밀려나 있었고 크기는 52cm이다.[19]

사진 3 왕흥사지 강당지 남면 가구기단

사진 4 왕흥사지 강당지 남면 가구 동남모서리 지대석(우석)

면 복원된 금당지 및 목탑지(사진 1, 필자 사진) 등에 우주가 시설되어 있음을 볼 수 있다. 이러한 오류는 백제문화단지 내 능사 금당 및 목탑(사진 2, 필자 사진)에서도 마찬가지로 살필 수 있으며, 학술 논문(남창근·김태영, 2012, 「백제계 및 신라계 가구식 기단과 계단의 시기별 변화 특성」, 『건축역사연구』 제21권 제1호 통권 80호)에서도 확인되고 있어 이의 재검토가 요구된다.

16) 국립부여문화재연구소, 2012, 『王興寺址 Ⅳ』.
17) 국립부여문화재연구소, 2012, 『王興寺址 Ⅳ』, 357쪽 도판 59.
18) 국립부여문화재연구소, 2012, 『王興寺址 Ⅳ』, 358쪽 도판 63.
19) 보고서에서는 정방형의 면석(국립부여문화재연구소, 2012, 『王興寺址 Ⅳ』, 62쪽)으로 기록하고 있으나 사진이나 도면을 검토해 보면 한 변이 긴 횡판석임을 알 수 있다.

(3) 금강사지[20]

백제사지 중 유일한 동향 가람으로 가구기단은 금당지(사진 5, 도면 3)[21] 및 목탑지 등에서 확인되었다.

금당지의 가구기단은 지대석과 면석,[22] 갑석으로 이루어져 있다. 지대석 상면에는 면석을 세우기 위한 턱이 마련되어 있고,[23] 서북·서남쪽 지대석(우석)에는 우주를 올리기 위한 홈이 조출되어 있다(도면 4).[24] 면석은 횡판석으로 한 매씩 사용하였으며 탱주나 문양은 확인할 수 없다. 갑석은 장방형의 판석으로 면석 위에 올려 있고 외연에서의 모접이는 살필 수 없다. 목탑지의 가구기단은 이중기단으로 추정되나 잔존 상태가 불량하여 살피기가 어렵

사진 5   금강사지 금당지 남면 가구기단

---

20) 國立博物館, 1969, 『金剛寺』.

21) 國立博物館, 1969, 『金剛寺』, 圖版 8-b 및 11쪽 Fig 3. 한편, 보고자는 기단석의 고저차 및 네 모퉁이에서의 우주 등을 근거로 강당지 역시도 가구기단이었음을 피력하고 있다. 그러나 가구기단이라는 것이 기본적으로 지대석과 면석, 갑석 등을 갖추어야 함을 전제로 할 때 강당지는 지대석의 존재가 없기에 가구기단으로 살피기가 어렵다.

22) 가로 방향이 긴 橫板石을 사용하였다.

23) 이러한 턱은 지대석 및 갑석의 외연에서 관찰되는 모접이와 차이는 있지만 돌을 굴착하고 다듬는 치석기법에서는 큰 차이가 없음을 알 수 있다.

24) 國立博物館, 1969, 『金剛寺』, 10쪽 Fig 2.

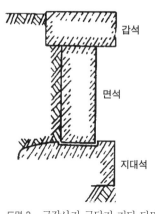

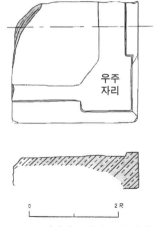

도면 3 금강사지 금당지 기단 단면

도면 4 금강사지 금당지 우석(지대석)

다. 금당지 가구기단의 조성은 출토 와당으로 보아 6세기 4/4분기로 추정된다.

(4) 미륵사지[25]

미륵사지에서의 가구기단은 동원 금당지(도면 5),[26] 중원 금당지, 서원 금당지, 그리고 강당지(사진 6)[27] 등에서 살필 수 있다. 이 중 동·중·서원 금당지는 모두

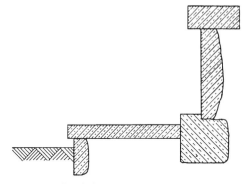

도면 5 미륵사지 동원 금당지 가구기단 복원도

---

25) 文化財管理局 文化財研究所, 1989, 『彌勒寺』.

26) 文化財管理局 文化財研究所, 1989, 『彌勒寺』, 75쪽 揷圖 1.

27) 필자 사진.

이중기단으로 상층이 가구기단이고[28) 강당지는 단층으로 조성되어 있다.

이들 기단은 기본적으로 금강사지의 가구기단과 큰 차이가 없으며 네 모퉁이에는 우주를 받치

사진 6   미륵사지 강당지 가구기단

기 위한 홈이 시설되어 있다. 지대석과 갑석에서의 모접이는 살필 수 없고, 면석에서의 탱주나 문양도 확인할 수 없다. 다만, 지대석 상면의 경우 면석을 올리기 위한 턱이 약 3cm 깊이로 굴착되어 있다.

2) 신라

(1) 황룡사지[29)

가구기단은 중건가람 중금당지와 목탑지, 그리고 종루지 및 경루지 등에서 확인할 수 있다. 중금당지는 이중기단으로 백제의 능산리사지 및 미륵사지에서와 같이 상층기단에 가구기단이 시설되어 있다. 현재까지 중금당지 이전의 가구기단이 조사되지 않았다는 점에서 신라 가구기단의 시원적 형태로 이해할 수 있다.

---

28) 이는 능산리사지 금당지의 경우도 마찬가지이다. 이처럼 상층을 가구기단으로 조성함으로써 건물의 장엄성을 한층 돋보이게 하였다.
29) 文化財管理局 文化財研究所, 1982, 『皇龍寺 遺蹟發掘調査報告書I』.

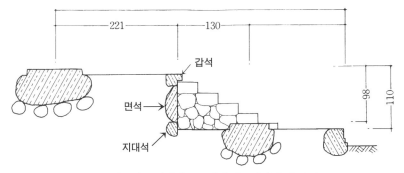

도면 6　황룡사 중건가람 중금당지 가구기단 추정 복원도

　중금당지 가구기단(도면 6)[30]은 초기적 형태를 보이는 것으로 갑석에
서 특징이 살펴진다. 즉, 하단 외연에서는 통일신라기의 지대석 및 갑석
등에서 흔히 관찰되는 각형의 모접이를 확인할 수 있다. 이러한 모접이
는 아직까지 백제시기의 갑석에서는 조사된 바 없으나 지대석의 상면에
갑석을 올리기 위한 턱이나 우석의 우주 홈 등으로 보아 그 기술계통이
백제에 있었음을 판단할 수 있다.[31]

　목탑지는 단층기단(도면 7)[32]으로 지대석의 하단 외연에서 'ㄴ'모양의
1단 각형 모접이(사진 7)[33]를 살필 수 있다. 아울러 서북 모서리 기단 지
대석에서는 원형의 구멍(사진 8)[34]이 뚫려 있는 우석을 볼 수 있는데 이

30)　文化財管理局 文化財研究所, 1982,『皇龍寺 遺蹟發掘調査報告書Ⅰ』, 54쪽 삽도 7.
31)　황룡사지 중금당지에서 살펴지는 백제의 토목·건축기술은 아래의 논고를 참조.
　　　조원창, 2009,「황룡사 중건가람 금당지 기단축조술의 계통」,『문화사학』 32.
32)　文化財管理局 文化財研究所, 1982,『皇龍寺 遺蹟發掘調査報告書Ⅰ』, 62쪽 揷圖
　　　15.
33)　文化財管理局 文化財研究所, 1982,『皇龍寺 遺蹟發掘調査報告書Ⅰ(圖版編)』, 57
　　　쪽 圖版 35-1.
34)　文化財管理局 文化財研究所, 1982,『皇龍寺 遺蹟發掘調査報告書Ⅰ(圖版編)』, 67
　　　쪽 圖版 45-6.

사진 7　황룡사지 목탑지 가구기단 지대석　　　　사진 8　황룡사지 목탑지 지대석(우석)의
(하단 외연에 1단의 각형 모접이)　　　　　　　　　우주 촉구멍

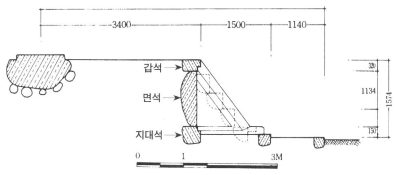

도면 7　황룡사지 목탑지 가구기단 추정 복원도

는 우주를 올리기 위한 촉구멍으로 생각된다. 백제시기의 우주 홈에 비
해 크기는 작지만 끼울 수 있는 구멍이 있다는 점에서 기단토의 토압을
보다 더 효과적으로 지탱하였음을 추정할 수 있다.

　이러한 구멍은 백제시기의 우석에서는 확인되지 않는 요소로 황룡사
지 목탑지에서 최초로 확인되고 있다. 이후 통일신라시기에 축조된 사천
왕사지 금당지 및 목탑지에서도 관찰되고 있어 지대석 축조기술의 전파
를 판단케 한다.

2. 통일신라시기

1) 사천왕사지 금당지 외[35]

가구기단은 금당지 및 동·서 목탑지 등에서 살필 수 있다. 금당지(도면 8)[36]는 이중기단으로 하층은 장대석의 치석기단이고, 상층이 가구기단이다.[37] 지대석의 상단 외연에는 1단의 각형 모접이가 조성되어 있다.

면석은 횡판석으로 別石으로 된 탱주[38]와 우주가 함께 시설되었다. 탱주 홈은 장방형과 'T'자형으로 구분되나 전자가 선축된 것으로 확인되었다. 우주 촉구멍은 원형(사진 9)[39]과 방형(사진 10)[40]으로 섞여 있어 탑지와 차이를 보이고 있다. 갑석은 하단 외연에 각형의 1단 모접이가 조성되었다.

도면 8 사천왕사지 금당지 가구기단 입면도

---

35) 국립경주문화재연구소, 2012, 『四天王寺Ⅰ 金堂址 발굴조사보고서』.

36) 국립경주문화재연구소, 2012, 『四天王寺Ⅰ 金堂址 발굴조사보고서』, 340쪽.

37) 이러한 이중기단에서의 가구기단 배치는 기존의 백제시기 능산리사지 당탑지에서도 확인할 수 있다.

38) 탱주는 삼국시기의 건물지에서는 확인된 바 없는 것으로 통일신라기에 들어 새롭게 추가된 가구기단 부재라 생각된다.

39) 국립경주문화재연구소, 2012, 『四天王寺Ⅰ 金堂址 발굴조사보고서』, 108쪽 사진 144.

40) 국립경주문화재연구소, 2012, 『四天王寺Ⅰ 金堂址 발굴조사보고서』, 108쪽 사진 143.

사진 9　사천왕사지 금당지 남서모서리　　　　사진 10　사천왕사지 금당지 남서모서리
지대석(우석) 원형 우주 촉구멍　　　　　　　지대석(우석) 방형 우주 촉구멍

도면 9　사천왕사지 탑지 가구기단 복원안

　　서탑지는 가구식 전석혼축기단(도면 9)[41]으로 지대석 하단에는 1단
의 각형 모접이가 조성되어 있다. 지대석에는 등간격으로 탱주홈이 조성
되어 있고 모서리부에는 우주를 세우기 위한 너비 30cm, 깊이 약 5cm
의 방형 구멍이 뚫려 있다.[42]

　　탱주와 탱주 사이에는 녹유신장벽전과 이를 좌우로 하여 당초문전이
평적식으로 쌓여 있다(도면 10).[43] 동탑지도 서탑지와 같은 가구식 전

41) 국립경주문화재연구소, 2012, 『四天王寺Ⅰ 金堂址 발굴조사보고서』, 73쪽 도면 6.
42) 이러한 우석에서의 구멍은 백제 금강사지 및 미륵사지의 우석 홈과 큰 차이가 있
　　다. 황룡사지 목탑지의 우석 구멍을 모방한 것으로 판단된다.
43) 국립경주문화재연구소, 2012, 『四天王寺Ⅰ 金堂址 발굴조사보고서』, 73쪽 도면 7.

도면 10   사천왕사지 탑지 가구기단의 녹유신장벽전 및 당초문전 배치상태

석혼축기단으로 축조기법상 큰 차이가 없다.

　사천왕사지는『삼국사기』의 기록으로 보아 679년(문무왕 19)에 창건되었음을 알 수 있다. 따라서 당탑지에 조성된 가구기단 역시도 동 시기에 축조되었음을 판단할 수 있다.

2) 감은사지 금당지 외[44]

　가구기단은 금당지를 비롯한 강당지와 서회랑지 등에서 찾아볼 수 있으나[45] 강당지와 서회랑지의 기단 축조방법이 동일하여 여기에서는 금당지와 강당지의 가구기단에 대해서만 살펴보고자 한다.

---

44) 國立慶州文化財研究所·慶州市, 1997,『感恩寺 發掘調査報告書』.
45) 한편, 중문지, 남회랑지, 서익랑지 등도 단층의 가구기단으로 보고된 바 있으나 잔존 상태가 불량하여 본고에서는 제외시켰다. 그리고 강당서편 건물지 등의 경우도 가구기단으로 알려져 있으나 지대석이 구비되지 않아 정형적인 가구기단으로는 보기 어렵다.

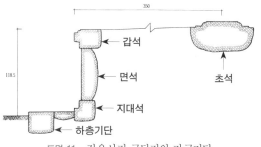

도면 11 감은사지 금당지의 가구기단

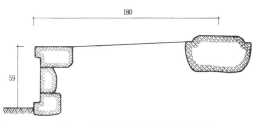

도면 12 감은사지 강당지의 가구기단

금당지(도면 11)[46]는 이중기단으로 상층이 가구기단이다. 지대석의 상단 외연에는 1단의 각형 모접이가 있다. 면석은 횡판석으로 면석 사이에서의 탱주나 면석 모서리에서의 우주는 시설되지 않았다. 갑석은 상하단 외연 모두에서 모접이가 살펴지는데 상단은 호형, 하단은 각형으로 처리되어 있다.

강당지(도면 12)[47]는 단층의 가구기단으로 이루어졌다. 지대석과 갑석에는 각각 상단 및 하단 외연에 1단의 각형 모접이가 마련되어 있다. 지대석과 갑석의 모접이가 시작되는 곳에는 높이가 낮은 횡판석이 1단으로 놓여 있다. 기존의 면석이 대부분 50cm가 넘는 횡판석을 사용하였다는 점에서 면석의 변화를 엿볼 수 있다.[48] 이는 아마도 강당이라는

46) 國立慶州文化財硏究所·慶州市, 1997, 『感恩寺 發掘調査報告書』, 92쪽 삽도 24.

47) 國立慶州文化財硏究所·慶州市, 1997, 『感恩寺 發掘調査報告書』, 99쪽 삽도 31.

48) 이는 각 부재의 높이에서 확연한 차이를 살필 수 있다. 즉, 지대석은 22cm, 갑석은 21cm, 면석은 25cm로 계측되고 있다. 이는 지대석과 갑석의 높이가 면석에 비해 상대적으로 더 높음을 보여주는 한편, 가구기단의 높이는 상대적으로 낮아짐을 의미한다. 이에 반해 금당지의 경우는 면석이 지대석이나 갑석에 비해 월등히 높게 조각되어 있음을 볼 수 있다. 이 같은 면석의 높이차는 결국 금당과 강당

건물의 성격이 금당과 비교해 그 격이 떨어지는 것과 일맥상통할 것이라 생각된다. 이러한 격의 차이는 지대석과 면석에서 살펴지는 모접이를 통해서도 확인할 수 있다.

감은사지는『三國史記』의 내용으로 보아 682년(신문왕 2)에 창건되었음을 알 수 있다.

3) 불국사 비로전 외

불국사에서의 가구기단은 비로전(도면 13·14)[49]을 비롯한 대웅전(도면 15),[50] 무설전(도면 16·17),[51] 극락전(도면 18·19),[52] 관음전(도면 20·21)[53] 등에서 살필 수 있다. 기단의 치석이나 축조기법이 동일하여 전체적으로 설명하고자 한다.

지대석은 상단 외연에 1단의 각형 모접이가 조성되어 있다. 면석은 횡판석을 사용하였고 우주 및 탱주와는 통돌로 이루어져 있다. 갑석의 하

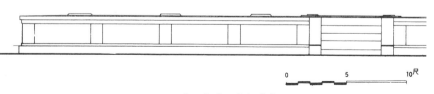

0   5   10^R

도면 13   비로전 가구기단 정면도

이라는 건물의 格에서 오는 차이를 기단의 규모로 표현하였던 것으로 생각된다.

49) 文化公報部 文化財管理局, 1976,『佛國寺 復元工事報告書』, 圖版 199 및 203 중.

50) 文化公報部 文化財管理局, 1976,『佛國寺 復元工事報告書』, 圖版 171 중.

51) 文化公報部 文化財管理局, 1976,『佛國寺 復元工事報告書』, 圖版 185 및 189 중.

52) 文化公報部 文化財管理局, 1976,『佛國寺 復元工事報告書』, 圖版 174 및 173 중.

53) 文化公報部 文化財管理局, 1976,『佛國寺 復元工事報告書』, 圖版 212 및 215 중.

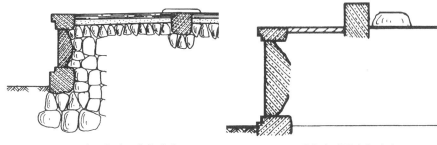

도면 14 비로전 가구기단 단면도   도면 15 대웅전 가구기단 단면도

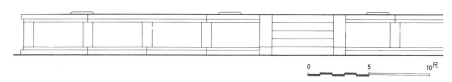

도면 16 무설전 가구기단 정면도

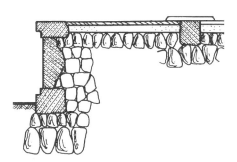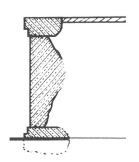

도면 17 무설전 가구기단 단면도   도면 18 극락전 가구기단 단면도

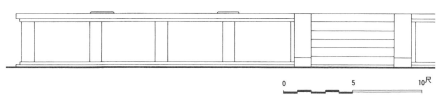

도면 19 극락전 가구기단 정면도

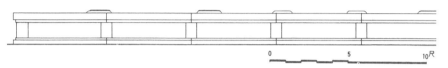

도면 20 관음전 가구기단 배면도

단 외연에는 지대석에서와 같
이 1단의 각형 모접이가 조성
되어 있다. 특히 대웅전, 극락
전, 관음전 등의 모서리돌에는
우동을 조각한 흔적이 남아 있
다.[54] 이러한 우동은 석탑의

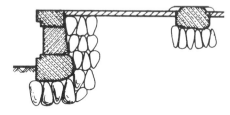

도면 21 관음전 가구기단 단면도

옥개석에서 흔히 볼 수 있는 것으로 균형미를 대변해 주고 있다.

10세기에 축조된 관음전을 제외하고는 모두 8세기 중엽에 조성된 것
으로 추정하고 있다. 그런데 관음전의 경우도 비로전이나 대웅전, 무설
전과 같이 동일한 축조기법을 보이고 있어 후대에 이들을 모방하여 제작
한 것으로 생각된다.

4) 실상사 금당지[55]

금당지는 단층의 가구기단(사진 11)[56]으로 지대석 및 갑석 등에서 모
접이는 살필 수 없다. 면석은 횡판석이며 우주와 탱주는 조각되지 않았

---

54) 박주달, 1995, 「7~9世紀 新羅 寺刹의 基壇에 關한 硏究」, 명지대학교 대학원 건
    축공학과 석사학위논문.
55) 東國大學校 發掘調査團·南原郡, 1993, 『實相寺 金堂 發掘調査報告書』.
56) 필자 사진.

사진 11 실상사 금당지 가구기단

사진 12 부석사 무량수전 가구기단

다. 부석사 무량수전 (사진 12)[57]에서와 같은 단순 형태를 보이는 고전적인 가구기단형식이다. 현재 지대석은 지표면에 묻혀 있어 정확한 형태는 살필 수 없다. 아울러 면석의 경우도 후대에 보축된 흔적이 여러 곳에서 관찰되고 있다. 고려시기에 후축된 목탑 가구기단의 모델이 되었던 것으로 생각된다.

실상사의 창건 기사로 보아 기단의 조성 시기는 9세기 전반으로 추정된다.

5) 동화사 극락전

단층의 가구기단(도면 22)[58]으로 지대석과 갑석의 상·하단 외연에서

---

57) 필자 사진.
58) 국립문화재연구소, 2012, 『한국 고대건축의 기단 -경북·경남·대구·울산편-』, 179쪽 중.

1단의 각형 모접이를 살필 수 있다. 면석은 횡판석으로 이루어졌고 우주와 탱주가 조출되어 있다. 황룡사지 종·경루지와 같은 기단 구조를 보이고 있다.

기단의 조성 시기는 극락전 앞 삼층석탑과 황룡사지 종·경루지로 보아 9세기 전반으로 추정된다.

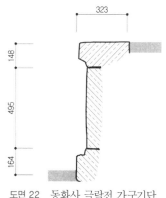

도면 22　동화사 극락전 가구기단

6) 성주사지 금당지[59]

가구기단은 통일신라시대에 조영된 3차 금당지에서 확인되고 있다. 지대석의 각 모서리에서는 우주를 세우기 위한 홈(사진 13)[60]이 35~40cm의 너비로 편평하게 음각되어 있다.[61] 면석은 세로 방향이 긴 종판석(사진 14)[62]을 사용하였으며 탱주는 시설되지 않았다.

이러한 종판석은 면석으로 거의 사용되지 않아 희귀한 사례임을 보여주고 있으며, 기단의 높이를 높게 하고자 하는 취지에서 조성된 것이라 생각된다. 지대석 및 갑석에서의 모접이는 살필 수 없다.

---

59) 保寧市·忠南大學校博物館, 1998, 『聖住寺』.

60) 保寧市·忠南大學校博物館, 1998, 『聖住寺』, 702쪽 사진 65.

61) 백제 금강사지 금당지와 미륵사지 동금당지 및 강당지 등에서 찾아볼 수 있다. 이와 같이 우주를 세우기 위해선 아래의 지대석이 'ㄴ'자 모양으로 평면형을 이루고, 우주를 사이로 양옆의 면석이 하나의 지대석 위에 올려져야만 한다. 두 면석은 직각으로 결구되어 결과적으로 내부 기단토의 토압을 양쪽으로 분산시키는 효과를 가지게 된다.

62) 필자 사진.

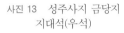

| 사진 13　성주사지 금당지 지대석(우석) | 사진 14　성주사지 금당지 가구기단 |

가구기단은 기단토내에서 출토된 Ⅳ형 미구기와와 성주사 창건기(847)의 중문지나 동남 회랑지, 3차 강당의 동쪽 익실에 사용된 적심과의 비교를 통해 이 보다는 다소 늦게 조성되었을 것으로 추정되었다.

7) 황룡사지 종·경루지[63]

동·서금당에 비해 위계가 떨어지는 종루지와 경루지(도면 23)[64] 등에서 고전적 형태의 가구기단을 살필 수 있다. 이들 건물의 기단은 중금당 및 목탑의 기단을 모방하여 후축한 것으로 판단된다.

지대석의 상단과 갑석의 하단 외연에서 1단의 각형 모접이를 살필 수

---

63) 文化財管理局 文化財研究所, 1982,『皇龍寺 遺蹟發掘調查報告書Ⅰ』.
64) 文化財管理局 文化財研究所, 1982,『皇龍寺 遺蹟發掘調查報告書Ⅰ』, 88쪽 揷圖 37.

있다. 면석은 횡판석을
사용하였으며 우주와
탱주는 시설되지 않았
던 것으로 생각된다.

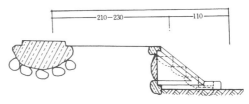

도면 23 황룡사지 경루지

종·경루의 축조 시기
는 황룡사 종의 주조와 관련하여 854년경으로 추정되고 있다.[65]

8) 부인사지 금당지[66]

가구기단은 일명 '塔前 建物址'라 보고된 금당지에서 확인되었다.[67]
단층의 가구기단으로 지대석(도면 24)[68]의 상면에는 면석을 세우기 위
한 1단의 호형 몰딩이 조출되어 있다. 여느 지대석이 'ㄴ'자 모양으로 턱이

도면 24 부인사지 금당지 가구기단 지대석

---

65) 文化財管理局 文化財研究所, 1982,『皇龍寺 遺蹟發掘調査報告書I』, 376쪽.

66) 大邱直轄市·慶北大學校博物館, 1993,『夫人寺 三次 發掘調査 報告書』.

67) 발굴보고자의 경우 塔前建物址와 현 대웅전 그리고 동서 雙塔과 관련하여 다음
과 같은 추론을 제시하였다. 현 대웅전의 1·2차 건물지는 4칸 규모의 講堂址로
추정하였고, 佛壇이 마련된 塔前建物址는 原 금당지로 파악하였다. 탑전 건물지
(금당지)와 강당지의 2차 건물이 붕괴된 시점에 금당의 위치가 현재의 자리인 북
쪽으로 이동하였고, 탑전 건물지(금당지)가 위치하였던 자리엔 탑이 세워진 것으
로 보았다. 佛座礎石과 관련시켜 볼 때 타당성 있는 견해로 파악되며, 필자도 이
를 취신코자 한다. 그러나 보고자의 경우 탑이 처음부터 현재의 위치에 세워진 것
인지에 대해선 단언하지 못하였다. 이는 한편으로 탑이 다른 장소에서 옮겨왔을
가능성을 내포하고 있는 것이다.

68) 大邱直轄市·慶北大學校博物館, 1993,『夫人寺 三次 發掘調査 報告書』, 47쪽.

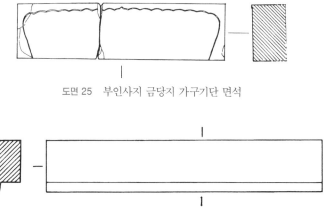

도면 25　부인사지 금당지 가구기단 면석

도면 26　부인사지 금당지 가구기단 갑석

굴착된 것과 비교해 이것은 턱을 돌대처럼 돌출시켜 지대석의 화려함을 보여주고 있다.

　면석은 횡판석으로 안상(도면 25)[69]이 조각되어 있다. 아울러 기존의 탱주 조각과는 달리 2조의 종선으로 하여금 이를 대신케 하였다. 갑석 (도면 26)[70] 하단 외연에서는 1단의 모접이를 살필 수 있다.

　가구기단의 조성시기는 석탑과의 비교를 통해 9세기 중엽 이후로 추정되었다.

9) 봉암사 극락전

　극락전(도면 27)[71]에서 가구기단을 볼 수 있다. 지대석은 모접이가 없

---

69)　大邱直轄市·慶北大學校博物館, 1993,『夫人寺 三次 發掘調査 報告書』, 45쪽.

70)　大邱直轄市·慶北大學校博物館, 1993,『夫人寺 三次 發掘調査 報告書』, 45쪽.

71)　국립문화재연구소, 2012,『한국 고대건축의 기단 ―경북·경남·대구·울산편』, 44쪽 중.

는 장대석을 사용하였고 면
석은 횡판석으로 이루어졌다.
면석에서의 우주와 탱주는 시
설되지 않았다. 갑석 하단 외
연에서 1단의 호형 모접이를
살필 수 있다.

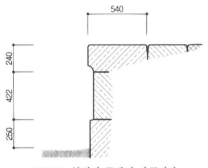

도면 27   봉암사 극락전 가구기단

　기단은 사찰의 창건 기사로
보아 9세기 후반에 조성되었
음을 추정해 볼 수 있다.

10) 통도사 극락보전 및 대웅전

극락보전(사진 15)[72]은 단층의 가구기단으로 지대석과 갑석에서의 모

사진 15   통도사 극락보전 전경

---

72) 필자 사진.

사진 16 통도사 극락보전 가구기단의 탱주   사진 17 통도사 극락보전 가구기단의 우주

사진 18 통도사 대웅전 전경

접이는 살필 수 없다. 면석은 횡판석이며 정면을 기준으로 계단 좌우에
3개씩의 탱주가 조각되어 있다. 탱주(사진 16)[73]는 중앙의 기둥을 높게
조출시켜 놓고 좌우에도 1조씩 낮게 면을 양각해 놓았다.

우주(사진 17)[74]는 탱주만큼 높게 조출시키지 않고 좌우에 종선문을

---

73) 필자 사진.
74) 필자 사진.

음각하여 기둥처럼 보이도록 하였다. 탱주에 비해 형식화되었음을 살필수 있고, 이러한 우주의 선처리는 고려시대의 봉정사 극락전이나 회암사지 보광전지 등에서도 찾아볼 수 있다.

대웅전(사진 18)[75]은 이중기단으로 가구기단(사진 19)[76]은 상층에 조성되어 있다. 지대석은 장대석을 이용하였고 면석은 횡판석을 사용하였다. 면석과 우주, 탱주는 통돌로 이루어져 있고, 탱주 좌우로는 극락보전에서와 같이 1조의 종선문이 시문되어 있다.

탱주와 탱주 사이에는 화문이 화려하게 조각되어 있다. 단판(사진 20)[77]과 혼판(사진 21)[78] 등 통일신라기 와당에서 흔히 살필 수 있는 문양이 장식되어 있다. 갑석의 하단 외연에는 1단의 각형 모접이가 조성되어 있다.

사진 19   통도사 대웅전 가구기단 면석 내 화문

---

75) 필자 사진.
76) 필자 사진.
77) 필자 사진.
78) 필자 사진.

사진 20 통도사 대웅전 가구기단 면석의 화문 1   사진 21 통도사 대웅전 가구기단 면석의 화문 2

사진 22 통도사 대웅전의 우주   사진 23 통도사 대웅전의 지대석

우주(사진 22)[79]는 별석을 사용하지 않고 횡판석의 좌우 끝단에 탑신
에서의 우주와 같은 기둥을 조출해 놓았다. 탱주와 비교해 왜소하게 조

---

79) 필자 사진.

각해 놓았음을 볼 수 있다. 아울러 우주를 받치는 지대석(사진 23)[80]의 경우도 길이방향으로 더 길게 빼내어 가구기단에서 볼 수 있는 정형적인 멋을 찾아보기 어렵다.

극락보전과 대웅전의 가구기단 축조 시기는 우주의 형식화[81]와 탱주의 장식화, 그리고 면석 사이의 화문 장식으로 보아 9세기 중엽 이후로 추정된다.

11) 영암사지 금당지[82]

사지의 최상단에 위치하고 있는 금당지는 단층의 가구기단으로 조성되어 있다. 갑석과 지대석의 상·하단 외연에는 1단의 각형 모접이가 장식되어 있다.

사진 24   영암사지 금당지 가구기단 면석의 안상

---

80) 필자 사진.
81) 별도로 조출시키지 않고 종선문으로 대신하였다.
82) 동아대학교박물관, 2005, 『합천 영암사지 Ⅱ 발굴조사보고서』.
   국립문화재연구소, 2012, 『한국 고대건축의 기단 ―경북·경남·대구·울산편―』.

사진 25 영암사지 금당지 동면 가구기단 면석의 사자상

　면석은 횡판석으로 이루어졌으나 우주와 탱주는 조각되지 않았다. 한 장의 면석 내에는 각기 1개씩의 안상(사진 24)[83]이 장식되어 있고, 북면 기단을 제외한 동·서·남면에서는 안상 내부의 사자(사진 25)[84] 문양이 다양하게 양각되어 있음을 볼 수 있다.

　금당지는 발굴조사 결과 3차의 증·개축이 이루어진 것으로 확인된 바 있으나 가구기단의 조성 시기는 창건기인 9세기 중엽 이후로 추정된다.

12) 고달사지 불전지[85]

　가구기단(도면 28)[86]은 나−1건물지라 명명된 불전지에서 확인되었다. 지대석의 상단 외연에는 1단의 각형 모접이가 조성되어 있다. 면석은 횡판석이며 등간격으로 탱주가 조출되어 있다. 건물지의 각 모서리에는

---

83)　필자 사진.
84)　필자 사진. 사자는 앞이나 뒤를 바라보는 등 다양한 자세를 취하고 있다.
85)　京畿道博物館 외, 2002, 『高達寺址 I』.
　　京畿文化財團附設 畿甸文化財硏究院, 2007, 『高達寺址 II』.
86)　京畿文化財團附設 畿甸文化財硏究院, 2007, 『高達寺址 II』, 819쪽 삽도 5.

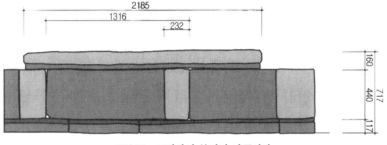

도면 28   고달사지 불전지 가구기단

우주[87]가 표현되어 있다. 갑석의 하단 외연에는 1단의 각형 모접이가 조성되어 있다.

가구기단의 조성 시기는 신라 하대(785~935)로 추정된 바 있다.[88]

이 외에도 통일신라기의 가구기단은 간월사지[89] 및 왕궁리사지[90] 등에서도 찾아볼 수 있으나 잔존 상태가 불량하여 본고에는 제외시켰다.

3. 고려시기

1) 거돈사지 금당지

단층의 가구기단(사진 26)[91]이다. 지대석 아래로 1단의 地覆石[92]이

---

87) 일부 우주의 경우 교차되는 면석의 단변으로 대신하였다.

88) 京畿道博物館외, 2002, 『高達寺址Ⅰ』.

89) 東亞大學校博物館, 1985, 『蔚州 澗月寺址Ⅰ』.

90) 扶餘文化財研究所, 1992, 『王宮里遺蹟發掘中間報告』.

91) 原州市·翰林大學校博物館, 2000, 『居頓寺址』, 302쪽 사진 2.

92) 이는 달리 기단 적심으로도 불리고 있다. 금당지 외에 강당지에서도 확인되나 일반적인 기단 부재는 아니다. 고려시기의 숭선사지 및 영국사지 등에서 찾아볼 수 있다.

사진 26　거돈사지 금당지 가구기단

놓여 있다. 지대석 및 갑석의 상·하단 외연에는 각형의 모접이가 조성되어 있다. 면석은 횡판석을 사용하였고, 우주나 탱주 등은 살필 수 없다.

기단토내의 와편과 토기편 등으로 보아 통일신라 최말기 혹은 고려시대 극초기에 조영된 것으로 추정되었다.[93)]

2) 보문사지 금당지

사진 27　보문사지 금당지 가구기단

건물의 남쪽에만 단층의 가구기단이 조성되었고, 나머지 면은 할석으로 축조되었다(사진 27).[94)]

지대석 위의 면석은 횡판석을 사용하였고, 우주와 탱주는 확인되

93) 原州市·翰林大學校博物館, 2000, 『居頓寺址』.
94) 韓國文化財保護財團·大田廣域市, 2000, 『大田 普門寺址 I』, 165쪽 사진 25. 가구기단이 금당지의 네 면 중 전면에만 축조되어 기단의 장엄성과 위엄성을 느끼게 한다.

지 않았다. 갑석의 하단 외연에서 1단의 각형 모접이를 살필 수 있다.

가구기단의 조성시기는 모접이[95]를 근거로 하여 통일신라 말~고려 초기로 추정되었다.

3) 숭선사지 금당지와 서회랑지

가구기단은 금당지와 서회랑지에서 조사되었다.[96]

사진 28　숭선사지 금당지 가구기단

---

95) 韓國文化財保護財團·大田廣域市, 2000. 그런데 갑석 외연 하단에서의 모접이는 황룡사지를 비롯해 사천왕사지, 감은사지, 고선사지 등에서도 확인되고 있다. 이들 유적은 시기적으로 삼국~통일신라 초기로 편년되고 있어 모접이만을 근거로 한 유적의 편년은 큰 의미가 없다고 생각된다.

96) 보고서에서는 언급되지 않았지만 강당지의 경우도 가구기단으로 판단된다. 이는 현재 남아 있는 금당지의 적심석과 지대석의 잔존 상황에서 살필 수 있다(충청대학박물관·충주시, 2006, 『충주 숭선사지』, 100쪽 사진 49). 적심석의 존재로 보아 기단토의 상면은 많이 유실된 것으로 생각된다. 반면, 지대석은 현재 남아 있는 적심석보다도 아래 층위에 놓여 있어 지사시설로서의 기능을 할 수 없게 된다. 그리고 특히 지대석 상면 외연에서 보이는 각형의 모접이는 이 위에 면석이 놓였음을 의미하는 것이라 할 수 있다. 이렇게 볼 때 강당지 역시도 가구기단으로 시설되었음을 추정해 볼 수 있다.

사진 29 숭선사지 서회랑지 가구기단

　금당지(사진 28)[97]는 단층의 가구기단이다. 지대석 아래로 1단의 지
복석이 놓여 있고, 이의 상단 외연으로 1단의 각형 모접이가 조성되어
있다. 면석은 횡판석을 사용하였고, 우주는 면석에 조출되어 있다. 탱주
는 별석으로 면석 사이에 끼워져 있다.

　서회랑지(사진 29)[98]는 단층의 가구기단이나 면석에서 큰 변화를 찾
아볼 수 있다. 즉 동쪽 기단의 면석을 보면 상하 2단의 횡판석을 겹쳐 놓
아 이전 시기에 한 매씩의 횡판석을 놓은 것과는 큰 차이를 보이고 있다.
횡판석은 지대석의 상단 외연에서 약간 안쪽으로 들여쌓아 면석을 이루
고 있다. 갑석의 하단 외연에는 1단의 각형 모접이가 조성되어 있다.

　숭선사지 금당지 및 서회랑지의 가구기단은 고려 초기인 광종 5년
(945)에 조성되었다.

97) 충청대학박물관·충주시, 2006, 『충주 숭선사지』, 4쪽 원색사진 3.
98) 충청대학박물관·충주시, 2006, 『충주 숭선사지』, 114쪽 사진 77.

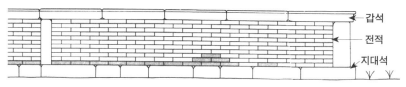

갑석
전적
지대석

도면 29　죽죽리사지 금당지 가구기단

4) 죽죽리사지 금당지

가구기단은 금당지로 추정되는 건물지A(도면 29)[99]에서 확인되었다. 지대석 위에 오각형의 전을 쌓아 면석을 조성하고 상단에 갑석을 올려놓았다. 전은 두께 7cm 내외이고, 32~33cm 되는 장변을 밖으로 하여 면을 맞추었다. 면석부에는 너비 20cm, 높이 75cm 내외의 탱주를 별석으로 끼워 넣었고 모서리에는 우주를 시설하였다.

갑석에서의 모접이는 확인되지 않았다. 별석으로 된 우주와 탱주, 그리고 면석부에 조성되어 있는 전의 존재로 보아 사천왕사지 탑지[100]와 친연성이 있음을 살필 수 있다. 건물지의 조성 시기는 고려 초기로 추정되었다.

5) 법천사지 건물지 1호[101]

상하 이중의 가구기단(도면 30)[102]이다. 상하층 모두에서 가구기단

---

99) 慶尙南道·國立晋州博物館, 1986,『陜川 竹竹里廢寺址』, 31쪽 그림 10.

100) 면석부에 우주와 탱주를 별석으로 사용하고 탱주 사이는 전으로 쌓았다는 공통점이 있다. 다만, 사천왕사지의 경우 사용된 전이 당초문전이고 녹유된 신장벽전으로 치장하였다는 점에서 차이가 있다.

101) 原州郡, 1992,『法泉寺址 石物實測 및 地表調査 報告書』.
　　江原文化財研究所, 2009,『原州 法泉寺Ⅰ』.

102) 原州郡, 1992,『法泉寺址 石物實測 및 地表調査 報告書』, 42쪽.

도면 30   법천사지 이중의 가구기단

탱주   종선대

도면 31   법천사지 상층의 가구기단

을 살필 수 있다.

상층기단(도면 31)[103]은 지대석, 면석, 갑석이 별석으로 이루어져 있다. 지대석 위의 면석은 장대석에 가까운 횡판석을 사용하였고, 하단 외연에 2단, 상단 외연에 1단의 각형 모접이가 조성되었다. 우주는 별석으로 시설되었고, 탱주는 얕게 조출한 후 좌우로 3조의 종선문을 시문하였다.[104] 갑석 하단 외연에서는 호형의 모접이를 살필 수 있다. 이처럼 탱주 좌우에서의 종선 처리는 9세기 중엽 이후의 부인사 금당지와 통도사 대웅전 및 극락전의 가구기단에서도 살필 수 있다.

하층기단은 한 매의 통돌에 지대석과 면석, 갑석을 조각하였다. 지대석과 갑석의 상하단 외연에서 모접이를 볼 수 있다.

---

103) 原州郡, 1992, 『法泉寺址 石物實測 및 地表調査 報告書』, 42쪽.
104) 반면, 후면의 면석에는 아무런 장식이 이루어지지 않았다.

智光國師 海麟이 1070년(문종 24)에 입적하고 그 이후에 건물이 조영
되었음을 볼 때 기단은 11세기 말경에 축조되었음을 살필 수 있다.

6) 실상사 목탑지

단층의 가구기단(사진 30)[105]이다. 현재 갑석은 유실된 채 지대석과
면석이 남아 있다. 면석은 횡판석을 사용하였고, 우주나 탱주 등은 조각
되지 않았다. 지대석에서의 모접이는 조성되지 않았다.

전체적으로 보아 고전적인 가구기단 형식을 띠고 있다. 목탑이 실상사
중창기(1127~1130)에 건립되어 가구기단 역시도 이 시기에 축조되었음
을 알 수 있다.

사진 30   실상사 목탑지 가구기단의 지대석과 면석

---

105) 필자 사진.

사진 31 영국사지 제3건물지 가구기단

7) 영국사지 제3건물지

단층의 가구기단(사진 31)[106]이다. 지대석은 남쪽의 것이 각형-호형-각형의 3단 모접이가 이루어진 반면, 북쪽의 것은 각형-호형의 2단 모접이로 치석되어 차이를 보이고 있다. 면석은 횡판석을 이용하였고, 우주와 탱주는 조출되어 있다. 갑석의 하단 외연에서는 2단의 각형 모접이를 찾아볼 수 있다. 지대석 및 갑석에서의 모접이를 통해 통일신라기 감은사지 금당지와의 친연성을 살필 수 있다.

3건물지는 1차 중창기에 조성된 것으로 그 시기는 12세기 후반이다.

8) 봉정사 극락전

단층의 가구기단(도면 32·33)[107]이다. 지대석 위에 장대석과 횡판석

---

106) 忠淸大學博物館 · 永同郡, 2008, 『永同 寧國寺』, iii쪽 원색사진 6.
107) 文化財管理局 文化財硏究所, 1992, 『鳳停寺 極樂殿 修理工事報告書』, 230쪽

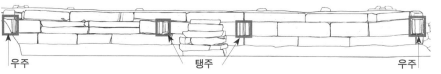

우주   탱주   우주

도면 32   봉정사 극락전 가구기단 정면도(□ 내부의 석주에 종선문 시문)

을 올려놓아 면석을 구
성하였다. 한 장의 횡판
석 대신 2단의 판석(장
대석)을 겹쳐 올려놓았
다는 점에서 숭선사지
서회랑지 가구기단과의
친연성을 보인다.

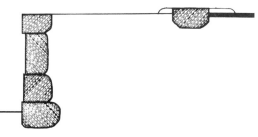

도면 33   봉정사 극락전 가구기단 단면도

　탱주는 종선문으로 형식화 되었고, 우주는 상단의 측면 별석에 종선
을 그려 놓는 것으로 대신하였다. 탱주의 간격은 일정치 않으며 2단의
횡판석(장대석) 중 상단에만 조성되었다는 특징이 있다. 이러한 우주의
선처리는 통일신라기(9세기 중엽 이후) 유적인 통도사 극락보전 가구기
단에서도 찾아볼 수 있어 복고적 이미지가 강함을 살필 수 있다.

　지대석 및 갑석에서는 모접이를 살필 수 없다. 면석이 지대석과 갑석
의 선상에서 최소한도로 들여쌓기 하였다는 점에서 조선시대[108] 가구
기단과의 연계성을 보여주고 있다. 특히 면석을 2단으로 하여 하부의 것
은 장대석, 상부의 것은 횡판석으로 하였다는 점에서 건축기술의 전파를
판단케 한다.

및 237쪽 중.

108) 이러한 사례는 여주 신륵사 극락보전(사진 32, 필자 사진) 및 종묘 정전(사진
　　33, 필자 사진) 등에서도 살필 수 있다.

사진 32 신륵사 극락보전 가구기단   사진 33 종묘 정전 가구기단

봉정사 극락전은 1972년 보수공사 시 발견된 상량문에서 공민왕 12년 (1363)에 지붕을 크게 수리하였다는 기록이 나온 것으로 보아 가구기단 조성 시기는 1363년 이전으로 판단된다.

Ⅲ. 가구기단의 시기적 변천

가구기단은 지대석과 면석, 갑석 등에서 관찰되는 제 요소를 통해 다음과 같은 속성을 파악해 볼 수 있다.

삼국시기는 중국 남북조의 영향으로 가구기단이 등장한 시기이며 가장 초보적인 형태를 보여주고 있다. 이는 고전적 형식으로 이해할 수 있고, 이러한 형식은 통일신라기 및 고려시기에도 계속적으로 등장하고 있다. 아울러 부분적이지만 지대석과 면석에서 각형의 모접이를 볼 수 있는데 이는 장식적 의미로 이해할 수 있다.

삼국시기와 비교해 통일신라기 가구기단에서 볼 수 있는 가장 큰 조영적 특성은 바로 장식성을 들 수 있다. 이는 면석에서의 안상이나 동물상, 연화문 등을 통해 확인할 수 있다.

고려시기의 가구기단은 통일신라기의 가구기단 특성을 적극적으로 받아들이면서 이를 변화 발전시키고 있다. 복고적이면서 다소 형식화된 가구기단의 속성을 보여주고 있는데 특히 후자는 조선시기의 종묘 정전에서도 관찰되고 있다.

위의 제 속성 변화를 세부적으로 살피면 아래와 같다.

1. 가구기단의 조성 위치

가구기단은 주로 단층기단으로 조성되나 일부 당탑지에서의 경우 이중기단으로 축조되는 사례도 살필 수 있다. 이러한 기단 형식은 삼국시기부터 등장한 것으로 고려시기에 이르기까지 꾸준하게 등장하고 있다.

그런데 가구기단이 이중기단으로 조성될 경우 이는 거의 대부분 상층기단에 축조되는 경향을 보이고 있다. 그리고 하층기단은 장대석으로 이루어진 치석기단으로 조성되는 것이 특징이다.

아울러 백제시기에 조성된 능산리사지 및 미륵사지에서는 하층기단 상면에 변주를 올리기 위한 초석이 마련되어 있지 않으나, 신라 및 통일신라기에 축조된 황룡사지 및 사천왕사지 등에서는 초석이 확인되고 있어 세부적 차이를 보이기도 한다. 그러나 동일 국적의 이중기단일지라도 감은사지에서는 하층기단 상면에서 초석이 확인되지 않고 있어 이중기단에서의 가구기단과 변주와의 관련성은 없는 것으로 생각된다.

한편, 상·하층 모두에서 가구기단이 확인된 사례도 살필 수 있는데

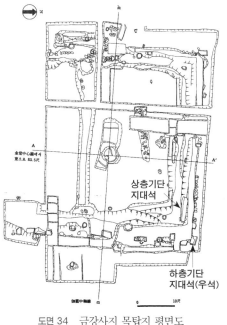

상층기단
지대석

하층기단
지대석(우석)

도면 34   금강사지 목탑지 평면도

백제시기의 금강사지 목탑지(도면 34)[109]와 고려시기의 법천사지 불전지이다. 전자는 상층기단이 대부분 유실되어 그 형적 파악이 쉽지 않으나 기단토의 높이로 판단컨대 가구기단이었을 가능성이 높은 것으로 추정되었다.[110]

아울러 후자의 경우는 하층기단이 하나의 몸돌로 이루어졌으며 이곳에 지대석, 면석, 갑석 등이 모두 조각되어 있어 별석으로 이루어진 다른 유적과 큰 차이를 보이고 있다.

하지만 상하층 모두 가구기단으로 조성된 사례가 많지 않아 특수한 사례였음을 살필 수 있다.

가구기단은 지금까지의 건축고고자료들을 검토해 볼 때 금당지 및 목탑지 등에 주로 조성되었음을 볼 수 있다. 물론 이들 외에 백제시기의 왕흥사지 강당지 및 통일신라기의 감은사지 강당지, 황룡사지 종·경루지, 고려시기의 숭선사지 서회랑지 등에서도 가구기단을 찾아볼 수 있다.

---

109) 國立博物館, 1969, 『金剛寺』, 圖面 5.
110) 조원창, 2011, 「부여 금강사의 축조시기와 당탑지 기단구조의 특성」, 『문화사학』 36호 ; 2013, 『백제사지연구』, 서경문화사.

그러나 이들 기단의 경우 전체 유구 수에 비해 차지하는 비중이 극소하고, 해당 당탑지에 비해 가구기단의 완성도나 축조기술 등이 미치지 못하고 있어 외형상의 차이를 보여주고 있다.

2. 地覆石의 사용

가구기단의 하단부에 놓이는 지대석 아래에서 이를 지탱해 주는 역할을 하는 것이 지복석이다. 이는 흔히 장대석을 이용하고 있으며 고려 극초기로 추정되는 거돈사지 및 고려 광종대의 숭선사지(도면 35)[111]에서 그 예를 살필 수 있다. 두 유구의 표현 방법에 있어 약간의 차이가 발견되기에 기술해 보고자 한다.

숭선사지의 지복석은 상단 외연에 1단의 각형 모접이를 한 반면, 거돈사지의 지복석에서는 이러한 조각을 살필 수 없다. 이와 같은 장식적 표

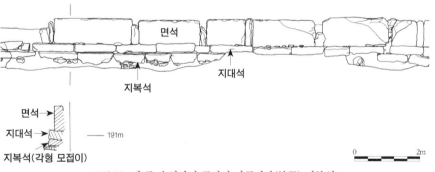

도면 35   충주 숭선사지 금당지 가구기단(북쪽) 지복석

---

111) 충청대학박물관, 2006, 『충주 숭선사지』, 253쪽 도면 8 북쪽기단 입면도 및 단면도 중.

현은 결과적으로 숭선사지의 대시주가 고려 광종이고, 숭선사지 자체가 그의 어머니인 神明順成王后의 원찰이었기 때문에 가능하였을 것으로 생각된다.

따라서 지복석은 고려 초기에 이르러 새롭게 등장한 가구기단의 부재로 파악되나, 이후 구룡사지나 보문사지, 죽죽리사지, 법천사지, 실상사, 영국사, 봉정사 등에서 확인되지 않는 것으로 보아 고려시기에 널리 유행한 건축 자재는 아니었던 것으로 생각된다.

이 외에도 지복석은 부재의 높이만큼 가구기단의 높이를 더 높게 해준다는 점에서 해당 건물의 장중함을 표현하였던 부재로도 판단된다.

3. 지대석

지대석은 흔히 장대석으로 만들어지며 모퉁이에는 우주를 올리기 위한 우석이 놓이기도 한다. 이러한 우석에는 우주를 세우기 위한 홈이나 촉구멍 등이 굴착되어 있어 시기별로 약간의 차이를 보이고 있다.

지대석 상면에는 면석을 올리기 위한 턱이나 凹溝,[112] 혹은 돌대[113]가 마련되어 있으며 하단 외연에는 호형이나 각형의 모접이가 조성되어 있기도 하다. 특히 턱이나 요구 등이 면석에 가려 육안으로 관찰할 수 없는 반면, 모접이나 돌대의 경우는 눈으로 살필 수 있어 장식적 효과를 높였던 것으로 생각된다.

여기에서는 지대석 하단 외연의 모접이 및 우석을 중심으로 이의 시기

---

112) 凹溝는 그 깊이가 깊지 않아 자세히 관찰하지 않으면 'ㄴ'모양의 턱으로 보일 수 있다.
113) 9세기대에 조영된 대구 부인사지 불전지에서 확인할 수 있다.

적 변천을 살펴보고자 한다.

1) 모접이

모접이는 지대석의 하단 외연을 'ㄴ'모양으로 깎아낸 것으로 흔히 1단
으로 조성되어 있다. 이는 지금까지 백제시기의 가구기단에서는 전혀 확
인된 바 없고, 신라시기의 황룡사지 중건 가람 중금당지 및 목탑지 등에
서 찾아볼 수 있다. 이로 보아 지대석의 모접이는 적어도 6세기 4/4분기
무렵에 처음으로 등장하였을 것으로 생각된다.

이후 지대석에 표현된 모접이는 통일신라기의 사천왕사지 및 감은사
지, 고선사지, 불국사, 부인사지 등 전 시기에 걸쳐 고루 나타나고 있다.
이는 고려시기의 가구기단에서도 큰 차이가 없다. 다만, 12세기 후반으
로 추정되는 영국사지 제3건물지의 경우 지대석의 모접이로 각형–호형–
각형 등 3단으로 이루어져 있어 이전의 각형 모접이와는 큰 차이를 보이
고 있다. 이는 고려 후기로 접어들면서 가구기단의 형식화와 더불어 장
식성이 더욱 가미된 결과로 이해된다.

이렇게 볼 때 지대석의 모접이는 신라 및 고려시기 가구기단의 한 특성
으로 생각되며, 육안으로 쉽게 관찰할 수 있다는 점에서 장식적 효과를
높이기 위한 속성으로 파악된다.

표 1 각 유적으로 본 지대석, 우석의 시기별 치석기법

시기	유적명	지대석	우석	기타
567년 경	능산리사지 금당지 · 목탑지		없음	• 왕흥사지 강당지
6세기 말	금강사지 금당지			• 중국 북조의 영향

시기	유적명	지대석	우석	기타
6세기 말	황룡사지 금당지			
7세기 전반	미륵사지 금당지 · 강당지			
7세기 전반	황룡사지 목탑지			• 황룡사지 종 · 경루지 (9세기 중반) • 우석에 원형 촉구멍
679년 경	사천왕사지 금당지 · 목탑지			• 우석에 원형 · 방형 촉구멍
682년 경	감은사지 금당지 · 강당지		.	
750년 경	불국사 비로전 · 극락전 · 대웅전 등		.	
9세기 전반	실상사 금당지		.	• 통도사 극락전(9세기 중엽 이후) • 봉암사 극락전(9세기 후반) • 부석사 무량수전
9세기 전반	동화사 극락전		.	
9세기 중반	성주사지 금당지			
9세기 중반 이후	영암사지 금당지		.	• 고달사지 불전지 (785~935년)
945년 경	숭선사지 금당지		.	• 지대석 아래에 1단의 지복석 위치 • 거돈사지 금당지 (나말여초기)

시기	유적명	지대석	우석	기타
10세기 전반	죽죽리사지 금당지		·	
11세기 말	법천사지 건물지 1호		·	
12세기 전반	실상사 목탑지	(?)	·	
12세기 후반	영국사지 3건물지		·	• 각형-호형-각형의 3단 모접이
14세기 후반	봉정사 극락전		·	

2) 우석

지대석 중 모서리에 위치하고 있는 부재만을 의미한다. 우석 위로는 면석이나 우주 등이 놓이게 되는데 백제의 경우는 금강사지의 사례로 보아 6세기 4/4분기 무렵이나 되어서야 우주가 나타남을 볼 수 있다.[114] 이는 한편으로 567년에 창건된 능산리사지[115]나 577년에 창건된 왕흥

---

114) 이는 중국 남북조의 영향으로 생각된다(조원창, 2013, 『백제사지연구』, 서경문 화사, 206쪽).

115) 이는 보고서의 목탑지 도면을 참고로 한 것이다. 최근의 논고를 보면 능산리사 지 당탑지에 우주가 시설된 것으로 추정하고 있다(남창근 · 김태영, 2012, 「백 제계 및 신라계 가구식 기단과 계단의 시기별 변화특성」, 『건축역사연구』 제21 권 1호 통권 80호, 103쪽 표 1). 하지만 목탑지 도면에 표기된 지대석(우석) 상 면을 보면 우주를 세우기 위한 홈이 전혀 확인되지 않고 있다. 아울러 얼마 전 에 복원된 부여 능나나 백제문화단지 내 능사의 금당과 목탑 등에도 우주가 조

사진 34　익산 미륵사지 우주 홈

사지 등에서 우주를 올리기 위한 홈이나 촉구멍 등이 우석에서 전혀 발견되지 않았음을 의미하는 것이기도 하다.

현재까지 발굴조사를 통해 확인된 우리나라 최초의 우주는 백제시기의 금강사지 금당지에서 살필 수 있다. 아울러 이러한 건축기술은 익산 미륵사지의 금당지(사진 34)116)와 강당지에서도 어렵지 않게 살필 수 있다. 여기에서 관찰되는 우석의 홈은 금강사지에서와 같이 평면 방형으로 낮고 편평하며 우주가 옆으로 밀려나지 않도록 턱을 굴착해 놓았다.

미륵사지에서와 같은 방형의 우주 홈은 9세기 중엽 경에 창건된 성주사지 금당지에서도 어렵지 않게 찾아볼 수 있다. 이러한 기술적 속성은 기단을 조성하는 조사공의 기술력과도 깊은 관련이 있어 백제 건축기술의 신라 전파를 판단케 한다.

한편, 7세기 전반에 조영된 신라의 황룡사지 목탑지에서는 우석 상단에 원형의 구멍이 뚫려 있음을 확인할 수 있다. 이는 우주를 세우기 위한 촉구멍으로 생각되는데 이러한 구멍은 통일신라기의 사천왕사지 금당

성되어 있음을 볼 수 있다. 이는 발굴조사 내용과 맞지 않는 부분일 뿐만 아니라 또 다른 오류를 불러일으킬 수 있기 때문에 하루빨리 수정이 이루어져야 할 것이다.

116)　필자 사진.

지 및 탑지 등에서도 살펴지고 있다.

금당지의 경우 촉구멍의 평면 형태가 원형 및 방형인 것에 반해 탑지는 평면 방형의 형태만 확인되었다. 이러한 평면 형태의 차이가 지대석을 제작하던 장인들의 작업 분화에 의한 것인지, 아니면 금당과 탑이라는 건축물의 차이에서 오는 기능적 속성 때문인지는 현재의 관점에서 정확히 알 수 없다. 하지만 목탑지에서 평면 방형의 것만 검출되었다는 점에서 사전에 용처를 염두에 두고 미리 작업하여 공급한 것이 아닌가 생각된다.

이처럼 통일신라기에는 백제에서 관찰되었던 평면 방형의 넓고 편평한 홈뿐만 아니라 평면 원형, 방형의 촉구멍도 확인할 수 있다. 뿐만 아니라 8세기 중엽 경의 불국사 비로전에서와 같이 우주와 면석이 통돌로 제작된 경우에는 우석 상면에 별도의 홈이나 촉구멍 등이 시설되지 않는 경우도 찾아볼 수 있다.

이러한 우석에서의 차이는 결국 우주를 별석으로 시설하는 경우와 면석에 조출하는 경우, 그리고 우주가 없이 면석만으로 결구하는 경우로 나누어 볼 수 있다. 이 중에서 가장 먼저 등장한 형식은 세 번째로 능산리사지로 보아 6세기 중엽 경으로 판단된다. 그리고 다음으로 등장한 것이 첫 번째 경우로 금강사지의 사례로 보아 6세기 4/4분기경에 조성되었다. 마지막으로 두 번째 형식은 불국사의 예로 보아 8세기 중엽 경에 축조된 것으로 생각된다.

4. 면석

면석은 기본적으로 지대석과 갑석 사이에 놓인 장판석의 석재를 의미한다. 그러나 면석이 놓이는 자리에는 장판석 뿐만 아니라 장대석, 전,

전+석 등이 함께 놓이고 있어 이의 변화 양상이 주목되고 있다. 아울러 이곳에는 조형미를 엿볼 수 있는 화려한 문양과 우주, 탱주 등이 조각되어 있어 가구기단의 여러 요소 중 가장 다양한 모습을 보여주고 있다.

따라서 본고에서는 면석을 구성하는 재료의 속성을 비롯해 문양, 우주, 탱주 등의 유무, 그리고 우주, 탱주 등의 형식화 등을 통해 면석의 시기적 변천을 살펴보도록 하겠다.

1) 재료

(1) 판석

면석의 재료 중 가장 다수를 차지하고 있다. 백제 사비기의 능산리사지 당탑지로부터 고려 말의 봉정사 극락전에 이르기까지 전 시기에 걸쳐 다양하게 제작되었다. 장판석은 놓이는 면의 장단비에 따라 횡판석과 종판석으로 나눌 수 있고 이 중 전자가 대부분을 차지하고 있다.

종판석은 폭(너비)에 비해 높이가 긴 판석을 의미하며 9세기 중엽 경의 성주사지 금당지에서 확인할 수 있다. 면석의 높이가 높은 만큼 상대적으로 기단의 높이도 높아 건물의 웅장함을 표현하는데 일익을 담당하였을 것으로 생각된다.

한편, 10세기 전반에 해당되는 숭선사지 서회랑지를 보면 상하로 횡판석 2매를 겹쳐 면석을 이루고 있다. 이는 그 동안의 면석이 1매의 횡판석 내지는 종판석인 것과 비교해 큰 변화를 보여주고 있다. 이러한 2단의 면석 축조는 기본적으로 1단의 면석에 비해 돌을 치석하는 공력과 석재의 수요가 더 많았을 것으로 생각된다. 이는 그 만큼 석재를 가공하는데 있어 많은 경제력이 소용됨을 의미한다. 이처럼 면석에서의 상하 2단 구성은 14세기 후반으로 추정되는 봉정사 극락전에서도 확인되고 있다.

그런데 숭선사지 서회랑지(945년) 및 봉정사 극락전(14세기 중엽 이

전)의 면석 구조를 보면 시기적 차이만큼 축조상에 있어서도 약간의 변화를 발견할 수 있다. 그것은 전자가 높이가 비슷한 횡판석을 사용한 반면, 후자는 상면이 하면보다 높은 횡판석을 이용하고 있다. 이러한 횡판석의 높이차는 시기적 변천을 의미하는 것으로서 우리나라의 경우 고려 말에 등장하였음을 확인할 수 있다.

이러한 이질성은 한편으로 조선시기에 창건된 신륵사 극락보전이나 종묘 정전에서도 확연하게 살필 수 있다. 즉, 신륵사 극락보전 및 정전의 기단 면석을 보면 봉정사 극락전과 마찬가지로 상면의 횡판석이 하면의 그것[117]에 비해 높은 것을 사용하고 있다. 이러한 친연성은 결과적으로 고려시기의 가구기단 축조기술이 조선시기에도 영향을 미쳤음을 보여주는 단적인 자료로 할 수 있다.

한편, 11세기 말경의 법천사지 1호 건물지 상층기단에서는 다른 가구기단의 면석에서 볼 수 없는 특이한 구조를 엿볼 수 있다. 그것은 면석 하단 외연에서의 2단 각형 모접이다. 지금까지의 면석에서 이러한 모접이가 거의 확인되지 않았다는 점에서 면석 장식의 특이성을 보여주고 있다.

(2) 전

통일신라 초기의 사천왕사지 동·서 탑지 및 고려 초기의 죽죽리사지 금당지에서 살필 수 있다.[118] 유적 사례에서 볼 수 있듯이 판석에 비해 그 수효가 매우 적다.

사천왕사지 당탑의 조영기술은 아마도 당과의 문화교류 속에서 유입

---

117) 이는 지대석과 비교해 볼 때 장대석으로도 살필 수 있다.

118) 전을 이용한 기단 축조는 일찍이 백제의 군수리사지 및 밤골사지, 오합사지 등에서 볼 수 있다. 이 중 사천왕사지 및 죽죽리사지와 같이 기단을 평적식으로 축조한 사례는 오합사지에서 볼 수 있다.

도면 36　山東 兩城山 한대 석각의 가구기단

되었을 가능성이 매우 높다.[119] 이는 삼국시기의 그 어느 곳에서도 전을 이용한 가구기단이 결코 확인된 바 없기 때문이다. 따라서 이는 당시 전탑 조영이 왕성하였던 당나라의 조탑기술이 어느 정도 영향을 미친 결과가 아닌가 생각된다.

사천왕사지 탑지는 녹유신장벽전과 당초문전을 이용하여 면석부를 조성하였다. 당초문전은 녹유신장벽전의 좌우에 평적식으로 쌓았고 전면에서 문양을 볼 수 있도록 하였다. 이에 반해 죽죽리사지 금당지는 오각형의 무문전을 평적식으로 쌓아 면석부를 조성하였다.

두 유적은 모두 탱주와 우주가 시설되었고 전은 이들 유적 사이에 조성되었다. 사천왕사지의 탑지가 장식성을 강조한 반면, 죽죽리사지 금당지는 무문으로서 고졸한 멋을 풍기고 있다. 이러한 미적 차이는 한편으로 지대석에서도 확인할 수 있다. 즉, 전자의 경우 갑석과 마찬가지로 상단 외연에 1단의 각형 모접이가 조성된 반면, 후자에서는 이러한 모접이를 살필 수 없다.

위에서 살핀 두 유적간의 조영적 차이는 결국 장식적 효과를 드높이고자한 통일신라기의 문화적 속성과 복고적 이미지와 형식미를 강조하였던

---

119)　가구기단의 면석이 놓이는 곳에 전을 사용한 경우는 일찍이 중국 한대에서 살필 수 있다. 기단은 석각에 조각되어 있어 세밀하지는 않지만 면석의 경우 판석과는 다른 모습을 취하고 있으며 마치 전을 여러 층 쌓은 것처럼 표현되어 있다(도면 36, 劉敦楨 저/鄭沃根 외 공역, 『中國古代建築史』, 2004, 139쪽).

고려시기의 문화적 차이로 이해할 수 있다.

2) 문양

면석에서의 문양은 통일신라기의 유적인 영암사지 금당지와 부인사지 금당지, 통도사 대웅전 등에서 살필 수 있다.

영암사지 금당지의 면석에는 안상과 안상 내부에 사자가 조각되어 있으며, 부인사지 금당지에서는 안상만을 찾아볼 수 있다. 반면, 통도사 대웅전에서는 활짝 핀 꽃이 양각되어 있음을 살필 수 있다.

세 유적은 모두 9세기 중엽 이후의 것으로 통일신라기의 석조문화가 만개한 시기였다. 이 무렵은 건축물의 기단뿐만 아니라 부도(사진 35),[120] 석탑(사진 36),[121] 석등(사진 37),[122] 당간지주(사진 38),[123] 석불대좌

사진 35　창원 봉림사지 진경대사 심희 보월능공탑의 안상(923년)

사진 36　천안 천흥사지 5층석탑 기단 안상

120) 필자 사진.
121) 필자 사진.
122) 필자 사진.
123) 필자 사진.

사진 37 경주 읍성지 출토 석등 연화하대석의　　　사진 38 천안 천흥사지 당간지주 안상
연꽃과 안상(국립경주박물관 소장)

등 여러 석조물에 안상을 비롯한 사자, 천인상, 화문 등의 다양한 문양
이 조각되던 시기였다.

따라서 가구기단의 면석에 표현된 여러 문양은 당시의 사회분위기와
밀접한 관련 속에서 제작되었던 것으로 생각된다. 왜냐하면 조사공과
조탑공을 비롯한 여러 장인들은 한 장소에서 오랜 기간 함께 작업을 진
행하였기 때문에 장인간의 기술교류는 자연스럽게 이루어졌을 것으로
판단된다.[124]

아울러 통일신라기 당과의 문화교류 또한 가구기단의 면석을 변화시
키는 큰 요인으로 작용하였다. 즉, 통도사 대웅전에서 볼 수 있는 면석
에서의 화문은 일찍이 당대의 가구기단에서 어렵지 않게 살필 수 있다.
여기서 보면 화문은 탱주 사이에 활짝 핀 상태로 조각되어 있다(도면
37).[125] 그리고 탱주 사이의 화문은 당대를 거쳐 송대(도면 38)[126]에

---

124) 이는 한편으로 건축물의 조영과 관련된 대시주의 취향과도 연관이 있을 듯싶다.

125) 文物出版社, 1989, 『敦煌建築硏究』, 209쪽 圖 144-3. 楡林窟 中唐 제25굴에
조각되어 있다.

126) 文物出版社, 1989, 『敦煌建築硏究』, 212쪽 圖 149. 송대 제61굴에 조각되어

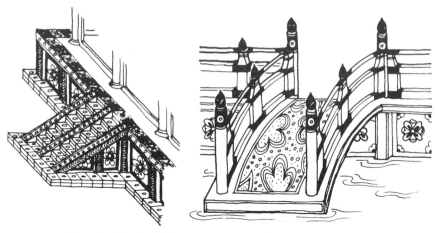

도면 37　돈황석굴 내 당대 가구기단　　　도면 38　돈황석굴 내 송대 가구기단 면석 화문 조각
　　　　　면석 화문 조각

있어서도 중국의 가구기단에서 그 화려함을 보여주고 있어 오랜 기간 장식적 속성이 유지되었음을 볼 수 있다.

　그런데 이러한 조형미의 경우 7~8세기대의 신라 가구기단에서는 전혀 살펴지지 않고 있어 9세기에 이르러 당으로부터 새롭게 도입된 가구기단의 조형기법으로 이해된다.

　또한 영암사지 금당지 면석에 조각된 안상의 경우도 중국에서는 이미 위진남북조시대(도면 39·40)[127]에 등장하고 있어 이것이 당의 영향으로 통일신라기에 유입되었음도 판단해 볼 수 있다.

　한편, 고려시기에 접어들면 석등, 부도, 석탑 등에서는 통일신라기와

127)　鄭岩, 2002, 『魏晋南北朝壁畵墓硏究』, 文物出版社, 137쪽 圖 112 및 250쪽 圖 177.

제3부 寺刹建築으로 본 架構基壇의 變遷 硏究 · 345

도면 39　북주시기 서안 安伽墓 출토 석관에 조각된 기단의 안상 조각
(왼쪽 세 번째 □ 내부에 안상 조각)

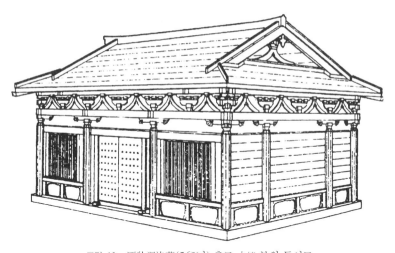

도면 40　厙狄迴洛墓(562년) 출토 木槨 복원 투시도

마찬가지로 다양한 문양을 엿볼 수 있으나 가구기단의 면석에서는 이러한 문양을 거의 살필 수 없다. 이는 아마도 면석에서의 단순미를 강조한 당시의 사회분위기와도 밀접한 관련이 있지 않을까 생각해본다.

3) 우주

우주는 면석의 네 모서리에 세워진 기둥을 의미한다. 이는 별석으로 제작되는 경우가 있는 반면, 면석의 통돌에 조출되어 나타나는 경우도 있다. 시기적으로 보면 전자가 후자에 비해 선행되어 나타남을 확인할 수 있다.

가구기단에서의 우주는 일찍이 중국 한대(도면 41)[128) 건축물에서 찾아볼 수 있다. 그러나 이것이 건축물이 아닌 화상석에 표현되어 있어 별석인지 아니면 통돌에 조각된 것인지는 확연하게 살필 수 없다. 다만, 우주를 표현함에 있어 양감이 두드러져 있다는 점에서 별석일 가능성이 높다. 아울러 중국 전 왕조에 걸쳐 한대의 건축물이 매우 뛰어났다는 점에서 통돌로서의 우주도 능히 제작되었을 것으로 생각된다.

삼국시기 유적 중 우주가 별석으로 시설된 경우는 백제의 금강사지 및 미륵사지, 신라의 황룡사지 목탑지 등에서 확인할 수 있다. 아울러 통일신라초기의 사천왕사지 당탑지 및 성주사지 금당지에서도 찾아볼 수 있다. 그리고 고려시기의 죽죽리

도면 41 사천성 성도 揚子山 2호묘 출토 한대 화상전
(가구기단에 우주와 탱주가 조각되어 있다)

128) 吳山 著 · 박대남 譯, 1996, 『중국 역대 장식문양 2』, 춘추각, 345쪽 下.

도면 42   위진남북조 시기의 沂南 화상묘 내의 화상석

사지, 법천사지, 봉정사 극락전에서도 별석의 우주를 볼 수 있다.

이렇게 볼 때 우주가 별석으로 시설된 시기는 금강사지의 사례로 보아 적어도 6세기 4/4분기경에는 가능하였을 것으로 생각된다. 이때는 백제가 중국 남북조(도면 42)[129]와의 교류가 빈번하였기 때문에 삼국 중에서도 일찍 수용하였던 것으로 생각된다. 그리고 이러한 신기술은 백제 승인 阿非知를 통해 신라의 황룡사지에도 영향을 미쳤던 것으로 판단된다.

별석이 아닌 면석의 통돌에 우주가 조출된 경우는 불국사 비로전 및 대웅전 등에서 살필 수 있다. 이는 탑신부의 우주를 연상시키는 것으로 별석의 우주에 비해 노동력 및 기술력이 덜 소용되었을 것으로 판단된다.

이러한 형식은 불국사의 창건과 비교해 볼 때 늦어도 8세기 중엽 경에는 등장하였을 것으로 생각된다. 이후 고달사지 및 숭선사지, 영국사지 등에서도 모각된 우주가 확인됨을 볼 때 고려시기 말까지 계속적으로 사용되었음을 볼 수 있다.

한편, 우주는 대부분이 무문이지만 일부의 경우 시문된 것도 있어 살펴보고자 한다. 우주에 문양이 표현된 사례는 9세기 중엽 이후의 통도

---

129) 鄭岩, 2002, 『魏晋南北朝壁畵墓研究』, 文物出版社, 164쪽 圖 128.

사진 39   회암사지 보광전지의 우주 종선문

사 극락전과 고려시기 말의 봉정사 극락전에서 확인할 수 있다.130) 이 두 곳에는 우주에 종선문이 시문되어 있는데 음각선을 통해 시각적으로 우주를 돋보이게 하기 위한 조처라 생각된다.

　이로 보아 우주에서의 시문은 면석에 문양이 표현되는 시기와 동일한 9세기 무렵임을 알 수 있다. 따라서 이러한 결과는 가구기단의 장식화가 어느 한 부분에 국한된 것이 아닌 여러 요소에서 동시에 진행되고 있었음을 보여주는 단적인 사례라 할 수 있다.

4) 탱주

　탱주는 면석 사이에 시설된 짧은 기둥을 의미한다. 앞에서 살펴본 바

---

130) 엄밀한 의미에서의 가구기단은 아니지만 회암사지 보광전지(사진 39)에서도 우주에서의 종선문을 살필 수 있다. 특히 면석부에 해당되는 부분에서는 높이 가 다른 판석과 장대석을 사용하고 있어 봉정사 극락전 및 신륵사 극락보전과 의 친연성을 보여주고 있다.

와 같이 일찍이 중국 한대에 제작된 후 당대를 거치면서 신라에 유입된 것으로 생각된다.

건축물에서의 탱주 표현은 크게 세 가지 형식으로 구분되는데 첫 번째는 별석으로 조성되는 경우이고, 두 번째는 면석에 조출되는 경우, 세 번째는 종선문으로 시문되는 경우이다.

첫 번째 형식은 사천왕사지 당탑지에서 처음으로 살필 수 있는 것으로 통일신라기에 접어들면서 새롭게 등장한 가구기단의 요소로 판단된다. 그러나 통일신라기의 가구기단에서 그 예가 많이 찾아지지 않는 것으로 보아 대중적인 유행은 일어나지 않았음을 알 수 있다. 이는 고려시기에도 마찬가지로서 초기의 숭선사지 금당지에서 별석의 탱주를 살필 수 있다.

두 번째 형식은 불국사 비로전 및 대웅전의 사례로 보아 8세기 중엽 경에는 등장하였음을 알 수 있다. 이후 고려시기 유적인 고달사지, 영국사지 제3건물지 등에서 볼 수 있다.

마지막으로 세 번째 형식은 9세기 중엽 이후의 통도사 극락전 및 대웅전, 그리고 11세기 말경의 법천사지 1호 건물지, 14세기 후반의 봉정사 극락전 등에서 찾아볼 수 있다.[131]

이처럼 별석의 탱주는 경주 사천왕사지 당탑지로 보아 그 등장 시기는 7세기 말경으로 추정된다. 그리고 탱주가 통돌의 면석에 조출되는 경우는 경주 불국사의 예로 보아 늦어도 8세기 중엽 경에는 제작되었을 것으로 생각된다. 또한 탱주가 종선문으로 형식화되는 단계는 면석에 화문이나 獸文이 표현되는 9세기 중엽 이후로 파악된다.

그러나 우리나라 전체 가구기단 중 탱주가 시설(조출)된 것보다 그렇

---

131) 봉정사 극락전 계단 좌우에서도 종선문이 시문된 별석의 탱주를 확인할 수 있다. 다만 일정한 간격으로 배치되어 있지 않다는 점에서 다른 기단의 탱주와 차이를 보이고 있다.

지 않은 사례가 여러 시기를 거치면서 여전히 주류를 형성하고 있다. 이는 우주의 경우도 마찬가지이다.

이러한 가구기단의 제작 분위기는 통시대적으로 새로운 부재나 문양을 창안하기 보다는 단순하면서도 고전적인 것을 복고적으로 유지·계승하는 방향으로 진행되었음을 확인케 한다.

표2 각 유적으로 본 면석, 탱주, 우주의 시기별 치석기법

시기	유적명	면석, 탱주	우주	기타
567년 경	능산리사지 금당지 · 목탑지		·	• 우주, 탱주 없음 • 금강사지 금당지 우주(6세기 말)
6세기 말	황룡사지 금당지		·	• 황룡사지 목탑지 우주 별석 (7세기 전반)
7세기 전반	미륵사지 금당지 · 강당지			• 우주 별석 • 탱주 없음
679년 경	사천왕사지 금당지 · 목탑지		·	• 우주, 탱주 별석 • 중국 당의 영향
682년 경	감은사지 금당지 · 강당지		·	• 우주, 탱주 없음
750년 경	불국사 비로전 · 극락전 · 대웅전 등			• 우주, 탱주 조출
9세기 전반	실상사 금당지		·	• 우주, 탱주 없음 • 동화사 극락전 (9세기 전반)
9세기 중반	성주사지 금당지		·	• 우주 별석, 탱주 없음 • 면석은 종판석 사용

시기	유적명	면석, 탱주	우주	기타
9세기 중반 이후	영암사지 금당지		.	• 우주, 탱주 없음
9세기 중반 이후	통도사 대웅전			• 우주, 탱주 조출
9세기 중반 이후	통도사 극락전			• 탱주, 우주 좌우로 종선문
945년 경	숭선사지 금당지			• 탱주 별석 • 우주 조출
945년 경	숭선사지 서회랑지		.	• 면석이 상하 2단의 횡판석으로 구성
10세기 전반	죽죽리사지 금당지			• 탱주, 우주 별석 • 탱주 좌우로 전이 쌓여 있음
11세기 말	법천사지 건물지 1호			• 면석 단면 • 우주는 별석
12세기 전반	실상사 목탑지		.	• 우주, 탱주 없음
12세기 후반	영국사지 3건물지			• 우주, 탱주 조출

14세기
후반
	봉정사 극락전			• 면석이 상하 2단의
				  횡판석으로 구성
				• 탱주, 우주 상단에만
				  별석

5. 갑석

갑석은 면석 위에 올려진 석재로 기단석의 최상면에 위치한다. 치석된 장대석을 이용하는 경우가 대부분이며, 갑석 표면에서의 문양은 살필 수 없다. 다만, 상·하단 외연에서 모접이를 확인할 수 있다.

모접이의 형식은 크게 세 가지로 나뉘고 있는데 첫 번째는 각형이고, 두 번째는 호형이며, 세 번째는 이 두 가지 형태가 동시에 나타나는 경우이다. 갑석은 각형의 모접이가 주류를 이루고 있으며 황룡사지 금당지에서 처음으로 볼 수 있다. 이는 시기적으로 6세기 4/4분기에 해당되는 것으로 갑석에서의 장식성을 확인케 한다.

이후 사천왕사지 및 불국사, 부인사지, 영암사지, 고달사지, 거돈사지, 숭선사지, 죽죽리사지 등 통일신라~고려시기의 여러 유적에서 어렵지 않게 살필 수 있다.

두 번째 형식은 봉암사 극락전 및 법천사지 1호 건물지에서 볼 수 있다. 봉암사 극락전의 사례로 보아 9세기 후반 무렵 잠시 등장하였던 모접이 형식으로 이해된다. 호형은 각형과 달리 다른 갑석에서도 거의 확인할 수 없어 일반적인 조각기법은 아니었던 것으로 생각된다.

세 번째 형식은 감은사지 금당지(682년)의 갑석에서 볼 수 있다. 하단 외연은 각형으로 처리하고 상단은 볼록하게 치석해 놓아 오목하게 처리된 봉암사 극락전, 법천사지 1호 건물지와 차이를 보이고 있다. 다른 갑석의 모접이와 비교해 볼 때 가장 뛰어난 장식성을 살필 수 있다. 직접적인 관련성은 없지만 각형 및 호형에 가까운 모접이는 12세기 후반 무렵에 조성된 영국사지 제3건물지의 지대석에서도 찾아볼 수 있다.

하지만 이들 형식과 별개로 모접이가 조성되지 않은 갑석도 삼국시기 이후 고려시기에 이르기까지 꾸준하게 살필 수 있다. 이는 가장 기본적인 갑석 형태로 고전적인 멋을 풍기고 있다. 아울러 시기별로 갑석의 모접이 형태가 정형성이 없이 출현하고 있어 갑석만의 시기적 변천 특성은 찾아보기 어렵다. 따라서 지대석이나 면석, 우주, 탱주 등과 연관시켜 시기성을 고려해 보는 것이 타당하다고 생각된다.

표 3 각 유적으로 본 갑석의 시기별 치석기법

시기	유적명	갑석	기타
567년 경	능산리사지 금당지 · 목탑지	?	
6세기 말	금강사지 금당지		
6세기 말	황룡사지 금당지		
7세기 전반	황룡사지 목탑지		
7세기 전반	미륵사지 금당지 · 강당지		
679년 경	사천왕사지 금당지 · 목탑지		
682년 경	감은사지 금당지		
682년 경	감은사지 강당지		
750년 경	불국사 비로전 · 극락전 · 대웅전 등		
9세기 전반	실상사 금당지		
9세기 중반 이후	부인사지 금당지		

시기	유적명	갑석	기타
9세기 중반 이후	영암사지 금당지		
9세기 중반 이후	통도사 대웅전		
9세기 중반 이후	통도사 극락전		
9세기 후반	봉암사 극락전		• 하단 외연에 호형 의 모접이
10세기 전·중반	거돈사지 금당지		
945년 경	숭선사지 금당지	?	
945년 경	숭선사지 서회랑지		
11세기 말	법천사지 건물지 1호		
12세기 전반	실상사 목탑지	?	
12세기 후반	영국사지 3건물지		• 하단 외연에 2단 의 각형 모접이
14세기 후반	봉정사 극락전		

IV. 가구기단의 건축고고학적 특성

이상에서 검토한 바와 같이 가구기단은 다른 기단과 비교해 그 특수한 형태만큼 건축고고학적으로도 다양한 의미를 내포하고 있다. 이를 정리하여 살피면 아래와 같다.

첫째, 가구기단은 치석된 지대석과 면석, 그리고 갑석을 이용하여 결구하였다는 점에서 최고의 건축미를 보이는 기단형식으로 손꼽을 수 있다. 지금까지 우리나라 목조건축의 기단 중에서 가구기단 만큼 다양한 부재를 이용하여 기단을 축조한 예는 찾아볼 수 없다.

둘째, 가구기단의 등장은 결과적으로 다양한 계단의 변천을 선도하였다. 가구기단은 대략 그 높이가 1m 내외이거나 혹은 이 보다 훨씬 높아서 계단 없이는 전각으로의 출입이 쉽지 않았다. 따라서 계단의 설치가 반드시 필요하게 되었고, 그에 따라 소맷돌은 부채꼴 형태 혹은 사선 형태로 다양화하게 되었다. 아울러 계단 상하에 사자 혹은 연봉 등의 장식도 등장하게 되었다.

셋째, 가구기단은 백제시기의 왕흥사지나 미륵사지, 그리고 통일신라기 및 고려시기의 감은사지, 황룡사지, 숭선사지 등을 제외하면 대부분 사찰의 금당지와 목탑지에 축조되었음을 볼 수 있다.132) 이들 장소는 불상을 모시고 예배하는 최고의 장소로 사찰 내의 여러 전각 중 그 격이 가장 높은 곳이다. 따라서 종교성을 포함한 건물의 격(위엄)을 조형적으로 혹은 시각적으로 대변해 주는 것이 곧 가구기단이라 할 수 있다.

넷째, 기단을 축조함에 있어 석축기단과 가구기단이 혼용될 경우 건물의 정면은 화려한 가구기단으로 꾸미고 있다. 이러한 유적은 왕흥사지 강당지 및 보문사지 금당지, 봉정사 극락전 등에서 살필 수 있다. 이러한

---

132) 이들 사찰은 모두 금당지 이외의 전각에 가구기단이 조영되었다는 공통점이 있다. 그러나 미륵사의 조영 주체가 백제 무왕, 감은사는 신라 文武王, 그리고 숭선사가 고려 광종임을 상기하여 볼 때, 조영 주체면에서 그 寺格 또한 분명 달랐음을 알 수 있다. 이러한 격의 차이로 말미암아 가구기단이 금당지 이외의 다른 전각에까지 축조되는 계기가 되었음을 추정해 볼 수 있다.

축조기법은 곧 가구기단의 장식(엄)성을 돋보이게 하는 조처로 이해된다.

이러한 장식적 효과는 감은사지 금당지의 갑석이나 부인사지 원금당지의 면석, 그리고 통도사 및 영암사지 금당지의 면석 등에 시문된 여러 문양을 통해서도 엿볼 수 있다.

다섯째, 이중기단과 결합되어 축조된 경우에는 대체로 상층기단을 가구기단으로 조성하였다. 이러한 예는 백제시기의 능산리사지와 미륵사지, 그리고 통일신라기의 사천왕사지, 감은사지, 왕궁리사지 등에서 살펴볼 수 있다. 이러한 축조기법은 기단의 안정성과 건물의 장엄성을 한층 돋보이게 하려는 건축기술로 판단된다.

여섯째, 백제의 미륵사지와 신라의 황룡사지 기단(이중기단 및 가구기단)을 상호 비교해 봄으로써 백제의 건축기술이 신라에 전파되었음을 확인할 수 있다.[133] 이러한 사실은 백제의 제와술이 신라의 안압지나 사원, 혹은 와요 등에 전파되어 원형돌기식 와당을 신라 사회에 널리 유행시킨 점 그리고 황룡사 9층목탑의 축조와 관련하여 백제 장인 아비지가 신라에 파견된 사실 등으로도 파악해 볼 수 있다.

일곱째, 588년 백제의 조사공[134]은 蘇我馬子의 요청으로 일본에 전파되어 일본 최초의 사찰인 비조사를 창건하게 되었다. 이러한 조사공 파견에 대한 『일본서기』의 기록은 동·서금당의 이중기단이나 중금당의

---

133) 백제의 조사공이 전승국인 신라 땅에 직접 들어가 기단축조에 가담을 하였는지 아니면 신라 장인들이 백제의 고토로 파견되어 건축기술을 배우고 갔는지는 현재로써 분명히 알 수 없다. 다만, 일본 최초의 가람인 비조사 창건에 백제의 조사공, 와박사, 노반박사, 화사 등이 건너가 결정적인 역할을 한 점, 그리고 황룡사 9층목탑의 조성과 관련하여 아비지가 신라로 입국한 사실 등을 미루어 볼 때 백제의 조사공이 직접 신라로 들어가 기단 축조술을 전수하였을 가능성이 좀 더 타당성 있어 보인다.

134) 『日本書紀』卷 第21 崇峻天皇 元年 是歲條에 기술되어 있으며, 조사공으로는 太良未太, 文賈吉子 등이 포함되어 있다.

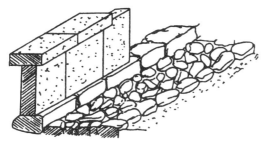

도면 43 일본 비조사지 중금당지 가구기단

사진 40 법륭사 금당의 가구기단

가구기단(도면 43)[135]을 통해 고고학적으로 확실히 입증되었다. 특히 중금당의 가구기단은 그 축조기법이나 부재가 금강사지 금당지나 미륵사지 강당지의 것과 아주 흡사해 동일 계통의 조사공에 의해 작업이 이루어졌음을 판단케 하고 있다.

따라서 일본 가구기단의 존재는 곧 백제 건축기술이 일본에 전파되었음을 입증하는 중요한 자료인 동시에 그 시원이 백제에 있었음을 확인케 한다. 아울러 법륭사 금당의 가구기단(사진 40)[136]은 그 축조기법이 미륵사지 동·중·서원의 것과 아주 유사하다. 다만 하층기단의 지대석 상면에 올려진 갑석의 길이가 짧고, 지대석의 상단 외연에 모접이가 있어 미세한 차이를 보일 뿐이다.

이처럼 백제와 고대 일본과의 문화적 동질성은 결과적으로 백제의 조

135) フランソワ・ベルチエ, 1974, 「飛鳥寺問題の再吟味」, 『佛教藝術』 96號, 63쪽 圖 2.
136) 필자 사진.

사공, 혹은 기단 축조술이 6세기 말뿐만 아니라 7세기 초반에도 계속하여 일본에 전파되었음을 입증하는 것이다.

V. 맺음말

이상에서와 같이 삼국시대 이래 고려시대에 이르기까지 발굴조사된 건축고고 자료를 중심으로 가구기단에 대해 살펴보았다. 그 동안 가구기단에 대한 연구가 주로 건축학자들에 의해 진행되어 내용의 심화라는 장점도 얻은 것이 사실이나 고고학적 대상물을 많이 인용하지 못하였다는 점에서 자료의 불균형을 보여주기도 하였다.

가구기단은 넓은 범주에서 석조기단에 포함시킬 수 있으나 치석된 지대석과 면석, 갑석 등을 결구하여 조성하였다는 점에서 최고의 격을 갖춘 기단으로 평가할 수 있다. 특히 시기별로 이의 축조기법 또한 다양한데 이는 당시 중국과의 문화교류가 큰 역할을 하였던 것으로 생각된다.

삼국시기의 가구기단은 지대석과 면석(횡판석), 갑석 등이 단순하게 결구되어 있다는 점에서 고전미를 풍기고 있다. 반면, 통일신라기의 가구기단은 지대석과 면석에 모접이를 표현하거나 면석이나 우주 등에 장식을 하고 탱주 및 전을 가미하는 등 장식성을 많이 강조하고 있다.

그리고 고려시기의 가구기단은 통일신라기의 장식적인 면과 삼국시기의 고전적인 면이 함께 어우러진 복합적인 양상과 복고미를 보여주고 있다. 다만, 봉정사 극락전의 우주와 탱주의 모습에서 이전에 볼 수 없었던 형식미도 찾아볼 수 있다.

특히 면석을 구성하는 상하 2단의 횡판석(혹은 장대석)은 조선 초기의 종묘에서도 나타나고 있어 고려 말의 가구기단 축조술이 조선시기에 영향을 미치고 있음을 볼 수 있다.

　불씨잡변의 사상이 지배하는 유교사회에 그것도 종묘라는 상징적인 건물에 고려시기 사원 건축의 주요 요소가 가미되었다는 점에서 역사의 아이러니를 보는 듯하다.[137]

---

137) 이 글은 조원창, 2003, 「사찰건축으로 본 가구기단의 변천 연구」, 『백제문화』 32호에 게재된 논문을 대폭 수정하여 옮겨놓은 것이다.

참고문헌

1. 사료

『三國遺事』, 『三國史記』, 『公州牧地圖』
『日本書紀』, 『周書』, 『梁書』, 『舊唐書』, 『新唐書』

2. 국내자료

1) 단행본 및 보고서

강우방, 1995, 『한국 불교조각의 흐름』, 대원사.

곽철환, 2003, 『시공 불교사전』, 시공사.

김동현, 1998, 『한국목조건축의 기법』, 발언.

김영태, 1985, 『백제불교사상연구』, 동국대학교 출판부.

김종만, 2004, 『백제토기 연구』.

김현준, 1994, 『사찰, 그 속에 깃든 의미』.

徐程錫, 2002, 『百濟의 城郭』, 學研文化社.

서정록, 2001, 『백제금동대향로-고대 동북아의 정신세계를 찾아서』, 학고재.

李能和, 大正 7年, 『朝鮮佛敎通史』.

張慶浩, 1992,『韓國의 傳統建築』, 文藝出版社.

정각스님, 1991,『가람, 절을 찾아서 I』, 산방.

조원창, 2013,『백제사지연구』, 서경문화사.

조원창, 2014,『스토리가 있는 사찰, 문화재 1·2』, 서경문화사.

韓國佛敎大辭典編纂委員會, 1982,『韓國佛敎大辭典』.

한국사전연구사, 1998,『미술대사전(용어편)』.

한국학중앙연구원, 1993,『한국민족문화대백과사전』.

현대건축관련용어편찬위원회, 2011,『건축용어사전』, 성안당.

경기도박물관 외

京畿道博物館외, 2002,『高達寺址 I』.

경기문화재단부설 기전문화재연구원, 2007,『高達寺址 II』.

공주대학교 백제문화연구소

忠淸南道·公州大學校 百濟文化硏究所, 1991,『百濟武寧王陵』.

공주대학교 박물관

公州大學校博物館, 1995,『公州文化遺蹟』.

公州大學校博物館, 1998,「공주 교동 대우아파트부지조사」,『各地試掘調査報告書』.

公州大學校博物館, 忠淸南道 公州市, 2000,『大通寺址』.

국립경주문화재연구소

국립경주문화재연구소·경주시, 1997,『感恩寺』.

국립경주박물관

國立慶州博物館, 2000,『新羅瓦塼』.

국립공주박물관

國立公州博物館, 1988,『百濟瓦當特別展』.

國立公州博物館, 1999,『艇止山』.

國立公州博物館, 2009,『공주와 박물관』.

국립경주문화재연구소

國立慶州文化財研究所, 2005,『芬皇寺 發掘調査報告書 Ⅰ(本文)』.

국립문화재연구소

국립문화재연구소, 1996,「扶蘇山城 -廢寺址發掘調査報告-(1980년)」,『扶蘇山城』.

부여군·국립문화재연구소, 2009,『부여정림사지 정비복원고증 기초조사❶고증연구편』.

국립부여문화재연구소

國立扶餘文化財研究所, 1992,『王宮里遺蹟發掘中間報告』.

國立扶餘文化財研究所·扶餘郡, 1993,『龍井里寺址』.

國立扶餘文化財研究所, 1995,『扶蘇山城 發掘調査 中間報告』.

國立扶餘文化財研究所, 1996,『彌勒寺 Ⅱ』.

國立扶餘文化財研究所, 2003,「軍倉址 發掘調査 報告書」,『扶蘇山城 發掘調査 報告書Ⅴ』.

國立扶餘文化財研究所, 2008,『陵寺 -부여 능산리사지 10차 발굴조사보고서-』.

國立扶餘文化財研究所, 2009,『扶餘 官北里百濟遺蹟 發掘報告Ⅲ』.

國立扶餘文化財研究所, 2009,『한·중·일 고대사지 비교연구(Ⅰ) -목탑지편-』.

國立扶餘文化財研究所, 2010,『동아시아 고대사지 비교연구(Ⅱ) -금당지편-』.

國立扶餘文化財研究所, 2010,『扶餘軍守里寺址Ⅰ』.

國立扶餘文化財研究所, 2011,『扶餘 定林寺址』.

國立扶餘文化財研究所, 2013,『扶餘軍守里寺址Ⅱ』.

국립부여박물관

國立扶餘博物館, 1988,『特別展 百濟寺址 出土遺物』.

國立扶餘博物館, 1992,『부여 정암리 가마터(Ⅱ)』.

國立扶餘博物館, 1997,『국립부여박물관』.

國立扶餘博物館·扶餘郡, 2000,『陵寺』.

國立扶餘博物館, 2003,『百濟金銅大香爐와 古代東亞世亞』.

國立扶餘博物館·부여군, 2003,『백제금동대향로 발굴 10주년 기념 특별전 百濟
　　　　金銅大香爐』.

國立扶餘博物館, 2007,『陵寺 부여 능산리사지 6~8차 발굴조사보고서』.

國立扶餘博物館·국립부여문화재연구소, 2008,『百濟王興寺』.

國立扶餘博物館, 2009,『불교가람에 담긴 불교문화』.

국립중앙박물관

國立博物館, 1969,『金剛寺』.

국립중앙박물관, 1992,「4. 石燈」,『韓國傳統文化』.

국립중앙박물관·문화재청, 2007,『발굴에서 전시까지』.

기호문화재연구원

기호문화재연구원, 2010,『평택 백봉리유적(본문 1)』.

동국대학교 발굴조사단

東國大學校 發掘調査團·南原郡, 1993,『實相寺 金堂 發掘調査報告書』.

동아대학교박물관

東亞大學校博物館, 1985,『蔚州澗月寺址 I』.

문화재관리국 문화재연구소

文化財管理局 文化財研究所, 1982,『皇龍寺 遺蹟發掘調査報告書 I』.

文化財管理局 文化財研究所, 1989,『彌勒寺』.

백제문화개발연구원

百濟文化開發研究院, 1983,『百濟瓦塼圖錄』.

부산여자대학박물관

釜山女子大學博物館, 1987,『居昌壬佛里天德寺址』.

서울대학교박물관

서울대학교박물관, 1997,『발굴유물도록』.

原州郡

原州郡, 1992,『法泉寺址 石物實測 및 地表調査 報告書』.

(주)한국색채문화사, 1994,『韓國佛教美術大典 ③ 佛教建築』.

중앙일보〈계간미술〉

中央日報〈季刊美術〉, 1992,『石塔』.

中央日報〈季刊美術〉, 1992,『石燈 浮屠 碑』.

충남대학교박물관(백제연구소)

충남대학교박물관·충청남도청, 1981,『定林寺』.

충남대학교박물관, 1998,『聖住寺』.

충남대학교박물관, 1993·1994,「扶餘 東南理遺蹟 發掘調査 略報告書」.

충남대학교박물관·충청남도, 1999,『扶餘 官北里 百濟遺蹟 發掘報告(II)』.

충남대학교박물관·부여군, 2013,『扶餘 東南里遺蹟』.

忠南大學校 百濟研究所·大田地方國土管理廳, 2003,『泗沘都城』.

충청대학박물관

충청대학박물관, 2001,「충주 숭선사지 발굴조사 완료 약보고서」.

충청대학박물관, 2001,「충주 숭선사지 2차 발굴조사 지도위원회 회의자료」.

충청대학박물관, 2002.12,「충주 숭선사지 시굴 및 3차 발굴조사 지도위원회 회 의자료」.

충청대학박물관, 2006,『충주 숭선사지』.

충청대학박물관·영동군, 2008,『영동 영국사』.

한국문화재보호재단

韓國文化財保護財團·大田廣域市, 2000,『大田 普門寺址 I』.

한림대학교박물관

原州市·翰林大學校博物館, 2000,『居頓寺址』.

한국전통문화학교 고고학연구소

한국전통문화학교 고고학연구소·부여군, 2010, 『扶餘 陵山里寺址 제9차 발굴 조사 보고서』.

2) 논문

郭東錫, 1992, 「燕岐地方의 佛碑像」, 『百濟의 彫刻과 美術』.

郭東錫, 2007, 「웅진기 중국과의 문물교류」, 『百濟文化史大系 研究叢書 (10) 百濟 의 文物交流』, 충청남도역사문화원.

김길식, 2002, 「고대의 빙고와 상장례」, 『한국고고학보』 47집.

김길식, 2008, 「백제 시조 구태묘와 능산리사지」, 『한국고고학보』 69.

김선기, 2011, 「백제 가람의 삼단계 위계를 갖는 가구식기단 연구」, 『선사와 고대』 34.

김선기, 2012, 「Ⅱ 金馬渚 百濟寺址의 構造와 編年」, 『益山 金馬渚의 百濟文化』, 서경문화사.

金誠龜, 1992, 「百濟의 瓦塼」, 『百濟의 彫刻과 美術』, 公州大學校博物館·忠淸南 道.

김수태, 1998, 「백제 위덕왕대 부여 능산리 사원의 창건」, 『百濟文化』 27.

金煐泰, 1985, 「百濟의 僧職制度」, 『百濟佛教思想研究』, 東國大學校 出版部.

김종만, 2000, 「부여 능산리사지에 대한 소고」, 『신라문화』 17·18.

金和英, 1976, 「韓國蓮花紋研究」, 梨花女子大學校 博士學位論文.

남창근·김태영, 2012, 「백제계 및 신라계 가구식 기단과 계단의 시기별 변화 특 성」, 『건축역사연구』 제21권 제1호 통권 80호.

노중국, 2003, 「사비 도읍기 백제의 山川祭儀와 百濟金銅大香爐」, 『啓明史學』 14.

文明大, 1992, 「百濟佛像의 形式과 內容」, 『百濟의 彫刻과 美術』.

민경선, 2011, 「백제 사비기 사찰의 가람배치 변화 양상에 대한 일고찰」, 『古文化』 78.

朴淳發, 2000, 「泗沘都城의 構造에 대하여」, 『百濟研究』 31, 忠南大學校 百濟研 究所.

朴淳發, 2004, 「泗沘都城의 景觀에 對하여」, 『고대 도시와 왕권』, 忠南大學校 百濟研究所.

박용진, 1968, 「공주 백제시대의 문화에 관한 연구」, 『백제문화』 제2집, 공주사범대학부설 백제문화연구소.

박용진, 1968, 「百濟瓦當에 關한 研究」, 『公州教育大學論文集』 제5집, 公州教育大學.

박용진, 1971, 「공주 금학동 일명사지의 유적」, 『公州教育大學 논문집』.

박용진, 1976, 「百濟瓦當의 體系的 分類」, 『百濟文化』 제9집, 公州師範大學 百濟文化研究所.

박용진, 1984, 「百濟瓦當의 類型研究」, 『百濟研究』 제15집, 忠南大學校 百濟研究所.

박주달, 1995, 「7~9세기 신라 사찰의 기단에 관한 연구」, 명지대학교 대학원 건축공학과 석사학위논문.

박지훈, 2014, 「지형분석 및 GIS분석을 이용한 백제시대 충남 공주지역의 촌락분포 연구」, 『백제문화』 제50집, 공주대학교 백제문화연구소.

박현숙, 2011, 「백제 웅진시기의 정국과 대통사 창건」, 『한국사연구』 155.

서정석, 2011, 「백제 웅진왕도와 대통사지」, 『한국사연구』 155.

成周鐸, 1993, 「百濟泗沘都城再齣 -發掘資料를 中心으로」, 『國史館論叢』 45, 國史編纂委員會.

소재윤, 2006, 「웅진·사비기 백제 수막새에 대한 편년 연구」, 『호남고고학보』 23집.

손량구, 1989, 「아스카사의 고구려적 성격」, 『조선고고연구』 3호.

신광섭, 2006, 「부여 사비시대 능사 연구」, 중앙대학교 대학원 박사학위논문.

申昌秀, 1999, 「芬皇寺 發掘調查 概報」, 『文化史學』 11·12·13號.

沈正輔, 2000, 「百濟 泗沘都城의 築造時期에 대하여」, 『泗沘都城과 百濟의 城郭』, 國立扶餘文化財研究所.

은화수, 1998, 「전 개성출토 청자호자에 대한 고찰」, 『고고학지』 제9집.

이남석, 2002, 「백제 대통사지와 그 출토유물」, 『호서고고학』 제6·7집.

李炳鎬, 2006, 「扶餘 定林寺址 出土 塑造像의 製作時期와 系統」, 『美術資料』 제74호.

李炳鎬, 2008,「扶餘 陵山里寺址 出土 瓦當의 再檢討」,『한국고대사연구』51.

李炳鎬, 2008,「부여 능산리 출토 목간의 성격」,『목간연구』창간호.

李炳鎬, 2011,「百濟 定林寺式伽藍配置의 展開와 日本의 初期寺院」,『百濟研究』 第54輯.

이수경, 2013,「월남사지 조사 성과와 고대 기와」,『강진의 고대문화와 월남사지』.

李裕群, 2009,「중국 가람배치의 변화 및 백제에 미친 영향」,『한얼문화유산연구 원 개원5주년기념 국제학술대회 동아시아의 불교문화와 백제』.

전봉수, 2000,「한국사찰건축의 가구식 기단에 관한 연구」, 경상대학교 대학원 석사학위논문.

정자영, 2010,「6~7세기 백제 사찰 내 강당 좌우 건물지의 변천과정 고찰」,『건축 역사연구』73.

조경철, 2002,「백제 성왕대 대통사 창건의 사상적 배경」,『국사관논총』제98집.

조경철, 2007,「백제 웅진 대통사와 대통신앙」,『백제문화』제36집.

조경철, 2011,「백제 대통사 창건의 불교사상적 배경」,『한국사연구』155.

조윤재, 2011,「백제와 양의 교섭과 대통사」,『한국사연구』155.

조원교, 2011.12,「공주 금학동 절터 출토 석조 광배에 관한 연구」,『고고학지』제 17집, 국립중앙박물관.

趙源昌, 1999,「公州地域 寺址研究 -傳 百濟寺址를 중심으로-」,『百濟文化』第 28輯.

趙源昌, 2000,「百濟 瓦積基壇에 대한 一研究」,『韓國上古史學報』第33號.

趙源昌, 2000,「熊津遷都後 百濟瓦當의 變遷과 飛鳥寺 創建瓦에 대한 檢討」,『嶺 南考古學』第27號.

趙源昌, 2001,「熊津遷都後 百濟瓦當의 中國 南北朝要素 檢討」,『百濟文化』30.

趙源昌, 2002,「百濟 二層基壇 築造術의 日本 飛鳥寺 傳播」,『百濟研究』35.

趙源昌, 2002,「百濟 建築技術의 對日傳播」, 祥明大學校大學院 史學科 博士學位 論文.

趙源昌, 2003,「寺刹建築으로 본 架構基壇의 變遷 研究」,『百濟文化』32.

趙源昌, 2003,「百濟 熊津期 扶餘 龍井里 下層 寺院의 性格」,『韓國上古史學報』 42.

趙源昌, 2004, 「法泉里 4號墳出土 靑銅蓋 蓮花突帶文의 意味」, 『百濟文化』 33, 公州大學校 百濟文化硏究所.

趙源昌, 2005, 「기와로 본 백제 웅진기의 사비경영」, 『선사와 고대』 23.

趙源昌, 2006, 「皇龍寺 重建期 瓦當으로 본 新羅의 對南朝 交涉」, 『韓國上古史學報』 52.

趙源昌, 2006, 「百濟 混築基壇의 硏究」, 『건축역사연구』 46.

趙源昌, 2006, 「日本 山田寺址에 나타난 百濟의 建築文化」, 『文化史學』 26.

趙源昌, 2006, 「新羅 瓦積基壇의 型式과 編年」, 『新羅文化』 28.

趙源昌, 2006, 「부여 능사 제3건물지(일명 공방지 1)의 건축고고학적 검토」, 『선사와 고대』 24.

趙源昌, 2008, 「熊津~泗沘期 瓦當으로 본 高句麗 製瓦術의 百濟 傳播」, 『白山學報』 81.

趙源昌, 2009, 「백제 판구곡절식 와당의 시원과 변천」, 『한국 고대 와당과 제와술의 교류』, 서경문화사.

趙源昌, 2011, 「부여 금강사의 축조시기와 당탑지 기단구조의 특성」, 『문화사학』 36.

趙源昌, 2012, 「토목공사로 본 부여 능사의 조영」, 『문화사학』 37.

趙源昌, 2013, 「百濟寺址 調査現況과 앞으로의 課題」, 『백제사지 연구』.

趙源昌, 2013, 「扶餘 陵寺의 僧域 構造와 姓格」, 『고고학』 제12-3호.

최맹식, 2008, 「정림사지 출토 백제기와 및 전의 성격」, 『정림사』, 국립문화재연구소·부여군.

최병헌, 1998, 「백제금동대향로」, 『한국사시민강좌』 23, 일조각.

한나래, 2013, 「백제 사찰 부속건물지의 유형과 성격」, 『백제사찰 연구』.

3. 일본자료

1) 단행본 및 보고서

岡本東三, 2002, 『古代寺院の成立と展開』, 山川出版社.

輕部慈恩, 1946, 『百濟美術』, 寶雲舍.

古典保存會編, 1928,『上宮聖德法王帝說』.

高田良信·入江泰吉, 1991,『法隆寺國寶散步』, 株式會社講談社.

群馬縣立歷史博物館, 平成11年,『觀音山古墳と東アジア世界』.

奈良國立文化財研究所 飛鳥資料館, 平成 9年,『山田寺』.

奈良文化財研究所, 2003,『吉備池廢寺發掘調査報告 -百濟大寺跡の調査-』.

奈良國立博物館, 1980,『特別展 國分寺』.

大西修也, 1990,『法隆寺』, 株式會社 小學館.

山本孝文, 2006,『三國時代 律令의 考古學的 研究』, 서경문화사.

森郁夫, 1993,『瓦と古代寺院』, 臨川選書.

井內古文化研究室, 昭和51年,『朝鮮瓦塼圖譜Ⅱ -高句麗-』.

朝鮮古蹟研究會, 1940,「扶餘に於ける百濟寺址の調査(槪報)」,『昭和十三年度朝
　　　鮮古蹟調査報告』.

朝日新聞社, 2002,『奈良文化財研究所創立50周年記念 飛鳥·藤原京展』.

2) 논문

龜田修一, 1981,「百濟古瓦考」,『百濟研究』제12집, 忠南大學校百濟研究所.

金子裕之, 1977,「山田寺跡(奈良縣)」,『佛敎藝術』116號.

金子裕之·千田稔, 平成 12年,『飛鳥·藤原京の謎を掘る』, 文英堂.

大橋一章, 1976,「飛鳥寺の創立に關する問題」,『佛敎藝術』107號.

小田富士雄, 1988,「新羅·百濟系の古瓦塼」,『大宰府と新羅·百濟の文化』, 學生
　　　社.

奧村淸一郎, 1987,「高麗寺跡」,『佛敎藝術』174號.

佐川正敏, 2010,「王興寺と飛鳥寺の伽藍配置·木塔心礎施設·舍利奉安形式の系
　　　譜」,『古代東アジアの佛敎と王權』, 勉誠出版.

淺野淸, 1956,「最近における建築遺蹟の發掘」,『佛敎藝術』29.

淺野淸, 1958,「飛鳥寺の建築」,『佛敎藝術』33號.

淸水소박, 2003,「百濟 大通寺式 수막새의 성립과 전개 : 中國 南朝系 造瓦技術
　　　의 전파」,『百濟研究』38집.

坪井淸足, 1958,「飛鳥寺の發掘調査の經過」,『佛敎藝術』33.

4. 중국자료

1) 단행본 및 보고서

賀云翶, 2005,『六朝瓦當與六朝都城』, 文物出版社.

南京市博物館, 2004,『六朝風采』.

文物出版社, 1989,『敦煌建築研究』.

文物出版社, 1991,『中國石窟 龍門石窟 一』.

文物出版社, 1991,『中國石窟 云岡石窟 一』.

文物出版社, 1994,『中國石窟 云岡石窟 二』.

文物出版社, 2003,『2002 中國重要考古發現』.

文物出版社, 2003,『內蒙古出土瓦當』.

上海古籍出版社, 1999,『六朝靑瓷』.

吳山 著·박대남 譯, 1996,『중국 역대 장식문양 2』, 춘추각.

鄭岩, 2002,『魏晋南北朝壁畵墓研究』, 文物出版社.

2) 논문

李裕群, 2003,「중국 북조시기의 석굴사원 종합고찰」,『중국의 석굴』.

李裕群, 2009,「중국 가람배치의 변화 및 백제에 미친 영향」,『동아시아의 불교문
　　　화와 백제』.

周裕興, 1999,「南京的南朝墓制研究」,『魏晋南北朝時代 墓制制度와 百濟』, 忠南
　　　大學校 百濟研究所.

齊東方, 2001,「百濟武寧王墓與南朝梁墓」,『武寧王陵과 東亞細亞文化』, 국립부
　　　여문화재연구소·국립공주박물관.

賀云翶, 2004,「南朝時代 建康地域 蓮花紋瓦當의 變遷 과정 및 관련 문제의 研
　　　究」,『漢城期 百濟의 물류시스템과 對外交涉』, 학연문화사.

도판, 도면 인용 목록

1. 국내자료

경기문화재단부설 기전문화재연구원

京畿文化財團附設 畿甸文化財硏究院·驪州郡, 2007,『高達寺址Ⅱ』, 819쪽 삽도
　5(불전지 가구기단)

경북대학교박물관

大邱直轄市·慶北大學校博物館, 1993,『夫人寺 三次 發掘調査 報告書』, 47쪽(금
　당지 가구기단 지대석)

慶北大學校博物館, 1993,『夫人寺 三次 發掘調査 報告書』, 45쪽(금당지 가구기
　단 면석)

慶北大學校博物館, 1993,『夫人寺 三次 發掘調査 報告書』, 45쪽(금당지 가구기
　단 갑석)

경희대학교 중앙박물관

경희대학교 중앙박물관, 2005,『고구려와당』, 122쪽 사진 96(용정리사지 출토
　와당)

경희대학교 중앙박물관, 2005, 『고구려와당』, 120쪽 사진 94(용정리사지 출토 와당)

경희대학교 중앙박물관, 2005, 『고구려와당』, 45쪽 사진 30(전 평양 출토 와당)

공주대학교 박물관

公州大學校博物館·忠清南道 公州市, 2000, 『大通寺址』, 27쪽 사진 6-③(대통사지 출토 와당)

공주대학교 백제문화연구소

忠清南道·公州大學校 百濟文化研究所, 1991, 『百濟武寧王陵』, 287쪽 그림 6-8(무령왕릉 출토 청동탁은잔의 연화문)

忠清南道·公州大學校 百濟文化研究所, 1991, 『百濟武寧王陵』, 305쪽 그림 6-14(무령왕릉 출토 왕비 두침 연화문)

국립경주문화재연구소

國立慶州文化財研究所·慶州市, 1997, 『感恩寺 發掘調查報告書』, 92쪽 삽도 24(금당지 가구기단)

國立慶州文化財研究所·慶州市, 1997, 『感恩寺 發掘調查報告書』, 99쪽 삽도 31(강당지 가구기단)

國立慶州文化財研究所, 2012, 『四天王寺Ⅰ 金堂址 발굴조사보고서』, 340쪽(금당지 가구기단 입면도)

國立慶州文化財研究所, 2012, 『四天王寺Ⅰ 金堂址 발굴조사보고서』, 108쪽 사진 144(금당지 지대석 우주 촉구멍)

國立慶州文化財研究所, 2012, 『四天王寺Ⅰ 金堂址 발굴조사보고서』, 108쪽 사진 143(금당지 지대석 우주 촉구멍)

國立慶州文化財研究所, 2012, 『四天王寺Ⅰ 金堂址 발굴조사보고서』, 73쪽 도면 6(탑지 가구기단 복원도)

國立慶州文化財研究所, 2012, 『四天王寺Ⅰ 金堂址 발굴조사보고서』, 73쪽 도면 7(탑지 면석부의 녹유신장벽전 및 당초문전 배치 상태)

국립경주박물관

國立慶州博物館, 2000, 『新羅瓦塼』, 사진 788(석촌동 4호분 출토 와당)

국립공주박물관

國立公州博物館, 1988, 『百濟瓦當特別展』, 사진 2(광장동 출토 와당)

國立公州博物館, 1988, 『百濟瓦當特別展』, 사진 14(대통사지 출토 와당)

國立公州博物館, 1988, 『百濟瓦當特別展』, 사진 17(서혈사지 출토 와당)

國立公州博物館, 1988, 『百濟瓦當特別展』, 사진 41(정림사지 출토 와당)

國立公州博物館, 1988, 『百濟瓦當特別展』, 사진 80(구아리유적 출토 와당)

國立公州博物館, 1988, 『百濟瓦當特別展』, 사진 85(구교리사지 출토 와당)

國立公州博物館, 1988, 『百濟瓦當特別展』, 사진 136(쌍북리유적 출토 와당)

國立公州博物館, 1988, 『百濟瓦當特別展』, 사진 150(출토지 미상 와당)

國立公州博物館, 1988, 『百濟瓦當特別展』, 사진 195(미륵사지 출토 녹유연목와)

國立公州博物館, 1988, 『百濟瓦當特別展』, 사진 121(용정리사지 출토 와당)

國立公州博物館, 1988, 『百濟瓦當特別展』, 사진 136(쌍북리유적 출토 와당)

國立公州博物館, 2004, 『국립공주박물관』, 86쪽 하단 사진(정지산유적 출토 와당)

國立公州博物館, 2004, 『국립공주박물관』, 163쪽 사진(송정리 출토 금동관음보
　　　살입상)

國立公州博物館, 2009, 『공주와 박물관』, 77쪽(일제강점기 제민천변의 석조광배
　　　와 불상)

국립광주박물관

국립광주박물관, 1996, 『백제금동향로와 사리감』, 9쪽 사진(향로 출토 상태)

국립문화재연구소

국립문화재연구소, 2012, 『한국 고대건축의 기단 경북·경남·대구·울산편』, 44
　　　쪽 중(봉암사 극락전 가구기단 단면도)

국립문화재연구소, 2012, 『한국 고대건축의 기단 경북·경남·대구·울산편』, 53
　　　쪽 중(부석사 무량수전 가구기단 단면도)

국립문화재연구소, 2012, 『한국 고대건축의 기단 경북·경남·대구·울산편』, 159
　　　쪽 중(영암사지 금당지 가구기단 면석부의 안상과 사자상)

국립문화재연구소, 2012, 『한국 고대건축의 기단 경북·경남·대구·울산편』, 166·167쪽 중(통도사 극락전 가구기단 단면도 및 우주)

국립문화재연구소, 2012, 『한국 고대건축의 기단 경북·경남·대구·울산편』, 179쪽 중(동화사 극락전 가구기단 단면도)

국립박물관

國立博物館, 1969, 『金剛寺』, 圖版 8-b 및 11쪽 Fig 3

(금당지 남면 가구기단 및 단면도)

國立博物館, 1969, 『金剛寺』, 10쪽 Fig 2(금당지 우석〈지대석〉)

國立博物館, 1969, 『金剛寺』, 圖面 5(목탑지 평면도)

국립부여문화재연구소

國立扶餘文化財研究所·扶餘郡, 1993, 『龍井里寺址』, 21쪽 삽도 4(목탑지 축기부)

國立扶餘文化財研究所, 1993, 『龍井里寺址』, 65쪽 삽도 31(당탑배치도)

國立扶餘文化財研究所, 2001, 『宮南池Ⅱ 圖版』, 170쪽 圖版 233-13(궁남지 출토 벼루 각)

國立扶餘文化財研究所, 2003, 「附錄 : 軍倉址 發掘調査 報告書('81~'82)」, 『扶蘇山城 發掘調査報告書Ⅴ』, 467쪽 도판 2(군창지 북고 석벽건물)

國立扶餘文化財研究所, 2008, 『陵寺 -부여 능산리사지 10차 발굴조사보고서-』, 27쪽(북편건물지 세부 위치도)

國立扶餘文化財研究所, 2008, 『陵寺 -부여 능산리사지 10차 발굴조사보고서-』, 46쪽(북편건물지 3 평면도)

國立扶餘文化財研究所, 2009, 『扶餘 官北里百濟遺蹟 發掘報告Ⅲ』, 483쪽(관북리 백제유적 출토 호자)

國立扶餘文化財研究所, 2009, 『한·중·일 고대사지 비교연구(Ⅰ) -목탑지편-』, 59쪽 사진 1(미륵사지 중원 목탑지 축기부)

國立扶餘文化財研究所, 2009, 『한·중·일 고대사지 비교연구(Ⅰ) -목탑지편-』, 104쪽 도면 2 중(일본 비조사 목탑지 평·단면도)

國立扶餘文化財研究所, 2009, 『한·중·일 고대사지 비교연구(Ⅰ) -목탑지편-』, 104쪽 도면 2(일본 비조사지에서의 석등 위치)

國立扶餘文化財研究所, 2009, 『한·중·일 고대사지 비교연구(Ⅰ) −목탑지편−』, 111쪽 도면 1(평룡사 가람배치)

國立扶餘文化財研究所, 2009, 『한·중·일 고대사지 비교연구(Ⅰ) −목탑지편−』, 111쪽 도면 3(평룡사 목탑지 평·단면도)

國立扶餘文化財研究所, 2009, 『한·중·일 고대사지 비교연구(Ⅰ) −목탑지편−』, 117쪽 도면 1(굴사 가람배치)

國立扶餘文化財研究所, 2009, 『한·중·일 고대사지 비교연구(Ⅰ) −목탑지편−』, 119쪽 도면 1(법룡사 약초가람 당탑배치)

國立扶餘文化財研究所, 2009, 『한·중·일 고대사지 비교연구(Ⅰ) −목탑지편−』, 127쪽 도면 1(신당폐사 가람배치)

國立扶餘文化財研究所, 2009, 『한·중·일 고대사지 비교연구(Ⅰ) −목탑지편−』, 128쪽 도면 3(신당폐사 목탑지 평·단면도)

國立扶餘文化財研究所, 2009, 『한·중·일 고대사지 비교연구(Ⅰ) −목탑지편−』, 131쪽 도면 2(해회사 목탑지 평·단면도)

國立扶餘文化財研究所, 2009, 『한·중·일 고대사지 비교연구(Ⅰ) −목탑지편−』, 141쪽 사진 2(사정폐사 금당지 수직횡렬식 전적기단)

國立扶餘文化財研究所, 2009, 『益山 帝釋寺址 −제2차조사−』, 9쪽 도면 1(가람배치)

國立扶餘文化財研究所, 2009, 『王興寺址 3 木塔址 金堂址 發掘調査 報告書』, 33쪽 도면 59(목탑지 축기부)

國立扶餘文化財研究所, 2009, 『扶餘 官北里百濟遺蹟 發掘報告Ⅲ』, 149쪽 도면 47(관북리 대형 건물지 적심토)

國立扶餘文化財研究所, 2010, 『동아시아 고대사지 비교연구(Ⅱ) −금당지편−』, 152쪽 도면 3(비조사 동금당지 하층기단 상면 적심석)

國立扶餘文化財研究所, 2010, 『동아시아 고대사지 비교연구(Ⅱ) −금당지편−』, 178쪽 도면 1(고려사지 가람배치)

國立扶餘文化財研究所, 2010, 『동아시아 고대사지 비교연구(Ⅱ) −금당지편−』, 178쪽 도면 4(고려사 금당지 평적식 와적기단)

國立扶餘文化財研究所, 2010, 『동아시아 고대사지 비교연구(Ⅱ) −금당지편−』, 182쪽 도면 2(남자하폐사 중금당지 이중기단)

國立扶餘文化財硏究所, 2010,『동아시아 고대사지 비교연구(Ⅱ) -금당지편-』, 226쪽 도면 29(숭복사지 가람배치)

國立扶餘文化財硏究所, 2010,『扶餘軍守里寺址Ⅰ -木塔址·金堂址 發掘調査報告書』, 176쪽 사진 31(금당지 남면 합장식 와적기단)

國立扶餘文化財硏究所, 2010,『扶餘軍守里寺址Ⅰ -木塔址·金堂址 發掘調査報告書』, 179쪽 사진 40(금당지 북면 수직횡렬식 와적기단)

國立扶餘文化財硏究所, 2010,『扶餘軍守里寺址Ⅰ -木塔址·金堂址 發掘調査報告書』, 179쪽 사진 41(금당지 하층기단 상면 초석)

國立扶餘文化財硏究所, 2010,『扶餘軍守里寺址Ⅰ -木塔址·金堂址 發掘調査報告書』, 189쪽 사진 71(목탑지 수직횡렬식 전적기단)

國立扶餘文化財硏究所, 2011,『扶餘 定林寺址』, 83쪽 도면 22(가람배치)

國立扶餘文化財硏究所, 2011,『扶餘 定林寺址』, 348쪽 사진 30 및 346쪽 사진 22(강당지 평적식 및 합장식 와적기단)

國立扶餘文化財硏究所, 2012,『王興寺址 Ⅳ』, 357쪽 도판 59(강당지 남면 가구기단)

國立扶餘文化財硏究所, 2012,『王興寺址 Ⅳ』, 358쪽 도판 63(강당지 동남모서리 지대석〈우석〉)

國立扶餘文化財硏究所, 2012,『동아시아 고대사지 비교연구(Ⅲ) -강당지·승방지·부속건물지·문지·회랑지편-』, 102쪽 도면 4(미륵사지 동원 승방지 평·단면도)

국립부여박물관

國立扶餘博物館, 1992,『부여 정암리 가마터(Ⅱ)』, 57쪽 삽도 17(정암리 B-7호요 단면도)

國立扶餘博物館, 1992,『扶餘錦城山百濟瓦積基壇建物址發掘調査報告書』, 81쪽 도판 24(전 천왕사지 하층기단 상면 초석)

國立扶餘博物館, 1997,『국립부여박물관』, 69쪽 사진 중 대좌 부분(규암 출토 금동관음보살입상)

國立扶餘博物館, 1997,『국립부여박물관』, 72쪽 사진(향로 전체 사진)

國立扶餘博物館, 1997,『국립부여박물관』, 81쪽 하단 사진(군수리사지 출토 상자형전돌)

國立扶餘博物館, 1997,『국립부여박물관』, 105쪽 하단 사진(본의리요지 출토 대좌)

國立扶餘博物館, 1997,『국립부여박물관』, 110쪽 상단 사진(외리유적 출토 연화문전)

國立扶餘博物館, 1997,『국립부여박물관』, 112쪽 하단 사진 우측(정암리와요 출토 와당)

國立扶餘博物館·扶餘郡, 2000,『陵寺』, 5쪽 도면 5(가람배치도)

國立扶餘博物館·扶餘郡, 2000,『陵寺』, 11쪽 도면 8(목탑지 평면도)

國立扶餘博物館·扶餘郡, 2000,『陵寺』, 13쪽 도면 9(금당지 평면도)

國立扶餘博物館·扶餘郡, 2000,『陵寺』, 15쪽 도면 10(강당지 평면도)

國立扶餘博物館·扶餘郡, 2000,『陵寺』, 243쪽 도판 33-③(심초석 출토 상태)

國立扶餘博物館·扶餘郡, 2000,『陵寺』, 252쪽 도판 42-②(강당지 아궁이)

國立扶餘博物館·부여군, 2003,『百濟 金銅大香爐』, 16쪽(향로에 조각된 여러 군상)

國立扶餘博物館·부여군, 2003,『百濟 金銅大香爐』, 62쪽(향로 하부)

國立扶餘博物館·부여군, 2003,『百濟 金銅大香爐』, 63쪽 상단 그림(향로 하부)

國立扶餘博物館·부여군, 2003,『百濟 金銅大香爐』, 64쪽(향로 받침)

國立扶餘博物館·부여군, 2003,『百濟 金銅大香爐』, 94쪽(무령왕릉 출토 동탁은잔)

國立扶餘博物館·부여군, 2003,『百濟 金銅大香爐』, 96쪽 상단 사진(무령왕릉 출토 동탁은잔 뚜껑 조각)

國立扶餘博物館, 2007,『陵寺 부여 능산리사지 6~8차 발굴조사보고서』, 299쪽(능산리사지 출토 호자)

國立扶餘博物館·국립부여문화재연구소, 2008,『百濟王興寺』, 13쪽(목탑지 출토 명문 사리함)

國立扶餘博物館·국립부여문화재연구소, 2008,『百濟王興寺』, 20쪽(목탑지 출토 은제사리병)

國立扶餘博物館·국립부여문화재연구소, 2008, 『百濟王興寺』, 22쪽(목탑지 출토 금제 사리병)

國立扶餘博物館, 2009, 『불교가람에 담긴 불교문화』, 69쪽(가탑리사지 출토 금동여래입상)

國立扶餘博物館, 2009, 『백제가람에 담긴 불교문화』, 113쪽 하단 사진(토제 동물상)

國立扶餘博物館, 2010, 『百濟瓦塼』, 92쪽 사진 159(관북리 백제유적 출토 와당)

國立扶餘博物館, 2010, 『百濟瓦塼』, 118쪽 사진 248(가탑리사지 출토 와당)

國立扶餘博物館, 2010, 『百濟瓦塼』, 118쪽 사진 250(가탑리사지 출토 와당)

國立扶餘博物館, 2010, 『百濟瓦塼』, 119쪽 사진 252(가탑리사지 출토 연목와)

國立扶餘博物館, 2010, 『百濟瓦塼』, 138쪽 사진 313(군수리사지 출토 와당)

國立扶餘博物館, 2010, 『百濟瓦塼』, 163쪽 사진 418(동남리유적 출토 와당)

國立扶餘博物館, 2010, 『百濟瓦塼』, 165쪽 사진 425(동남리유적 출토 와당)

國立扶餘博物館, 2010, 『百濟瓦塼』, 189쪽 사진 490(용정리사지 출토 와당)

國立扶餘博物館, 2010, 『百濟瓦塼』, 189쪽 사진 491(용정리사지 출토 와당)

國立扶餘博物館, 2010, 『百濟瓦塼』, 208쪽 사진 531(정림사지 출토 와당)

國立扶餘博物館, 2010, 『百濟瓦塼』, 208쪽 사진 532(정림사지 출토 와당)

國立扶餘博物館, 2010, 『百濟瓦塼』, 220쪽 사진 572(미륵사지 출토 복판 와당)

國立扶餘博物館, 2010, 『百濟瓦塼』, 221쪽 사진 577(미륵사지 출토 녹유연목와)

國立扶餘博物館, 2010, 『百濟瓦塼』, 318쪽 사진 839(법륭사 출토 와당)

國立扶餘博物館, 2010, 『百濟瓦塼』, 319쪽 사진 841(일본 정림사지 출토 와당)

國立扶餘博物館, 2010, 『百濟瓦塼』, 319쪽 사진 842(풍포사 출토 와당)

國立扶餘博物館, 2010, 『百濟瓦塼』, 324쪽 사진 852(산전사지 출토 연목와)

국립중앙박물관

국립중앙박물관, 1999, 『특별전 백제』, 163쪽 사진 302 상단(부소산성 동문지 출토 '대통'명 암키와)

국립중앙박물관, 1999, 『특별전 백제』, 163쪽 사진 302 하단(전 대통사지 출토 '대통'명 암키와)

국립중앙박물관, 1999, 『특별전 백제』, 199쪽 사진 370(부소산성 출토 금동광배)

국립중앙박물관, 1990, 『高句麗·百濟·新羅 三國時代佛敎彫刻』, 80쪽 사진(계유명 전씨 아미타불비상)

국립진주박물관

慶尙南道·國立晉州博物館, 1986, 『陜川 竹竹里廢寺址』, 31쪽 그림 10(금당지 가구기단)

문화공보부 문화재관리국

文化公報部 文化財管理局, 1976, 『佛國寺 復元工事報告書』, 圖版 171 중(대웅전 가구기단의 정면도)

文化公報部 文化財管理局, 1976, 『佛國寺 復元工事報告書』, 圖版 174 및 173 중(극락전 가구기단 단면도 및 정면도)

文化公報部 文化財管理局, 1976, 『佛國寺 復元工事報告書』, 圖版 185 및 189 중(무설전 가구기단의 정면도 및 단면도)

文化公報部 文化財管理局, 1976, 『佛國寺 復元工事報告書』, 圖版 199 및 203 중(비로전 가구기단의 정면도 및 단면도)

文化公報部 文化財管理局, 1976, 『佛國寺 復元工事報告書』, 圖版 212 및 215 중(관음전 가구기단 배면도 및 단면도)

문화재관리국 문화재연구소

文化財管理局 文化財研究所, 1982, 『皇龍寺 遺蹟發掘調査報告書 I』, 54쪽 삽도 7(중금당지 가구기단 추정 복원도)

文化財管理局 文化財研究所, 1982, 『皇龍寺 遺蹟發掘調査報告書 I(圖版編)』, 57쪽 사진 1(목탑지 가구기단 지대석)

文化財管理局 文化財研究所, 1982, 『皇龍寺 遺蹟發掘調査報告書 I』, 62쪽 삽도 15(목탑지 가구기단 추정 복원도)

文化財管理局 文化財研究所, 1982, 『皇龍寺 遺蹟發掘調査報告書 I(圖版編)』, 67쪽 도판 45-6(목탑지 지대석 우주 촉구멍)

文化財管理局 文化財研究所, 1982, 『皇龍寺 遺蹟發掘調査報告書 I』, 88쪽 삽도 37(경루지 가구기단 단면도)

文化財管理局 文化財研究所, 1989, 『彌勒寺』, 61쪽 도판 32-1(동원 승방지 기단 석과 고맥이)

文化財管理局 文化財研究所, 1989, 『彌勒寺』, 75쪽 揷圖 1(동원 금당지 가구기단 복원도)

文化財管理局 文化財研究所, 1989, 『彌勒寺』, 362쪽 삽도 44(동원 승방지 기단토 출토 대호)

文化財管理局 文化財研究所, 1989, 『彌勒寺』, 圖面 5(동원 승방지 세부)

文化財管理局 文化財研究所, 1989, 『彌勒寺』, 圖面 10(서원 승방지 평면도)

文化財管理局 文化財研究所, 1992, 『鳳停寺 極樂殿 修理工事報告書』, 230쪽 및 237쪽 중(봉정사 극락전 가구기단 정면도 및 단면도)

문화재청

文化財廳, 1997, 『國寶篇 文化財大觀(建造物)』, 142쪽(통도사 대웅전의 탱주와 화문)

국립중앙박물관·문화재청, 2007, 『발굴에서 전시까지』, 214쪽(관북리 백제유적 출토 금동광배)

백제문화개발연구원

百濟文化開發研究院, 1983, 『百濟瓦塼圖錄』, 59쪽 사진 75(하죽리 출토 와당)

百濟文化開發研究院, 1983, 『百濟瓦塼圖錄』, 61쪽 사진 77(용정리사지 출토 와당)

百濟文化開發研究院, 1983, 『百濟瓦塼圖錄』, 101쪽 사진 165(가탑리사지 출토 와당)

百濟文化開發研究院, 1983, 『百濟瓦塼圖錄』, 141쪽 사진 259(용정리사지 출토 와당)

百濟文化開發研究院, 1983, 『百濟瓦塼圖錄』, 159쪽 사진 314(금성산 건물지 출토 와당)

百濟文化開發研究院, 1983, 『百濟瓦塼圖錄』, 185쪽 사진 362(제석사지 출토 와당)

百濟文化開發研究院, 1983, 『百濟瓦塼圖錄』, 194쪽 사진 383(왕흥사지 출토 와당)

百濟文化開發研究院, 1983, 『百濟瓦塼圖錄』, 195쪽 사진 384(삼성동 토성지 출토 와당)

百濟文化開發研究院, 1983, 『百濟瓦塼圖錄』, 200쪽 사진 393(쌍북리 건물지 출토 와당)

百濟文化開發研究院, 1983, 『百濟瓦塼圖錄』, 215쪽 사진 419(용정리사지 출토 와당)

百濟文化開發研究院, 1983, 『百濟瓦塼圖錄』, 220쪽 사진 426(부소산사지 출토 와당)

百濟文化開發研究院, 1983, 『百濟瓦塼圖錄』, 276쪽 사진 529('대통'명 암키와)

百濟文化開發研究院, 1983, 『百濟瓦塼圖錄』, 294쪽 사진 563(무령왕릉 출토 연화인동문전)

百濟文化開發研究院, 1983, 『百濟瓦塼圖錄』, 295쪽 사진 564(무령왕릉 출토 연화문전)

百濟文化開發研究院, 1984, 『百濟土器圖錄』, 185쪽 사진 150(부여지역 출토 원호자)

百濟文化開發研究院, 1984, 『百濟土器圖錄』, 227쪽 사진 189(군수리 출토 호자)

百濟文化開發研究院, 1984, 『百濟土器圖錄』, 292쪽 사진 248(군수리 출토 변기)

百濟文化開發研究院, 1992, 『百濟彫刻·工藝圖錄』, 299쪽 사진 382(구아리유적 출토 청동제 귀면)

百濟文化開發研究院, 1992, 『百濟彫刻·工藝圖錄』, 321쪽 사진 396-2(능산리고분 동하총 천정 모사도)

서울대학교박물관

서울대학교박물관, 1997, 『발굴유물도록』, 사진 223(몽촌토성 출토 와당)

서울대학교출판부

서울대학교출판부, 2000, 『북한의 문화재와 문화유적 I(고구려편)』, 도 94(쌍영총 연화문)

서울대학교출판부, 2000, 『북한의 문화재와 문화유적 I(고구려편)』, 도 114(덕화리 제1호분 연화문)

서울대학교출판부, 2000, 『북한의 문화재와 문화유적 I(고구려편)』, 도 268(안악 2호분 중판 연화문)

원주군

原州郡, 1992, 『法泉寺址 石物實測 및 地表調査 報告書』, 42쪽(가구기단〈상층〉)

原州郡, 1992, 『法泉寺址 石物實測 및 地表調査 報告書』, 42쪽(가구기단〈상층〉
탱주 및 좌우의 종선문)

전라북도익산지구문화유적지관리사업소

전라북도익산지구문화유적지관리사업소, 1997, 『미륵사지유물전시관』, 86쪽 상
단 사진(금동투조장식).

전라북도익산지구문화유적지관리사업소, 1997, 『미륵사지유물전시관』, 123쪽(미
륵사지 가람배치)

충남대학교박물관

保寧市·忠南大學校博物館, 1998, 『聖住寺』, 702쪽 사진 65(금당지 지대석〈우석〉)

保寧市·忠南大學校博物館, 1998, 『聖住寺』, 746쪽 사진 146-5(성주사지 출토
와당)

충남대학교박물관·부여군, 2013, 『扶餘 東南里遺蹟』, 29쪽 도면 7(중앙 건물지)

충청대학박물관

충청대학박물관·충주시, 2006, 『충주 숭선사지』, 4쪽 원색사진 3(금당지 가구기
단)

충청대학박물관·충주시, 2006, 『충주 숭선사지』, 114쪽 사진 77(서회랑지 가구
기단)

충청대학박물관·충주시, 2006, 『충주 숭선사지』, 253쪽 도면 8 북쪽기단 입면도
및 단면도 중(금당지 가구기단 지복석)

충청대학박물관·永同郡, 2008, 『永同 寧國寺』, iii쪽 원색사진 6(A지구 제 3건물
지 가구기단)

한국문화재보호재단

韓國文化財保護財團·大田廣域市, 2000, 『大田 普門寺址 I』, 165쪽 사진 25(금당
지 가구기단)

한국전통문화학교 고고학연구소

한국전통문화학교 고고학연구소·부여군, 2010, 『扶餘 陵山里寺址 제9차 발굴 조사 보고서』, 35쪽 도면 4(능산리사지 및 북편건물지 배치도)

한국전통문화학교 고고학연구소·부여군, 2010, 『扶餘 陵山里寺址 제9차 발굴 조사 보고서』, 59쪽 도면 12(능산리사지 북편건물지 1)

한국전통문화학교 고고학연구소·부여군, 2010, 『扶餘 陵山里寺址 제9차 발굴 조사 보고서』, 91쪽 도면 29(북편건물지 출토 금동교구)

한국전통문화학교 고고학연구소·부여군, 2010, 『扶餘 陵山里寺址 제9차 발굴 조사 보고서』, 130쪽 도면 58(능산리사지 북편건물지 2)

한국전통문화학교 고고학연구소·부여군, 2010, 『扶餘 陵山里寺址 제9차 발굴 조사 보고서』, 211쪽 도면 111(석축시설 평·단면도)

한국전통문화학교 고고학연구소·부여군, 2010, 『扶餘 陵山里寺址 제9차 발굴 조사 보고서』, 241쪽 도면 130(집수장, 와관배수설, 우물 평·단면도)

한림대학교박물관

原州市·翰林大學校博物館, 2000, 『居頓寺址』, 302쪽 사진 2(금당지 가구기단)

기타

강우방, 1995, 『한국 불교조각의 흐름』, 대원사, 181쪽 사진(태안마애삼존불)

金誠龜, 1992, 「百濟의 瓦塼」, 『百濟의 彫刻과 美術』, 331쪽 도 68(부소산사지 주변 출토 와당)

박지훈, 2014, 「지형분석 및 GIS분석을 이용한 백제시대 충남 공주지역의 촌락분포 연구」, 『백제문화』 제50집, 공주대학교 백제문화연구소, 344쪽 그림 15(공주지역 대지 분포도)

박용진, 1971, 「공주 금학동 일명사지의 유적」, 『공주교육대학 논문집』, 74쪽 Fig 1(금학동사지 위치도)

박용진, 1971, 「공주 금학동 일명사지의 유적」, 『공주교육대학 논문집』, 76쪽 Fig 2(금학동사지 A)

장경호, 1996, 『한국의 전통건축』, 73·517·515쪽(동대자유적, 오매리사지 온돌 유구, 발해 상경 궁성 서구 침전지 평면도)

정각스님, 1991,『가람, 절을 찾아서 Ⅰ』, 산방, 58쪽 그림 8 중(불계와 속계의 구분)

한나래, 2013,「백제 사찰 부속건물지의 유형과 성격」,『백제사찰연구』, 130쪽 사진 18(왕흥사지 서회랑 북단 건물지 내 아궁이구)

2. 일본자료

群馬縣立歷史博物館

群馬縣立歷史博物館, 平成 11年,『觀音山古墳と東アジア世界』(관음산 고분 출토 금동교구)

奈良(國立)文化財硏究所

奈良國立文化財硏究所, 1996,『飛鳥資料館 案內』, 80쪽 f사진(산전사지 출토 와당)

奈良國立文化財硏究所 飛鳥資料館, 1997,『山田寺』, 21쪽(산전사지 금당지 가구 기단)

奈良國立文化財硏究所, 2003,『吉備池廢寺發掘調查報告 -百濟大寺跡の調查-』, PL.26-3(길비지사지 승방지의 주혈)

奈良國立文化財硏究所, 2003,『吉備池廢寺發掘調查報告 -百濟大寺跡の調查-』, 168쪽 Fig. 105(길비지사지 가람배치 복원도)

奈良國立文化財硏究所, 2003,『吉備池廢寺發掘調查報告 -百濟大寺跡の調查-』, PL.9-1(길비지사지 목탑지 심초석 탈취공)

奈良國立文化財硏究所, 2003,『吉備池廢寺發掘調查報告 -百濟大寺跡の調查-』, PL.6-4·1(길비지사지 금당지 축기부 및 굴광 판축토)

奈良國立文化財硏究所, 2003,『吉備池廢寺發掘調查報告 -百濟大寺跡の調查-』, PL.10-1(길비지사지 목탑지 판축기단토)

飛鳥資料館

飛鳥資料館, 1983,『渡來人の寺 -檜隈寺と坂田寺-』, 2쪽 사진 하(회외사지 강당지 평적식 와적기단)

飛鳥資料館, 1983, 『渡來人の寺 -檜隈寺と坂田寺-』, 3쪽 사진 상(회외사지 금당
　　　지 이중기단)
飛鳥資料館, 1983, 『渡來人の寺 -檜隈寺と坂田寺-』, 17쪽(회외사지 가람배치)
飛鳥資料館, 1983, 『渡來人の寺 -檜隈寺と坂田寺-』, 3쪽 하단 우측 사진(회외사
　　　지 금당지 판축기단토)
飛鳥資料館, 1997, 『山田寺』, 32쪽 사진(산전사지 출토 귀면와)
飛鳥資料館, 1997, 『山田寺』, 21쪽 하단 좌측 사진(산전사지 석등 하대석 및 석등
　　　복원도)

井內古文化硏究室
井內古文化硏究室, 1976, 『朝鮮瓦塼圖譜Ⅱ 高句麗』, PL.11-30(평양 토성리 출토
　　　와당)
井內古文化硏究室, 1976, 『朝鮮瓦塼圖譜Ⅱ 高句麗』, PL.17-57 및 PL.14-40(평
　　　양 청암리 및 평천리 출토 와당)
井內古文化硏究室, 1976, 『朝鮮瓦塼圖譜Ⅱ 高句麗』, PL.49-211(평양부 내 출토
　　　와당)
井內古文化硏究室, 1976, 『朝鮮瓦塼圖譜Ⅱ 高句麗』, PL.30(평양 토성리 출토 와당)

朝日新聞社
朝日新聞社, 2002, 『奈良文化財研究所創立50周年記念 飛鳥·藤原京展』, 26쪽
　　　최하단 좌측(비조사 목탑지 심초석 및 출토유물)
朝日新聞社, 2002, 『奈良文化財研究所創立50周年記念 飛鳥·藤原京展』, 74쪽
　　　우측 상단 사진(산전사 목탑지 심초석)
朝日新聞社, 2002, 『奈良文化財研究所創立50周年記念 飛鳥·藤原京展』, 33쪽
　　　상단 사진(법륭사 약초가람 목탑 심초석)
朝日新聞社, 2002, 『奈良文化財研究所創立50周年記念 飛鳥·藤原京展』, 55쪽
　　　(백제대사, 미륵사, 황룡사의 목탑 크기 비교)
朝日新聞社, 2002, 『飛鳥·藤原京展』, 73쪽(산전사지 금당지와 석등의 위치)

기타

網 伸也, 2004, 『日本 近畿地方 古代 瓦積基壇 遺構에 대하여』(상정폐사 중탑지 이중기단)

輕部慈恩, 1946, 『百濟美術』, 寶雲舍, 95쪽 10圖(전 대통사지 추정 가람배치)

輕部慈恩, 1946, 『百濟美術』, 寶雲舍, 96쪽 제 12圖 下('대통'명 암키와)

大川淸, 昭和47年, 『日本の古代瓦窯』, 雄山閣, 第 8圖(비조사 와요 평·단면도)

森郁夫, 1993, 『瓦と古代寺院』, 臨川選書, 33쪽 도 6(비조사지 가람배치)

森郁夫, 1993, 『瓦と古代寺院』, 48쪽 도 12(법륭사 약초가람 위치도)

森郁夫, 1993, 『瓦と古代寺院』, 臨川選書, 49쪽 도 13(법륭사 서원가람 배치)

森郁夫, 1993, 『瓦と古代寺院』, 63쪽 도 19(법륭사 목탑 심초석〈공양석〉)

森郁夫, 1993, 『瓦と古代寺院』, 76쪽 도 28(법기사 가람배치)

林博通, 昭和 62年, 「穴太廢寺(滋賀縣)」, 『佛敎藝術』174號, 每日新聞社, 口繪 7 (혈태폐사 중건 금당지 평적식 와적기단)

田辺征夫, 1995, 「瓦積基壇と渡來系氏族」, 『季刊考古學』第60號, 74쪽 C(횡견폐 사 중건기단 수직횡렬식 와적기단)

田辺征夫, 1995, 「瓦積基壇と渡來系氏族」, 『季刊考古學』第60號, 74쪽 D(승복 사 미륵당 합장식 와적기단)

田辺征夫, 1995, 「瓦積基壇と渡來系氏族」, 『季刊考古學』第60號, 74쪽〈下〉(대 봉사 금당지 이중기단)

フランソウ·ベルチエ, 1974, 「飛鳥寺問題の再吟味」, 『佛敎藝術』96號, 63쪽(비조 사지 중금당지, 목탑지 가구기단)

フランソウ·ベルチエ, 1974, 「飛鳥寺問題の再吟味−その本尊を中心として」, 『佛敎 藝術』96號, 每日新聞社, 63쪽 2〈上〉(비조사 동·서 금당지 이중기단)

石田茂作·齋藤忠, 1938, 「扶餘に於ける百濟寺址の調査(槪報)」, 『昭和十三年度朝 鮮古蹟調査報告』, 朝鮮古蹟硏究會, 圖版 第49(가탑리사지 지형도)

石田茂作·齋藤忠, 1938, 「扶餘に於ける百濟寺址の調査(槪報)」, 『昭和十三年度朝 鮮古蹟調査報告』, 朝鮮古蹟硏究會 圖版 第51(가탑리사지 출토 초석)

3. 중국자료

南京市博物館

南京市博物館, 2004, 『六朝風采』, 88쪽(남조의 청자 호자)

文物出版社

文物出版社, 1989, 『敦煌建築硏究』, 209쪽 圖 144-3(당대 가구기단 면석 내 화
    문)

文物出版社, 1989, 『敦煌建築硏究』, 212쪽 圖 149(송대 가구기단 면석 내 화문)

文物出版社, 1991, 『中國石窟 龍門石窟 一』, 사진 48(굴정 판단첨형 연화문)

文物出版社, 1994, 『中國石窟 云岡石窟 二』, 사진 45(판단첨형 연화문)

文物出版社, 1994, 『中國石窟 云岡石窟 二』, 사진 171 및 182(불상 두광 연화문)

文物出版社, 1994, 『中國石窟 云岡石窟 二』, 사진 184(두광 연화문)

文物出版社, 2003, 『內蒙古出土瓦當』, 사진 36(운중고성 출토 와당)

文物出版社, 2003, 『內蒙古出土瓦當』, 사진 34(운중고성 출토 와당)

文物出版社, 2003, 『內蒙古出土瓦當』, 사진 95(토성자고성 출토 와당)

文物出版社, 2003, 『2002 中國重要考古發現』, 108쪽(서현수 묘 출토 청자존)

吳山 著·박대남 譯, 1996, 『중국 역대 장식문양 2』, 춘추각, 345쪽 下(우주와 탱
    주가 조각된 한대 화상전)

鄭岩, 2002, 『魏晋南北朝壁畵墓硏究』, 文物出版社, 137쪽 圖 112 및 250쪽 圖
    177(위진남북조시기 기단 내 안상 조각)

鄭岩, 2002, 『魏晋南北朝壁畵墓硏究』, 文物出版社, 164쪽 圖 128(우주와 탱주
    가 조각된 위진남북조시기의 화상석)

賀云翱, 2005, 『六朝瓦當與六朝都城』, 文物出版社, 49쪽 圖 30(중국 진대 연화
    돌대문 와당)

賀云翱, 2005, 『六朝瓦當與六朝都城』, 文物出版社, 55쪽 圖 35(낙양 출토 북위
    와당)

賀云翱, 2005, 『六朝瓦當與六朝都城』, 文物出版社, 37~42쪽(각지 출토 남조 와
    당)

海古籍出版社, 1999, 『六朝靑瓷』, 45쪽(중국 동진대 원호자)

찾아보기